IS IT JUST ME?

by Miranda Hart

Copyright©KingMaker Productions Ltd 2012 All rights reserved.

The right of Miranda Hart to be identified as the Auther of the Work has been asserted by her in accordance with the Copyright, Designs and Patents Act 1988.

First published in Great Britain in 2012 by Hodder & Stoughton An Hachette UK company Korean translation copyright©2015 by Bookduck Korean translation rights arranged with HODDER & STOUGHTON LTD through EYA(Eric Yang Agency).

이 책의 한국어판 저작권은 EYA(에릭양 에이전시)를 통해
HODDER & STOUGHTON LTD와 독점 계약한 책덕이 소유합니다.
저작권법에 의해 한국 내에서 보호를 받는 저작물이므로
무단 전재와 복제를 금합니다.

눈치 보지 말고 말달리기

미란다처럼

미란다 하트 지음 김민희 옮김

책덕

이 책을 미리 엿본 〈미란다〉 덕후들의
사랑스러운 추천사

와우자! (미란다는 이렇게 감탄사를 외쳐요.) 처음부터 미란다에게 환영받으며 책을 읽다니! 사실, 책을 읽는다는 느낌보다 미란다와 한바탕 수다를 떤 기분이 들어요. 주제별로 그녀와 이야기하다 보니 어느새 마음을 열고, 눈앞에 미란다를 마주하고 있었답니다. 이 느낌, 공유하고 싶어요. 히힛.

- 표앤

미란다의 행동과 말투가 저절로 그려져서 마치 〈미란다〉 시즌 4를 보고 있는 듯한 기분이었어요. 미란다의 이야기를 읽어 내려가면서 내 인생에 대해 잠시 생각해 볼 수 있었고, 남이 보는 나가 아닌, 내가 보는 나 자신을 사랑할 수 있는 용기를 얻었습니다.

- 다채(on1yharry)

자기 자신에게 솔직해지는 것, 그것이 나의 꿈을 지키는 유일한 길인가 봅니다. 미란다의 팬이라면 놓쳐서는 안될 책! 깔깔 웃으며 읽고 있노라면 '혼자가 아니야'라는 위로마저 드는, 신통방통한 책이네요.

- 두통

드라마를 본 사람은 알 수 있는 미란다 특유의 유머스러함이 가득하네요. 누구나 인생을 살면서 한 번쯤 느껴봤을, 자칫 무거울 수 있는 고민의 해답을 가볍게 담은 매력 있는 책입니다.

- 헤일리

이 세상 그 누구보다 더 멋진 시간을 보내고 싶을 당신에게…
책을 펼치자마자 들릴 미란다의 목소리!

- 이정재

심각하고 진지한 생각은 잠시 접어두세요. 눈살이 살짝 찌푸려질 만큼 솔직하지만, 그렇기 때문에 우리를 웃게 하는 사랑스러운 미란다의 이야기!

- 박수현

몸에 안 맞는 옷을 입고 젠체하며 사느라 힘들었던 모든 여성에게 권하고 싶은 책. 읽고 나니 배시시 웃음이 난다. 미란다 하트의 못 말리는 말장난을 재치있게 번역해준 역자에게 감사의 말을 전합니다.

-이혜원

사랑할 수밖에 없는 괴짜 미란다의 이야기, 읽는 내내 미란다의 목소리가 귓가에 들리는 듯 유쾌한 시간이었어요. 책의 내용을 조금 빌려 쓰자면, 인생은 어린아이일 때처럼 항상 재밌을 수 없…지…만…! 심각한 표정 연습 따위는 하지 않으려고요~ ^^

- 정희진

미란다라는 서른여덟의 어느 일반적인 노처녀를 만났던 때가 5년 전 같아요. 그동안 잊고 있었던 그녀의 활기참과 그녀의 삶 안에서 깨달을 수 있었던 해학을 다시 한 번 일깨울 수 있는 책이었습니다. 책을 읽는 내내 마치 미란다가 저에게 외치고 있는 느낌이랄까요. 인생, 참 그렇지만 그 안에서 행복과 가치를 만들어가는 그녀의 인생에 박수를 보냅니다.

미란다! 인생, 참… 그렇죠?

- 에스더

일러두기

1. 본문 하단의 각주는 원서를 옮기는 과정에서 번역자가 추가한 내용입니다. 대부분의 설명은 위키백과를 참고했습니다.

2. 신문, 노래, 영화, 방송 프로그램의 제목은 〈 〉로 묶었고, 잡지, 단행본, 장편 도서의 제목은 『 』로 묶어 표기했습니다.

3. 이 책의 표지와 본문에 쓰인 서체는 배달의민족 주아체, 나눔 명조, 나눔 고딕, 나눔 바른고딕입니다. 자유롭게 서체를 사용할 수 있도록 공유해준 개발자, 디자이너 등 관계자 여러분에게 감사의 인사를 전합니다.

4. 각주로 담지 못한 책 바깥 이야기는 블로그를 통해 제공합니다.
미란다처럼 사전(http://beingbeingbeing.tistory.com/338)을 참고하세요.

사랑하는 독자 여러분에게
To my dear reader chum

감사의 글

많은 분들의 친절한 손길이 없었다면 이 책은 나오지 못했을 거예요. 커티스 브라운 에이전시의 고든 와이즈와 호더 출판사의 한나 블랙은 책을 쓰는 동안 많은 조언을 해주었고 인내심 있게 기다려주었어요. 책을 쓴다는 일을 받아들이는 과정에서 두 사람 덕분에 용기를 얻을 수 있었어요. 정말 고맙습니다.

로에나 웹을 비롯한 호더 출판사 여러분에게 응원해줘서 정말 고맙단 말을 전하고 싶습니다. 대체 어떤 출판사가 작가에게 힘을 주기 위해 말달리기를 해줄 수 있겠어요?

부모님 집에서 글을 쓸 때는 마치 호텔에서 지내는 것처럼 편하게 지냈어요. 사춘기 시절로 돌아간 것처럼 어리광을 부렸는데도 다 이해하고 받아준 엄마, 아빠에게 정말 고마워요.

그리고 마지막으로, 충고와 조언을 아끼지 않은 로즈 하이니, 폴 파웰에게 감사해요. 그리고 "이거 정말 웃겨? 진짜 재밌어?"라는 나의 반복된 질문에도 참을성 있게 끝까지 통화해준 여동생 앨리스에게 고맙다는 말을 전합니다. 자, 이 정도로 마무리하고 이제 제 얘기로 들어갈까요?

차례

	감사의 글	8
1.	인생, 참	11
2.	음악 유전자, 없어도 괜찮아	30
3.	누구나 취미는 있다?	43
4.	즐거운 회사 생활…?	63
5.	인터넷은 인생의 낭비?	84
6.	체력 방전 프로젝트, 때 빼고 광 내기	100
7.	내 몸이 어디가 어때서	125
8.	재미 없는 운동은 노땡큐	141
9.	다이어트 완벽 가이드	153
10.	건강과 염려 사이	157
11.	휴가지에서 생긴 비극	177
12.	메리 크리스마스!	197
13.	우쭈쭈 우리 강아지	220
14.	어쨌거나 아이들은 자란다	231
15.	아무도 모르는 데이트의 법칙	250
16.	미치거나 더 미치거나, 결혼	273
17.	교양 있는 여자	284
18.	꿈, 눈치 보지 말고 그냥!	304
	미란다에 관해서	318
	옮긴이의 글	320
	후원자 명단	324
	부록	326

1. 인생, 참

LIFE, EH...?

사랑하는 독자 여러분, 진심으로 반가워요. 제가 쓴 책을 선보이게 되어 정말 영광이에요. 이렇게 이야기를 나눌 수 있다니 정말 꿈만 같네요. 자, 이제 세 번째 문장까지 왔으니 편하게 앉으세요. 아니면 눕든가요. 해변에 자리를 깔든지 침대에 파묻히든지 하세요. 베개로 요새를 만들어 놓았다고요? 짝짝짝! 참 잘했어요! 눈치 따윈 던져 버리고 서점 바닥에 누워 짧은 휴식을 취하는 분도 있다고요? (흠, 실제로 이런 분이 있다면⋯ 실례지만, 좀 이상한 분 같군요.) 출근길 지하철 안에 서서 이 책으로 다른 사람의 혐오스러운 겨드랑이를 방어하고 있다고요? 아이고, 심심한 위로를 보낼게요. 상큼한 아침을 구덩이에 얼굴을 처박은 채로 시작하다니요! 지하철만큼은 모르는 사람들과 멀뚱히 서 있어도 쩔쩔매거나 어색하지 않아도 되는 장소인데 말이죠. 어쨌거나 서 있는 독자도 환영합니다. 아! 무릎을 꿇고 있는 분도 있겠군요. 교회에서 열리는 결혼식에 참석했는데 의자 밑에 쪼그리고 앉아 몰래 이 책을 보고 있다고요? 못 말리겠네요, 정말!

어떤 자세를 취했든 편하게 자리 잡았기를 바랄게요. 우리가 벌써 두 번째 문단까지 왔고(와우!) 이제부터 책 속으로 즐거운 여행을 떠날 참이니까요. 그 전에 차와 비스킷으로 무장할 시간을 드릴게요. 카푸치노 한 사발과 머리통만 한 머핀, 영양가 높은 수프와 소고기 구이가 당긴다고요? 뭐 어때요, 자유롭게 즐기세요. 우리 앞엔 한 권의 책이 있잖아요. 이 책을 즐기는 동안 허기가 지면 안 되니까요!

가장 먼저 하고 싶은 것은, 여러분을 진심으로 환영한다는 인사에요. 여러분이 누구든지, 어쩌다 이 책과 만나게 되었든지, 어떤 간식을 선택했든지 상관없어요. 저의 작가적 가슴으로 열렬히 환영의 박수를 보냅니다. 걱정 마세요. 제가 지은 이야기 왕궁에서 여러분은 가장 사랑받는 손님이니까요. 이렇게 넋이 나가게 멋진 책을 선택하다니! (객관성이라든지 겸손함 따위는 벗어던진 지 오래랍니다.) 서점 서가에 쌓인 많고 많은 책 중에서 여러분이 집어 든 책을 보세요. 와우! 자기 자신에게 박수를 보내는 건 어때요? 공공장소라도 괜찮아요. 좋아요, 저를 즐겁게 하는 방법을 하나 알려 드릴게요. 주변에 있는 낯선 사람에게 지금 이 부분을 읽어주면서 서로에게 박수를 쳐주는 거예요. 이 얼마나 사랑스러운 광경인가요? 다 큰 어른들에게 '말달리기'를 전파했던 일[1]처럼 사람들에게 재밌는 행동을 하게 만드는 일이 저의 기쁨이랍니다. 혹은 길거리를 돌아다니다가 안경점에 들어가서 우스꽝스럽고 괴상한 안경을 써보는 놀이도 재밌죠. 이런 재밌는 행동을, 제가 이름 붙이기로 '나만의 놀이 만들기'라고 해요. 왜 그런 짓을 하냐고요? 이런 것들이 필요하니까요! 그렇지 않나요? 생각해보세요. 인생에는 항상 어려움, 우울함, 지루함, 외로움, 권태로움이 곳곳에 도사리고 있잖아요. 갑갑하지 않나요? 인생, 참… 그렇죠?

'인생, 참…….' 살다 보면 자주 말하거나 듣는 말이에요. 셀 수 없

---

[1] 영국 시트콤 〈미란다〉에서 주인공 미란다는 말달리기를 즐겨 한다. 고등학생 미란다가 학교 복도에서 말달리기를 하다가 선생님한테 하는 말, "선생님, 언젠가 직장인들이 다 이렇게 뛰어다닐 거예요!"

이 많이요. 한숨 끝에 뒤따라 나오기도 하고, 박장대소하다가 튀어나오기도 하죠. 습관적으로 내뱉거나 버릇처럼 말하는 사람도 있어요. 어떨 때는 자기도 모르게 튀어나올 때도 있고요. 아니면… 황홀한 순간을 맞이한 후, 무아지경 상태에서 흘러나올 수도 있죠. (인생, 참 죽여준다! 와우! 사정 좀 하셨나요? 아니, 그게 아니라 사랑이요!) 이상하고도 아름다운 인생이라는 여정에서 때때로 우리는 어떠한 말로도 표현이 안 되는 사건이나 감정과 마주치게 마련이죠. 얼마 전, 알고 지낸 지 10년 넘은 친구 니키와 바닷가에서 석양을 감상하던 순간이 생각나네요. 함께 나란히 앉아 앞을 바라보다가 문득 우리가 지난 10년 동안 꿈꾸었던 것과 성취한 것을 돌아봤어요. 정말 가슴이 벅차올랐어요. 저는 제 감정을 쏟아내다가 마지막에 이렇게 내뱉었어요. "인생, 참……." 그러고 보니 막내 동생이 아이를 낳았던 날도 기억이 나네요. 동생과 저는 삼십 년 전, 어릴 적에 함께 살았던 부모님 집 정원에 앉아 있었어요. 갓 태어난 동생의 아이를 바라보며 "인생, 참……." 하고 속삭였지요. 이 말은 완벽한 문장은 아니지만 모든 것을 담고 있어요. 우리 모두 살면서 즐거운 순간과 고통스러운 순간을 회상한다는 것, 때로는 혼자 웃고 운다는 것, 그리고 때로는 다른 사람과 기쁨이나 슬픔을 나눈다는 사실을요. 그리고 아무리 멋있고 돈이 많은 사람일지라도 삶이 지독하게 혼란스럽거나 알쏭달쏭하게 느껴질 때가 있다는 뜻도 담겨있죠. "인생, 참… 그렇죠?"

그런 순간들, 중요한 사건들, 탄생, 죽음, 추억은 비교적 쉽게 다룰 수 있는 것들이죠. 그냥 다른 사람들이 하듯이 똑같이 즐거워하거나 슬퍼하면 되니까요. 그런 일에 대처하는 방법을 정리해놓은 책이 이미 있는 셈이죠. 전통, 절차, 관례 같은 행동규범이 존재하니까요. 나만 이상한가 싶고 어찌할 바를 알 수 없는 상황은 따로 있어요. 위에 말한 상황보다는 덜 심각하지만 분명 혼란스럽고 창피한 순간, 인생을 살다보면 반드시 마주치는 삐끗하거나 넘어지는 순간이죠. 아주 현실적이고 흔하게 부딪히는… 그러니까 속으로는 몹시 당황스럽지만 겉으로는 아무렇지 않은 척해야 하는 상황, 다들 겪어봤죠?

최근에 겪었던 일을 얘기해 볼까요? 혹시 고급 레스토랑에서 미끌미끌한 새우와 씨름하다가 어깨 너머로 발사시켜 옆 테이블에 앉은 사람의 눈에 명중시킨 적 있나요? 이런 상황에 처하면 정말 아찔해지죠. 제가 어떻게 했냐고요? 일단 자리에서 일어나 봉변을 당한 여자 손님에게 가서 "괜찮으세요? 정말 죄송해요. 카푸치노 새로 주문해 드릴까요?"라고 말했어요. (새우가 카푸치노 거품을 뚫고 우아하게 다이빙했거든요.) 아마 규범적으로 올바른 온갖 대처를 해야 하겠죠. 그런데 이런 상황이 되면 저는 웃음이 비어져 나오는 걸 도저히 참을 수가 없어요. 눈에 새우가 명중했을 때 났던 둔탁한 소리가 계속 생각이 나서 말이 안 나올 정도였어요. 그 와중에 속으로 그 여자 손님에게 '눈탱이 새우탱이'라는 별칭을 붙였죠. 상황을 재밌게 만들려는 노력도 해봤지만 허사였죠. "저라면 그 카푸치노는 버리겠어요. 좀 비려 보이지 않나요? 하하하!"

상대방의 황당한 표정을 봤을 때 멈췄어야 했는데……. 여자 손님의 눈썹 위에 앉아 있는 새우 수염을 발견한 순간, 웃음이 터지기 시작했어요.

결국 방향을 바꿔서 오늘따라 운이 나쁜 게 분명한 웨이터에게 싫은 소리를 해야겠다고 생각했죠. "여기요. 저와 '눈탱이 새우탱이' 아가씨를 대표해서 (아니, 이젠 '새우 수염 눈썹'이라고 해야겠어요) 얘기 좀 할게요. 새우 요리를 시키면 바로 입에 넣을 수 있는 상태로 나와야 하는 거 아닌가요? 대체 왜 먹을 수도 없는 부분을 그냥 내와서 일일이 다 벗기는 '새우 까기'를 직접 해야 하나고요. 뭐라고요? 그게 다 새우를 먹는 과정이라고요? 이봐요! 손 닦을 물 그릇을 줘야 할 정도로 손을 더럽히는 일은 주방에서 다 해결한 다음에 음식이 나와야 하는 거 아닌가요? 이봐요, 돌아오세요! 나가라고요? 전 안 나가요! 돈 주고 산, 저 빌어먹을 새우는 다 먹고 나갈 거예요. 왜요? 그쪽이나 진정해요!"

그 후 저녁 시간이 어떻게 흘러갔을지는 대충 상상이 되죠? (가늠이 안 되는 독자를 위해 살짝 귀띔하자면, 경비원 한 명과 10분 동안의 숨바꼭질, 불법적으로 들여온 인도 전통 닭고기 요리가 등장한답니다.) 인생을 길게 봤을 때야 이런 일들이 어마어마하게 느껴지는 사건이 아니겠지만, 막상 이런 상황에 처한 그 순간만큼은 세상에서 가장 힘든 일을 겪는 것처럼 느껴지지 않나요? 제 말의 요점은, 여러분도 이렇게 인생이 딸꾹대는 순간이 힘들지 않느냐는 거예요. 고급 레스토랑과 격식에 맞는 에티켓이나 뭐 그런 것들요. **저만 그런가요?**

더 심한 상황도 있어요. 혹시 이런 상황은 저에게만 닥치나요? 데이트에 나갔는데 꽤 느낌이 좋은 날이었어요. 잠시 한숨 돌리기 위해 화장실에 갔다가 거울을 쳐다보며 "나쁘지 않아, 아가씨~"하고 혼잣말을 하고서 위풍당당하게 자리로 돌아갔어요. 화장실 휴지가 스타킹에 찡겨서 엉덩이 뒤로 계속 풀리고 있는 걸 알아차리지 못하고 말이에요. 리본 테이프처럼 소용돌이치는 휴지가 레스토랑 테이블 위로 나풀거리는 장면, 상상이 되세요? 대체 누가, 어떻게, 이런 상황에 잘 대처할 수 있을까요?

이럴 때를 위한 가이드북은 어디 있나요? 수천 년 동안 탄생, 죽음, 나이듦, 사랑, 모든 것의 의미에 대해 쓰인 글들은 넘쳐 나는 반면에 사람을 한순간에 인간 화장지 리본으로 만들고 설레던 연애 감정을 뭉개 버리는 치욕스러운 상황을 어떻게 헤쳐 나갈지 알려주는 책은 눈 씻고 찾아봐도 없단 말이죠.

저기요?

네, 안녕하세요? 대체 말하는 중간에 예의 없이 불쑥 끼어드는 게 누구죠?

나야, 나. 열여덟 살의 너. 못 알아보겠어? 키 180cm에 막대기처럼 말랐지. 학교에서 맞춘 밀짚 모자를 쓰고 빨간색, 녹색 양말을 짝짝이로 신은 채 라크로스[1] 스틱을 어깨에 맨 모습, 기억나?

아, 맞네. 비쩍 마른 어린 시절의 나잖아? 와, 기숙사 교복을 입은 네 모습을 보니 얼마나 반가운지 모르겠다. 내가 지금 하던 말 들었어?

나 지금 수다 떨려고 온 거 아니거든!

---

[1] 고무공과 라크로스 스틱을 이용한 스포츠. 라크로스 스틱의 머리 부분에는 그물이 달려있어서 이 부분으로 공을 잡을 수 있다. 경기 방식은 하키와 유사하다.

엥?

방금 말이야, 좀 찝찝한 기분이 들어서. 지금 말하던 내용이 좀…….

내가 말을 좀 잘하지? 고마워~

아니, 아니야. 그건 절대 아니라고! 아까 데이트할 때 얘기 있지? 화장실 휴지를 엉덩이에 끼고 다녔다면서? 그거 제발 사실이 아니라고 말해줘. 제발…….

아, 그거? 당연히 거짓말이지~ (진짜 있었던 일이에요, 독자 여러분. 실제상황이었답니다.)

휴~ 다행. 창피한 상황에 대해서 사람들한테 말하면… 나, 콱 죽어 버릴지도 몰라.

알았어, 이제 그만 넘어가도 될까?

그냥 넘어가지 마! 정말 심각하게 경고하는 거라고!

알았다니까.

그리고 이런 걸 책으로 써서 어쩌자는 거야? 동네방네 창피한 얘기나 하고… 어차피 사람들이 이런 쓰레기를 많이 볼 것 같진 않지만.

너무해! 이제 그만 나가줄래? 부탁이야.

잠깐만! 지금 인생이 부끄러운 순간의 연속이라서 외롭고 혼란스럽고 수치스럽다고 말하는 거 아니야? 어휴, 내 인생 정말 찌질하구나!

응, 그렇지만 이렇게 이야기를 나누면서 혼자만 그런 게 아니라는 생각을 공유하고 서로 연결되어 있다고 느꼈으면 해서. 그러면서 다들 덜 외로워졌으면 하는 게 내 바람이야.

흠… 알았어. 근데, 어제 수학 시간에 베케트 선생님이 파이의 정의를 물어봤을 때 내가 "속에 든 내용물에 따라 달라지죠."라고 말한 건 제발 쓰지 마!

방금 니 입으로 직접 말한 것 같은데?

아, 젠장. 좀 빠져.

너나 빠지렴.

빠진다, 빠져. (창피해서 도망치다가 라크로스 부츠에 걸려 넘어져서 세탁물 바구니에 빠진다) …원래 이러려고 한 거야~

죄송해요, 여러분. 어디까지 했죠? 아, 맞다. 데이트가 아주 엉망진창이 된 데서 방해를 받았었죠? 혹시 술에 취해 우체통을 "자기야~"라고 불러본 적 있나요? 전 뚱뚱한 남자친구가 빨간색 겉옷을 입고

있다고 착각해서 껴안고 키스하고 난리가 났었어요. 진짜 남자친구는 멀찍이 떨어져서, 이 정신 나간 여자가 우체통을 끌어안고 비벼대는 기괴한 장면을 숨죽이고 바라봤죠. 이런 상황(화장실 휴지 퍼레이드, 새우 쇼 등)은 꽤 자주 일어나는 일 아닌가요…? 설마… **저만 그런가요?**

인생이라는 것이 결국은 다 이런 순간을 견뎌내는 게 아닐까요? 맞아요. 바보가 되는 상황을 피하고 해결하는 것이야말로 인생의 영원한 숙제죠. 여러분도 괴로운 순간의 기억이 머릿속에서 끊임없이 재생돼서 잠 들지 못한 적이 아마 한 번 정도는 있을 거예요. 어젯밤에 저는 '엄마 뱃속에서 웅크린 동글뱅이'라고 (직접) 이름 붙인 자세로 침대에 누워 있었어요. 이런저런 상상의 나래를 펼치다가, 아주 진지한 자리에서 일과 관련된 중요한 사람을 소개 받는 상상을 하기 시작했어요.

상상 속에서 저는 파티가 한창인 사람들 사이에 서 있었죠. 아직 옷에 술이나 음식을 흘리지도 않아서 용모는 단정했고, 대화는 자연스럽게 흘러가고 있었어요. 분위기가 아주 좋았죠. 그때 담당 에이전트가 다가오더니, 저에게 투자하고 싶어 하는 사람이 있다는 거예요. (도박 같은 위험한 투자를 즐기는 사람임에 틀림없어요.)

> 에이전트 : 미란다, 여기는 밥이라고 해.
> 밥: 안녕하세요, 미란다. 만나서 반가워요.
> 나: 안녕하세요!

저는 악수를 하려고 손을 내밀었는데, 상대방은 볼에 뽀뽀를 하려고 몸을 내밀었어요. 하지만! 걱정 마세요. 저한테 가까이 다가오는 순간 내밀었던 손을 재빠르게 다른 쪽으로 치웠거든요. 부적절한(!) 부분에 닿지 않게요. 동시에 "어머, 하마터면 찐하게 키스할 뻔했네요. 하하하"라고 얼버무려야 하는 망측한 상황을 피하기 위해, 입술 대신 한쪽 뺨을 살포시 가져다 댔어요. 짝짝짝, 참 잘했어요!

하지만 산 너머 산. 정말 싫어하는 순간이 와버렸어요. 첫 만남에서의 끝을 알 수 없는 정적! 과연 누가 먼저 공식적인 대화의 문을 열고 침묵을 깰까요? 당연히 에이전트가 먼저 뭔가 말하겠죠? 아닌가? 내가 말해야 하나? 패닉이 오기 시작했어요. 그래, 내가 먼저 말하자! 뭐라도 빨리 내뱉어야겠어요, 뭐라도!

나: 어… 음… 밥! '밥'은 어떻게 발음하나요?
밥: 네? (매우 황당한 표정으로) 음… 밥이요.
나: 맞아요, 그렇죠? 아… 아니, 그럴 것 같았어요, 저는 그냥….

에이전트가 그렇게 실망스러운 눈빛을 보내는 건 난생 처음 봤어요. 밥은 매우 혼란스러워 보였죠. 게다가 저는 또 다시 침묵을 만들어 냈고요. 분위기만 망가진 채 다시 처음 상황으로 돌아온 거죠.

재빨리 에이전트가 말을 꺼냈어요. "밥은 방금 막 오스트레일리아에 갔다 왔대!" 영리한 대처였죠. 이제 우린 모두 "우와, 부러워요~"라고 말하며 여행에 대한 영혼 없는 질문들을 쏟아낼 수 있게 되었죠. 지루하고 바보 같지만 사람들 사이에서 안정감을 느끼도록 해주는 그런 뻔한 말들, 알죠?

그렇게 '엄마 배 속에서 웅크린 동글뱅이' 자세를 하고 상상을 하다가 이불을 걷어차고 벌떡 일어났어요. '밥은 어떻게 발음하나요?' '밥은 어떻게 발음하나요?' 밥이란 이름은 글자로 써 있었어도 물어 볼 필요가 없는 쉬운 이름이잖아. 게다가 그 사람을 소개하면서 이미 '밥'이라고 발음했고. 그게 밥을 부를 때 나는 소리지. 멍청아! 만약에 어딘가에 쓰여 있는 이름이었더라도, 그건 그냥 밥이잖아. B. O. B, 밥! 대체 그게 잘못 발음할 여지가 있는 이름이냐고?! '밥은 어떻게 발음하나요?' 악!!!

열여덟 살 때는, 항상 좌절을 겪는 사람은 저뿐이라고 생각했어요. 조금이라도 창피한 상황이 벌어지면 재빨리 변명하기 바빴죠. 다른 사람들이 저를 '완전 바보'라고 생각하지 않았으면 했거든요. 길을 걷다가 돌부리에 걸려 넘어졌을 때는 사람들이 손가락질하며 웃음을 터뜨리기 전에 재빨리 이렇게 말해버렸죠. "실은 일부러 이런 거예요. 트리플 점프를 연습 중이거든요. 올림픽에 출전할 예정이랍니다." 그러곤 다시 시범을 보이는 거죠. 열심히 트리플 점프를 보여주면서 아까는 넘어진 게 아니었다는 걸 증명하려 애쓰는 거예요. 그 정도로 뛰어댔으니 아마 올림픽에 나갔어도 제법 괜찮은 트리플 점프를 선보일 수 있었을 거예요.

저와는 달리 사람들은 모두 순조롭게 잘 살아간다고 저는 (절대적으로) 확신했어요. 언젠가 바비큐 파티를 하는 이웃집을 지나갈 때였죠. 사람들이 북적거리는 소리가 들렸어요. 다들 떠들썩하게 웃고 마시며 즐기고 있는 게 분명했죠. 저는 그 파티장 안에 소시지 바비큐를 씹으며 앉아 있다가 의자가 잔디 밑으로 가라앉는 기분을 느끼는 사람이 있을지 궁금했어요. **저만 그런가요?** 사람들이 와글와글한 장소에 혼자 앉아 있으면 어느 순간 잔디 밑으로 의자가 가라앉는 기분을 느끼거든요. 항상 기분이 묘해요. 도망치고 싶어서일까요? 제발 사람들이 알아채지 못 했으면 하면서 버텨보지만, 예외 없이 의자에서 넘어져 땅바닥에 주저앉고 말죠. 바닥에서 올려다본 의자는 마치 이렇게 말하는 것 같더라고요. "내 위에 앉지 마, 뚱땡아." 무례한 피크닉 의자 같으니!

열여덟 살 때까지는 바비큐 파티에서 다른 사람이 실수하거나 넘어지거나 혼란스러워 하는 장면을 못 봤다는 게 문제였죠. 단 한 번도요! 저는 그저 부러움과 비참함을 느끼며 나만 빼고 다른 사람은 다 행복하고 거리낄 것 없이 산다고 생각했어요. 다들 그 자리에 있고 싶어 하고 파티를 즐기는 데 아무런 어색함이 없다고 말이에요. 그 때는 사람들이 굉장한 비밀을 숨기고 있다는 사실을 알지 못했죠. 실은 다들 남의 눈을 의식하고 있으며, 속으로는 그냥 집에서 편한 바지를 입고 텔레비전이나 보고 싶어한다는 걸 말이에요.

청소년기에 가장 기뻤던 순간을 꼽자면 바로 영화 〈더티 댄싱〉에서 패트릭 스웨이즈와 제니퍼 그레이가 처음 만나는 장면을 봤을 때일 거예요. 이 장면을 모른다면 꼭 영화를 보세요. 대충 설명을 해볼까요? 제니퍼 그레이가 패트릭 스웨이즈에게 (잠시 그의 미모에 넋을 잃고 난 후) 처음으로 뱉은 말은 "저는 수박을 날랐어요."였어요. 하지만 수박을 들고 있진 않았죠. 패트릭 스웨이즈 입장에서는 제니퍼가 수박을 날랐는지, 뭘 했는지 잘 알지도 못하는 상황이었으니 정말 이상하고도 생뚱맞은 대사였죠. 그때 저는 생각햇어요. '그래! 저기 나 같은 바보가 하나 더 있네. 이제 나하고 제니퍼 그레이, 우리 둘하고 온 세상의 대결이야."

어렸을 때 '내 방식대로 인생을 살 수 있다면 좋을 텐데…….'하고 생각했던 기억이 나요. 살면서 만나는 우여곡절에 당당하게 맞설 수 있다면 얼마나 좋을까? 그동안 교육 받으면서 나를 짓밟았던 낡아 빠진 관습을 타파하고 규칙을 부수고 '사회적으로 용납 가능한'이란 말이 필요하지도 않게 만들 수 있다면… 하지만 난 그렇게 개성이 강하고 독립적인 사람이 아니니까 안 될거야…….

열여덟 살 때 전 마음을 다잡았어요. '신경 쓰지 말자. 이 세상에 제니퍼 그레이랑 나만 바보라고 해서 걱정하지 말자.' 나이가 들면 삶의 굴곡을 우아하고 당당한 나만의 방식으로 헤쳐 나갈 수 있으리라는 희망이 있었기 때문이죠. 그런데 사실은, (어휴, 열여덟 살 미란다가 이 희망을 믿지 않아서 얼마나 다행인지) 저는 여전히 바보에요. 인생은 거의 매일, 적어도 일주일에 한 번씩 절대 우아하게 처리할 수 없는 곤란한 일을 던져주고 있지요. 요즘에는 이런 일과 대면하는 게 아주 조금은 쉬워지는 것 같기도 해요. 며칠 전에 카페에서 있었던 일이에요. 의자에서 일어나려고 엉덩이로 의자를 뒤로 미는 순간 오도 가도 못하는 상황에 처했어요. 정말 '심각하게 소리가 큰' 방귀요. 그렇지만 전 숨기지 않았어요. '쿨'하게 인정했죠. 웃어넘겼다고요. 다들 이런 적 있지 않나요? 의자가 바닥에 끌릴 때 나는 소리 말이에요! 다들 경험해봤죠? 그렇죠? 여러분? 여보세요? 넘어갑시다······.

유명해지면 자신감이 생기지 않을까 하고 생각했던 적도 있어요. 유명한 사람들은 아무 행동이나 해도 앞서 가는 사람이라는 이미지 덕분에 자유로워질 수 있는 특권이 있다고 생각했죠. 어색하고 당황스러운 순간도 유별나고 특이한 성격 탓을 하면 자연스럽게 넘어가면 되니까요. "저게 뭐야? 미란다가 쓰레기통에 자기 머리를 집어넣고는 못 빼고 있는 거야? 음, 뭐. 유명한 사람들이 다 그렇지 뭐. 스팅한테 배운 새로운 명상 방법[1]인가 보지." 유명한 사람들은 상식 밖의 행동을 밥 먹듯이 하니까요, 그렇지 않나요?

지금쯤 빛나는 미래를 그리며 여자 기숙사에 누워 있을 어린 미란다에게 해야 할 말이 있어요. 지금 제가 아주 쥐똥만큼 유명하다는 사실이요. 그러게요. 인생, 참! 그렇지만 유명해진다고 해서 자의식에서 자유로워질 수 있는 건 아니라고도 말해줘야겠네요. 조금도요. 오히려 반대죠. 얼마 전에 공항에서 입국 심사를 할 때였어요. 보안 검색대를 지나갈 때 물건을 올려놓는 곳 있죠? 저는 '작은 손가방만 들어가게 생겨 먹어서 내 가방이 들어갈까 궁금한 구멍'이라고 부르는데요, 그 위에 들고 있던 가방을 올려놓았어요.

가장 큰 검색대에 올려놨는데 딱 맞더라고요. 음··· '너무' 딱 맞았

---

1 〈Shape of my heart〉를 부른 가수. 명상, 요가, 채식을 즐기는 음악인으로 유명하다.

어요. 담당자는 머리끝부터 발끝까지 완벽해 보이는, 바비 인형 같이 생긴 여자였어요. 마치 비행 승무원이나 영화 〈썬더버드〉에 나오는 레이디 페넬로프[1] 역할을 하기 위해 태어난 사람 같았죠. 저한테 다가오더니 짜증스럽고 거슬리는 톤으로 이렇게 말했어요. "죄송합니다만 가방이 안으로 완전히 들어가야 해요. 전부 들어가게 해주세요." 저는 이런 상황에서 열 받은 영국인 여자가 으레 그렇듯이, 도전적인 태도로 가방을 꾹꾹 밀어 넣었어요.

이번엔 가방이 제대로 맞았어요. 너무 제대로요. 걸려 버린 거죠. 제 가방이 '작은 손가방만 들어가게 생겨 먹어서 내 가방이 들어갈까 궁금한 구멍' 기계에 껴버렸다고요! 저는 건장해 보이는 남자 직원에게 가방을 좀 당겨 달라고 부탁했죠. (부탁은 항상 건장한 남자에게 해야죠, 호호.) 남자 직원이 가방을 당기자 갑자기 기계가 멈춰버렸어요. 이제 저는 말썽을 일으킨 사람이 된 거예요. 그리고 사람들이 저를 '알아보기' 시작했어요.

한순간에 저는 진상을 피우는 어떤 여자가 아니라 소동을 일으킨 텔레비전에 나오는 사람, 미란다가 된 거예요. 사람들이 조금씩 모여 들더니 점점 더 큰 무리를 이루었어요. 키득대는 휴가객 무리가 주위에서 쑥덕거리기 시작했죠. "저거 혹시?" "누군데?" "저 여자 그 사람 아니야?" "아닐걸? 앗, 맞나?" "〈그랜드 디자인〉[2]에 나왔던 여자 아니야?" "잔뜩 성질나 보이는데?" "미란다 맞네! TV에서처럼 바지가 내려가면 재밌겠다. 곧 내려갈 것 같은데?" 사람들이 주머니에서 핸드폰을 꺼내기 시작하자 유튜브에 제 동영상이 올라갈까봐 두려워졌어요. 초코바를 먹는 뚱뚱한 판다 동영상 옆에 '가장 많이 본 동영상'으로 제 모습이 뜨는 걸 상상하니 끔찍하더군요. 조금이라도 유명

---

1 영화 〈썬더버드〉는 동명의 SF TV 인형극을 영화화한 작품으로, 등장인물인 레이디 페넬로프는 바비 인형 같은 금발 머리를 하고 핑크색 옷으로 무장한 채 핑크색 리무진을 몰고 다닌다.
2 영국의 집짓기 TV 프로그램.

해지면 자유롭기는 무슨, 더 힘들어질 뿐이에요. 호기심의 대상이 웃기는 구경거리로 전락하는 건 한순간이니까요.

(말쑥한 셔츠에 녹색 플리츠 치마를 입은 열여덟 살 미란다가 들어온다.) 하이! 그동안 뭐했어? 무슨 얘기 하고 있었어?

아, 안녕. 라크로스 경기하러 가야 하는 거 아니야?

아, 경기가 미뤄졌어.

거짓말! 미뤄지지 않았잖아. 그치? 휴식 시간에 먹으라는 오렌지는 내팽개쳐 두고 군것질에 담배까지[3] 피워서 퇴장당한 거지?

왐바[4]가 있는데 대체 누가 오렌지를 먹겠어? 그래서, 무슨 얘기 하고 있었느냐니깐?

우리 사랑스러운 독자들에게 삶에는 꽤 짜증스러운 면이 있다고 말하고 있었지. 너도 알다시피 우린 좀 예민하잖아. 그렇지?

그래. 그렇지만 걱정 마. 스물여덟쯤 되면 벗어날 거야. 그때쯤이면 좀 성숙해지겠지. 서른이 다 된 나이니까. 진짜 늙었겠다. 스물여덟 살이 되면, 나를 사랑하고 아껴주는 남편이 있겠지? 잘 나가는 직업도 있고 말이야. 안정된 어른의 생활을 즐기고, 잠깐만, 왜 그렇게 웃어 재껴?

---

[3] 너무 놀라지 마시라. 당시 영국에서는 16세 이상 청소년부터 담배를 구입할 수 있었다.
[4] 당시 영국에서 학생들이 많이 먹었던 존득한 식감의 불량식품. 국내에서는 '피겨'라는 이름으로 팔렸던 과자와 흡사한 종류의 쫄깃한 과자다.

하하하, 그게… 그렇게 잘 풀리지는 않아. 여전히 흥미진진하고 재밌긴 한데, 실제로는 좀 더 굴곡이 있다고나 할까……. 힘든 시기를 겪기도 하고.

아…….

그리고 좀 짚고 넘어가자면, 서른은 무척 어린 나이거든? 아직 창창한 나이지. 서른여덟도 마찬가지고. 내가 지금 서른여덟이야. 까놓고 말하자면, 여자 나이 서른여덟이면 가장 (작은 목소리로 속삭이듯이) 섹시한 (다시 원래 목소리로) 시기거든.

으엑~

넘어가자. 삶은 원래 굴곡진 거야. 우리한테만 그런 게 아니라 모든 사람에게 그래. 그러니까 이렇게 우리의 어두운 과거를 독자들하고 나누고 있었던 거야. 아까 〈더티댄싱〉에서 제니퍼가 했던 대사 얘기도 했어. "저는 수박을 날랐어요"라는 대사 말이야. 우리가 얼마나, 얼마나 그 장면을 좋아했는지!

진짜, 진짜, 좋아하지.

그러니까. 그 순간 혼자가 아니라고 느끼게 되었잖아. 난 이 책도 누군가에게 그런 존재가 되었으면 좋겠어. 작은 일 앞에서 항상 식은땀을 흘리는 사람에게 혼자만 그런 게 아니라고 말해 주고 싶어.

오, 꽤 멋진 일이란 생각이 드는데?

(정치인처럼 짐짓 진지하고 거창하게) 만약에, 만에 하나라도, 이 책이 누군가에게 제니퍼의 수박 같은 존재가 될 수 있다면… (더 거창하게) 삶에는 언제나 큰 일만 있는 건 아니니까. 우리가 겪는 소소한 일들이 오랜 시간 동안 쌓이면 삶의 큰 부분을 차지하게 된단다!

에이, 너무 오버한다!

쏘리. 어쨌든 열여덟 살의 미란다, 어린 시절의 나에게 앞으로의 삶에 대한 작은 이정표를 건네주고 싶었어. 삶이 가끔은 삐걱거리거나 전혀 다른 방향으로 갈 수도 있다는 점을 귀띔하고 싶었고.
그러기 위해서 열여덟 가지 주제를 정해 봤어. 네가 살아온 열여덟 해에 맞춰서 말이야. 아이디어 좋지? 나도 알아. 전자제품 새로 살 때처럼 사람이 태어날 때도 삶을 어떻게 운영해야 하는지에 대한 매뉴얼이 있었다면 좋았겠지만. (나는 그런 책이 있어야 한다고 생각해.) 대신 내가 지금까지 살면서 배운 것들을 조금이나마 너에게 보여주려고 해. 이걸 너만의 미라뉴얼(Miran-ual)이라고 이름 붙이자. 와우, 매뉴얼이 아닌 미라뉴얼! 나 정말 작명 센스 죽이지 않니?

웃기고 있네.

아, 쫌! 미라뉴얼이라고!

그래~ 난 이제 가야겠다. 벨라랑 클레어베어가 휴게실에서 〈조찬 클럽〉[1] 이라는 영화 보고 있거든. 너무 재밌어서 천 번은 본 거 같애.

---

[1] 영화 〈나홀로 집에〉의 감독인 존 휴즈가 1985년에 만든 작품으로 영어 제목은 〈Breakfast Club〉이다. 학교에서 문제아 취급을 받는 학생 다섯 명이 토요일, 학교에 모여 조금씩 서로를 이해하기 시작한다. 아이들에게 문제아라는 낙인을 찍어 편견을 씌우는 교육에 의문을 가지게 하는 영화다.

암튼 나중에 보자. (사라진다.)

잘 가, 어린 미란다.

자, 사랑하는 독자 여러분, 당신이 누구든지… 유명하든지 아니든지, 나이가 적든지 많든지, 크든지 작든지, 나쁘든지 착하든지, 말랐든지 뚱뚱하든지, 소프라노, 알토, 테너, 베이스든지, 다~ 상관없어요. 그저 여러분이 제 이야기와 잔소리와 독백에 공감하기를 바랄 뿐이에요. 저만 그런 게 아니길 바라면서요. 혹시 이렇게 질문을 할지도 모르겠어요. "그런데 미란다, 선택한 주제들이 별로 이야기할 거리가 많아 보이진 않는데? 왜 이런 주제들을 정했어?"

음, 제가 고심 끝에 선택한 주제 뒤에는 생각보다 질척질척하고 어둡고 교묘한 생각거리가 숨어 있답니다. 지금부터는 경제도 잊고, 전쟁도 잊고, 탄생과 죽음 같이 진지하고 심각하고 커다란 일에 대해서도 잊으세요. 진짜 결정적인 부분을 파헤쳐 보자고요! 살면서 겪는 다양한 사건에 대해, 데이트에 대해, 휴가와 사람이 바글바글한 해변에서의 행동 양식에 대해서 이야기해요. 파이와 으깬 감자를 두 그릇이나 안고 버스에 서 있다가 임산부로 오해 받았을 때는 어떻게 하면 잘 넘어갈 수 있는지 말이에요. 참, 이건 제가 직접 겪은 일이 절대 아니랍니다. (…직접 겪은 일이에요.) 그저 당황했던 기억에 대해 늘어놓는 것이 아니라 젓가락질을 하는 방법처럼 아주 실질적으로 살면서 필요한 노하우에 대해 이야기할 거예요.

저라고 이런 곤란한 일들에 대한 답을 모두 알고 있진 않아요. 그렇지만 매~번 실수를 저지르는 데 전문가이긴 하죠. 어쨌든 이렇게 무게가 나가는 주제를 제 가슴에서 꺼내오는 일은 꽤 즐거운 일일 것 같아요. (아니면 무게가 나가는 가슴에서 주제를 꺼내기도…? 둘 다

오케이!)

자, 빰 빠바 빰빰빠 빰 빠바~(팡파르!) 두구두구두구~(드럼!) 마실 것을 좀 더 가져오거나 두 번째 소고기 구이를 차리고 책장을 넘기는 건 어때요? 다음 장에서 다룰 첫 번째 주제는…!

2. 음악 유전자, 없어도 괜찮아

M U S I C

 자, 다들 준비됐어요? 좋~아요. 이제 음악 이야기로 수다의 꽃을 피워볼까요? 사랑하는 독자 여러분, 아, 그런데 매번 '사랑하는 독자 여러분'이라고 부르는 게 좀 번거롭네요. 그럼 이제부터는 그냥 '여러분'이라고 부를게요. '여러분'이라는 말이 나올 때마다 독자 여러분에 대한 사랑과 애정을 듬뿍 담았다는 사실을 항상 기억해주세요.

 여러분은 혹시 다른 사람보다 음악에 대해 더 잘 아는 사람인가요? 최신 음악을 항상 흥얼거리고, 요즘 잘 나가는 노래가 뭔지 알고 사나요? 서른이 넘어서도 라디오4를 듣는 게 아니라 여전히 어릴 때 듣던 라디오1을 듣는다고요[1]? 요즘 새로 나온 밴드는 누가 있는지 적극적으로 찾아보고, 빈티지 레코드를 수집하는 취미가 있나요? 저는 그런 사람을 만나면 절로 감탄이 나와요. 어렸을 때부터 항상 음악적 감각이 뛰어난 사람을 동경했거든요. 여러분이 그런 사람이라면 정말 죽여주는군요! You're ROCK!

---

1 BBC 라디오는 채널에 따라 주요 청취자의 연령층이 다르다. 라디오 1은 청년층을 위한 대중가요와 프로그램, 라디오 2는 중장년층을 위한 대중가요와 프로그램, 라디오 3은 클래식 음악 및 교양 프로그램, 라디오 4는 뉴스, 시사 프로그램을 방송한다.

저는 음악을 참 좋아해요. 정말요. 하지만 아쉽게도 리듬감을 타고 나진 못했어요. 그리고 지금은 (저만 그런 건 아니겠죠?) 세계적으로 유명한 가수가 나와도 아무런 신경도 안 쓰고 누가 누구인지도 모르고 살아요. 만약 제가 온갖 '멋'이란 멋은 다 내고 다니는 열여섯 살짜리 남자아이라면 최신음악을 잘 알아야 한다는 강박에 항상 시달리겠죠.

제가 음악에 관해서라면 구닥다리나 마찬가지라는 걸 더 이상 설명 안 해도 되겠죠? 고백하자면, 음악 감각에 답이 없어서 사람들하고 만나는 자리에서 황당한 일도 자주 겪는답니다. 며칠 전 갔던 파티에서는 세련된 스타일의 음악광이 말을 걸어왔어요. (대체 왜 저한테 말을 거는 걸까요?)

"이 DJ 너무 좋지 않나요?"

저는 자신있게 대답했죠. "네! 오우, 최고에요. 아주 비트가 죽여줘요!"

"혹시 카녜 웨스트[2] 알아요?"라고 남자가 물었어요.

"아, 콕포스터스 근처에 있는 거요?"

"네?"

"카녜 웨스트… 음… 피카딜리로 가는 길에 있는 지하철 역 아닌가요? 지하철 노선도 보여드릴까요?"

"아뇨," 음악광 씨가 어리둥절한 표정으로 당황스럽다는 듯이 대답하더군요. "**가수 카녜 웨스트요.**"

"아~~~~ 가수 카녜 웨스트 말하시는 거구나~ 그 가수 좋아하냐고요? (억지로 웃어 재끼며 속으로는 어쩔 줄 몰라 하고 있죠.) 아이고, 저는 글쎄… 지하철 역을 찾으시는 줄 알았지 뭐에요! 껄껄껄"

이렇게 웃는 게 귀여워 보이면 좋겠건만, 당황스러운 상황을 무마

---

2 미국의 프로듀서 겸 랩퍼.

할 때마다 튀어나오는 돌고래 고주파 웃음소리가 나오는 순간 다 글렀구나 싶었어요. 앞에 있던 음악광 씨는 금방 어딘가로 사라졌어요.

이런 일을 겪다 보니 어린 미란다에게 미리 경고를 해줘야겠다는 생각이 들더군요. 앞으로 제가 음악에 대해 아는 척할 때마다 창피를 당한다는 걸 알려줘야 하지 않겠어요? 그러니 여러분, 철 없는 어린 미란다를 조금만 참아주세요.

열여덟 살 미란다!

오, 안녕. 결국 찾아왔군. 지금 구름 위에 앉아 있니?

하늘 위에서 너에게 말하는 거 아니거든? 내가 죽은 것도 아니고……. 너처럼 땅 위에 서 있어! 그저 20년 뒤일 뿐이지. 좀 헷갈리긴 하지. 나도 알아. 근데 이 책이 판타지 소설은 아니잖니.

난 내가 20년 후에는 죽었을 줄 알았지. 너무 늙고 찌질해서 말이야.

내가 말했지, 서른여덟은 매우 어린 나이라고! 아직은 '20대 후반'에 근접한 나이란 말이지. 매우 쌩쌩하고 번식력도 강하다고. 너한테 좋은 소식이 있어. 내가 지금부터 할 얘기들을 잘 새겨들어. 특히 다른 사람들하고 음악 얘기를 하기 전에 꼭 들어둬. 너보다 스무 살이나 많은 내 조언을 잘 기억하라고! (물론 아직 어리고 쌩쌩한 나이지만!) 너한테 꼭 필요한 몇 가지 진실을 말해줄게.

아니, 필요없는데. 나 음악 완전 잘 알거든~ 실은, 방금 막…

(손을 들어 어린 미란다의 말을 막는다.) 거.기.까.지! 방금 뭐하고 있었는지 다 알아. 너 지금 사춘기 겪고 있지? 너한테 직접적으로 말하

기가 좀 미안하지만 자기가 '음악적으로 쿨하다'고 생각하는 아주 독창적인 시기지. 방학 때 집에서 카세트 싸들고 기숙사로 돌아온 것도 유행하는 밴드때문이잖아. 토킹 헤즈[1]라는 밴드 말이야. (밴드? 그룹? 솔직히 말해서 뭐라고 불러야 할지 모르겠네.)

그래, 맞아. 토킹 헤즈! 너무 좋아! 정말 멋져! 펑크 락 밴드인데…

그래 나도 알아. 뉴웨이브 스타일 음악과 펑크 락 요소를 결합시킨 밴드지. 아방가르드, 팝, 펑크, 월드뮤직, 아트락…

와, 너 음악 좀 아는 것 같다? 너무 잘 아니까 뭔가 불안한데?

아, 그게 아니고, 방금 구글링해 봤어.

구글링…?

응. 뭐라고 할까… 노트북 안에 있는 도서관 같은 거지.

뭐 안에 있는 뭐?

넘어가~ 나중에 설명해줄게. 근데 너 사실대로 말해. 너 토킹 헤즈 별로 안 좋아하잖아, 그치?

좋아해. 진짜로 좋아한다고!

아니, 안 좋아하잖아. 잘나가는 사촌 스티브가 알려준 거라서 뻐기고 다니는 거잖아. 애처로울 정도로 용 써서 그 시끄러운 음악을 좋아하

---

[1] 1974년 결성된 미국 출신 뉴웨이브 밴드. 라디오헤드에게도 영향을 끼칠 정도로 전설적인 밴드. 열여덟 살 미란다에게 음악적 허세를 부리기에 안성맞춤으로 느껴지지 않았을까?

는 척했지. 그러곤 기숙사 복도를 걸어 다니면서 큰 소리로 떠들고 다녔잖아. "예~ 나 토킹 헤즈 듣고 있어. 뭐? 토킹 헤즈를 몰라?!" 자신있게, 아니다, 아주 거만하게 돌아다녔잖아. 근데 너 마음속으로는 그렇게 척하고 다니는 게 마음에 걸렸지? 자기 자신이 아닌 것 같다는 느낌이었을 거야. 마음속 깊은 곳에서는 네가 음악광이 아니란 걸 알고 있었으니까.

감히 그게 무슨 소리야? 나 음악 잘 알아! 트파우[1]도 좋아한다고! (노래를 부르기 시작한다.) China in your hand~~

제발 그만…

그리고 또…

드라마에 나온 커플, 카일리 미노그랑 제이슨 도노반[2]? 그러고 보니 네 방 벽에 제이슨 도노반 포스터가 보이네.

완전 짱 멋있어.

지금 잠깐은 멋있어 보일지도 모르지만 음악적으론 그다지 최신이 아니란다. 인정해, 어린 미란다! 너 음악에 대해선 쥐뿔도 모르잖아. 누가 봐도 넌 음악 유전자가 없어.

너 진짜 어이없다! 아니라니까! 이제 그만해!

휴~ 그럼 한번 네가 음악꽝이라는 증거를 읊어볼까? 너 최근에 신

---

1 영국의 5인조 밴드. 대표적인 곡으로 〈China In Your Hand〉가 있다.
2 80년대 인기 드라마 〈네이버스〉에 서로의 상대역으로 출연했다. 이후 같이 부른 듀엣곡 〈Especially for you〉로 인기를 끌었다.

문에 나온 설문조사 중에 '노래 가사를 완전히 지멋대로 부름'이라는 항목에 체크했잖아.

무슨 얘기를 하는 건지 모르겠네…….

에이~ 기억할 텐데. 대학 입시 준비하는 친구들이랑 라크로스 경기장 가는 버스 안에서 다 같이 노래 부르고 놀았잖아. ⟨Do They Know It's Christmas?⟩라는 노래[3]였지. 그런데 후렴을 부르다가 분위기가 이상해지더니 다들 조용해졌지. 너는 자기도 모르게 가사를 틀리게 부르고 있었거든. 원래는 'feed the world(세상을 먹여 살려요)'란 가사였는데, 'feed the birds(새들을 먹여 살려요)'로 바꿔 불렀던 거야!

아, 그랬나, 기억이 나는 것 같기도…….

기억나지? 생각 좀 해봐. 대체 왜 밥 겔도프가 새한테 모이를 못줘서 안달이 났겠냐고! 그 사람이 굶주린 새를 위해서 그런 거대한 캠페인을 펼쳤겠니? 창피한 줄 알아라! 으이그!

그래, 너 잘났다, 정말. 왜 그딴 걸 다 기억해내고 난리야?

다 널 위해서야. 너 자신에 대한 진실을 알아야 하지 않겠니? 넌 절대, 절대로 음악광이 될 수 없어. 넌 딱 몇 가지 음악만 들으며 살 거야. 빌리 조엘, 브로드웨이 뮤지컬 음악 네다섯 가지, 돌리 파튼 노래 하나(당연히 ⟨9 to 5⟩지), 그리고 아바 앨범 하나랑 스티비 원더까지. 그게 다야. 앞으로 20년 간 이 노래들만 듣고 또 듣는다고. 그렇다고

---

[3] 밥 겔도프가 아프리카 난민을 돕기 위해 만든 프로젝트 그룹인 밴드에이드가 부른 노래.

죄책감 느끼지 마. 시간 낭비니까.

뭔 소리야. 말도 안 돼. 난 앞으로도 지금처럼 음악에 푹 빠진 채 살 거야. 토킹 헤즈를 얘기하는 순간처럼. 난 사람들이 잘 모르지만 특별한 음악들을 소개하는 음악광이 될 거라고. '핫'하고 흥미로운 음악을 얘기하고 떡잎이 보이는 밴드도 먼저 발견할 거야. 난 라디오 DJ 존 필[1]처럼 될 거라고. 음악 지식도 풍부하고 음악 감각도 뛰어난 존 필 말이야!

아이고, 널 어쩌니. 그럴 일은 절대 없어. 네 음악 감각은 너무 구닥다리야. 미안.

헉, 나중에는 라이브 공연도 가고 밴드하고 어울리고 할 줄 알았는데…….

공연에도 안 가.

뭐? 정말?

음… 실은, 거짓말이야. 가긴 가. 인기 차트에 진입한 가수들이 나오는 콘서트에 갔었지. 스물여섯 살이었나?

스물여섯? 그건 너무 늦잖아. 열여덟 살인 지금도 늦었는데!

어쨌든 가긴 간다고. 스물여섯에 가지만 꽤 재밌게 놀… 체포도 안 된단다. 뭐, 잘못도 안 했는데 괜히 근처에 있는 경찰관을 보고 죄책감을 느껴서 곤란하긴 했지만. (여러분, 사실 저는 경찰관 앞에만 서

---

[1] BBC 라디오 방송국의 전설적인 라디오 DJ이다. 가능성 있는 아티스트를 발굴하고 예순이 넘은 나이까지 꾸준히 DJ 활동을 했다.

면 항상 얼굴이 빨개져요. 그리고 '뻘짓'을 하곤 하죠. '좋은 아침'하고 인사를 해요. 그게 아침이든 저녁이든 말이죠. 왜, 대체 왜 이러는 걸까요?) 미리 뭐 하나 알려줄까? 공연장은 소녀 팬들로 빽빽해서 너는 아마 망망대해에 홀로 서 있는 거인처럼 보일거야. A1이라는 소년 밴드가 〈Take on me〉라는 음악을 연주하기 시작하는 순간 흥겨움에 취해서 몸을 흔들 텐데, 그러면 뒤에 서 있던 열여섯 살짜리 여자아이가 참다못해 어깨를 툭툭 치면서 앞이 안 보이니 좀 앉아달라고 소리를 지를 거야.

하지만 너무 걱정 마. 꽤 괜찮은 공연이었어. 30대가 됐을 때는 마이클 볼[2] 라이브 공연 티켓도 예매할 뻔했고…

마이클 볼이 누구야? 얼터너티브 락 밴드? 포스트 펑크? 뉴 웨이브? 응… 뭐, 그런 거…….

---
2 1985년 〈레 미제라블〉의 마리우스 역으로 데뷔한 영국의 뮤지컬 배우.

나 밴드 빠순이도 안 해? 그루피[1]가 되진 않고? 나 왠지 언젠가 그루피가 될 것 같았는데. 완전 나잖아. 시끄럽고 어지러운 파티에서 새벽까지 놀고, 가죽옷 입은 락커랑 춤도 추고…….

그만 거기까지! 그건 진짜 네가 아니야. 그루피가 되긴 하는데… 밴드를 쫓아 다니진 않을 거야. 너의 스토킹 에너지는 코미디 배우들이 드나드는 뒷문으로 향할 거야. 그리고 우리의 '원앤온리' 테니스 선수 고란 이바니세비치[2]랑. (그나저나 아직 우리 남편이 아니란다. 알아, 걱정 마. 이제 곧…….) 노엘 코워드[3]가 우리가 2, 30대일 때 주변에 있었다면 그 사람 공연에 갔을지도 모르지. 투어 티셔츠를 샀을지도 모르고, 그 사람 의상실에 몰래 들어가서 칵테일을 마셨을지도 몰라. 어쨌든 현실에서는 공연 없는 삶을 살고 있단다.

대체 왜?

이유는 많지. 대부분 겁이 나서야. 사람들, 시끄러운 소리, 땀, 축제가 다 두려워서… 음악 유전자가 있는 사람만이 6월의 영국 날씨를 버티며 진흙 바닥에서 4일을 견딜 수 있는 거야. 그리고 '쿨'한 태도를 유지해야 한다는 것도 두려워. 춤에 대한 두려움. 춤추면 안 되는 곳에서 춤추는 것에 대한 두려움도. 만약 음악 유전자가 있다면 어디서든 마음 내킬 때 춤을 춰버리면 될 텐데……. 가끔 이런 상상을 해. 한밤중에 예술가들이 잔뜩 모이게 생긴 카페에 앉아 있는 거야. 아주 좁은 카페 안에서 갑자기 번뜩이는 영감을 받고 벌떡 일어서서 춤을 추기 시작하는 거지. 얼마나 자유로울까, 얼마나 영국인답지 않을까. 본

---

[1] 락밴드를 쫓아 다니는 광적인 소녀 팬 집단.
[2] 크로아티아 출신 프로 테니스 선수. 강력한 서브로 유명하며 윔블던에 와일드 카드(정원 외 참가)로 출전하여 우승한 유일한 선수이기도 하다.
[3] 20세기 초반에 활동한 영국의 극작가이자 배우. 생전에 매우 특이한 배우로 꼽혔으며, 많은 희곡을 썼고, 작곡과 노래에도 능했다고 한다.

성은 영국인이면서도 말이야. 반전 매력 덕분에 저 여자는 누굴까 하는 호기심을 불러일으키겠지? 얼마나 신비로워 보이겠어!

제발 나중에는 춤 잘 추게 된다고 해줘…….

미안… 가장 큰 걸림돌은 네가 너무 큰 모양새로 살아야 한다는 사실이지. 우리 같이 덩치가 큰 사람이 춤을 추면 창피함은 둘째 치고, 안전을 걱정해야 하는 단계로 넘어가거든. 저번에는 결혼식에서 몸 좀 '털어보려고' 했는데, 너무 열중하다가 그만… 거기 있던 천막 거치대가 제대로 고정되어 있지 않았었는지 사고를 치고 말았지. 천막이 넘어가는 순간에 기둥 막대를 붙잡지 않으면 거기 있던 천막 전체가 다 무너져 내렸을 거야.

아, 늙은 미란다! 진짜 '완충사'다…

늙은 미란다라고 좀 하지 말아줄래? 그리고 '완충사'가 뭐니…?

완전 충격 사건이라고! 저번에 벨라가 만들어낸 말이야. 벨라가 하는 건 다 짱이야.

그래, 맞아. '완충사'였지. 그래도 그때 정말 웃겼어. 천막이 내려앉는 바람에 의자들이 화단으로 쓸려서 넘어졌잖아. 고모가 천막 안에서 빠져나오려고 팔다리를 휘젓는 모습이 어찌나 우스꽝스러운지! 목사님까지 욕을 내뱉을 정도였다니까! 아, 진짜 살아있길 잘했다는 생각이 들 정도로 웃었어. 하지만 난 착한 사람이고, 사람들이 다치는 건 원하지 않기 때문에 그 후론 춤추는 자리에 쉽게 나갈 수 없었지.

헐, 영~원히 춤추면 안 되는 거야??

아, 추긴 춰. 대신 '뜬금포' 춤에 정착했지. 항상 영화 〈그리스〉의 마지막 장면에 나오는 노래에 맞춰서 몸을 흔드는 거야. 실제로 어떤 노래가 흐르고 있든지 상관하지 않고 〈그리스〉 춤만 추는 거지. 쿵짝쿵짝 하는 드럼 연주든 〈아름답고 푸른 도나우〉 같은 왈츠든 무조건! 이 춤은, 단언컨대, 몸치에게 줄 수 있는 최고의 해결책이야. 겉으로는 음악에 안 맞게 미친 듯이 돌아다니는 게 웃겨 보일지 몰라도 속으로는 신 나게 디스코를 즐기고 있거든. 엄청 재밌어!

춤에 관해서 우리가 잘하게 되는 게 딱 한 가지 있어. 구경하는 거! 서른이 된 후 가장 좋아하는 프로그램 중 하나가 사교 댄스 프로그램이거든.

에엑, 할머니도 아니고! 1912년에 태어나셨수? 죽여주는 음악광은 어디 갔냐고? 난 언제쯤 스티브처럼 파티 끝날 때쯤 기타를 연주하며 멋들어지게 노래 부르는 사람이 될 수 있냐고! 심금을 울리는 노래도 만들고 말이야!

아, 좀! 첫 번째로, 넌 파티 끝날 때까지 깨어있을 인간이 절대 아니야. 인정해. 여전히 충족시킬 수 없는 식욕과 팽귄 클래식의 유혹에도 불구하고 야식 시간에 골아 떨어지잖아. 밤새는 게 항상 고통스러웠지. 나이 먹을수록 더 힘들고 말이야. (잡담: 밤새 깨있기 위한 팁! 얼굴에 물 끼얹기. 눈에 얼음 문지르기. 커피 찌꺼기 먹기. 콜라 원샷하기. 9볼트짜리 건전지 핥기.)

두 번째로, 넌 절대 기타 연주하는 사람이 되고 싶지 않아. 알고보면 다들 기타 연주하는 사람을 싫어하거든. 꼬질꼬질한 티셔츠를 입고 와서는 불쑥 기타를 꺼내들더니 파티를 다 끝나는 분위기로 만들잖아. 게다가 자기가 완전히 독창적으로 편곡을 했다면서 비틀즈의 〈Eleanor Rigby〉를 마이너 코드로 연주하기 시작하지. (참, '쿨'하고 개성 넘치는 스티브는 요즘 워터루빌 시내에 있는 그레그스 빵집에서 일하고 있어.) 자고로 파티를 그렇게 끝내선 안 되지. 밤 10시 45분쯤에 "춤추고 싶다"라는 말이 나오면 바로 한 손에는 피자를 들고 몸을 흔드는 거야. 그렇게 소파 위로 쓰러질 때까지 노는 거지. (그러면서 동시에 기타를 꺼내려는 사람이 보이면 구석으로 밀어 넣어버리는 것도 잊지 말아야 해.)

오… 생각보다 재밌어 보이는데?

맞아. 꽤 괜찮지? 태어나면서부터 네 안에 잠재되어 있던 너만의 흥이란다. 어떤 사람들은 연기 가득한 방에 모여 앉아서 라디오헤드를 들으며 6개월 넘게 머리도 안 감고 사는 그 시간을 즐기도록 태어났을지도 모르지. 하지만 너는 아니야. 너한테 음악은 진정제도 아니고 대화 주제도 아니고 신분의 상징도 아니야. 너한테 음악이란 당이 딸릴 때 마쉬멜로 한 봉지나 아이스 초코를 대체할 수 있는 간식 같은 거야. 힘을 북돋아주는 매개체, 흥겨움을 불어넣어주는 어떤 것!

아… 어쩐지 다시 찌질해 보이는데?

네 안의 음악 찌질이를 받아들여. 흥겨움도 '쿨'한 것만큼이나 괜찮은 가치거든. 오히려 더 좋아. 괜히 어색하기만 한 클럽에 들어가려고 애쓰지 않아도 되고. 삐쩍 마른 애들이 마리화나 피우면서 핑크플로이드 노래를 듣는 동안 왜 나는 빌리 조엘 노래에 맞춰 춤을 추는지 자책하지 않아도 돼. 그저 자기 자신이 되면 되는 거야. 뮤지컬 〈애니〉 주제곡을 부르면서 누가 들으면 어쩌나 전전긍긍 하지 않고 사는 거야! (미국 배우 억양으로 뮤지컬 〈애니〉의 주제곡을 부르기 시작한다.) The sun'll come out tomorrowww-

(속삭이는 말투로) 음… 그게 나답긴 하네.

우리가 뮤지컬을 완전 사랑하잖니. 그러니까 지금 틀려고 했던 (그리고 좋아하는 척하려고 했던) 건즈 앤 로지스 테이프는 내려놓으렴.

알았어! 그리고 또 내가 뭘 결심했는지 알아? 에버렛 선생님이 담당하는 〈사운드 오브 뮤직〉 오디션장에도 가볼래!

그렇지! 도전해보라고!

좋아. 얘기하다 보니 뮤지컬에서 주연 자리도 딸 수 있을 것 같아!

아, 꿈을 너무 크게 가지는 건 좀……. 저기? 어디 갔니? 어린 미란다가 가버렸네요. 아이고야. 결국 '사교 댄스 장면'에서 '춤추는 남자' 배역밖에 못 따낼 텐데 말이죠. 씁쓸하진 않아요. 전 괜찮다고요. 진짜로요. 오래 전 일이라 극복했어요. (그래도 이왕이면 춤추는 '여자' 배역이었다면 좀 나았을 텐데…….) 에이, 말했잖아요! 극복했다니까요!!

3. 누구나 취미는 있다?

H O B B I E S

 공식적으로 음악 유전자가 없다고 인정했으니 제 평생 음악 감상을 취미로 내세우는 일은 절대 없겠죠. 친구를 사귈 때나 인터뷰를 할 때나 이력서를 쓸 때 취미를 뭐라고 해야 할지 생각하는 건 언제나 곤혹스러워요. 자, 동감한다면 이번 장을 시작하기 전에 좋아하는 차나 음료수를 준비하세요. 저는 코코아를 타서 마시려고요. 뜨거운 물을 부은 다음 맛있게 호로록! 초콜렛을 액체로 마시는 재미. 음… 잠시만요. 코코아에 코코아 좀 더 채우고 올게요! (부엌에서 코코아 타는 동안 휘파람 불고 있을게요. 혹시나 여러분이 심심할까봐요~)

 돌아왔어요! '머그 아저씨'도 충전 완료. (물건에 이름을 붙이고 노는 건 저뿐인가요? 재미있단 말이죠. 아, 죄송해요. 다시 책으로 돌아가요.) 자, 취미의 세계에 관해 얘기할 시간이네요.

 이렇게 생각할지도 모르겠어요. '엥? 취미에 관해서 당황할 일이 뭐가 있지? 과연 인생의 걸림돌 목록에 취미가 포함될 수 있을까?' 물론이죠!

 성인에게 물을 수 있는 최악의 질문은 "취미가 뭐에요?"에요. ("너 머리 좀 어떻게 안 할래?"와 "평소엔 뭐 먹고 살아?"도 만만치 않지만요.) 취미가 뭐냐고요? 이거 쉬운 질문 아닌가요? 으스대며 이렇게 답하는 사람도 있다고요? "제 취미요? 예쓰! 물어봐 줘서 고마워요. 요즘 바순 연주 시험을 봐서 8등급을 따려고 준비 중이거든요. 암반 클라이밍하면서 틈틈이 시간 내느라 힘드네요. 참, 바순을 가지고 다니는 것도 일이에요. 볼보 뒷자석에는 도자기 돌림판을 넣어야 하거든요. 도자기 빚는 판자 알죠? 네, 저 도자기도 빚어요. 호호. 그래도 어찌어찌 다 구겨 넣어서 가지고 다녀야지요, 뭐. 곧 프랑스 북서부에 있는 디에프로 성가대랑 함께 예배 여행 떠나거든요. 솔직히 고백할게요. 전 취미의 노예랍니다. 호호. 뭐, 그쪽도 저처럼 스릴 넘치게 살고 있다면 다 이해할 텐데요, 뭐……. 그렇죠? 호호호." 이쯤에서 저는 알파벳 순서대로 정리된 그래픽 노블 책장과 스노클링 장비에 대해서는 못 들은 척, 웃음소리를 비명처럼 내지르며 팔을 미친 듯이 휘두르고 말겠어요.

대부분은 (제발 저만 그런 게 아니라고 해주세요) 취미에 대한 질문을 받으면 움츠러들 뿐만 아니라 발치를 내려다 보면서 우물쭈물하게 되지 않나요? "음… 영화 감상일까나?"하고 대답을 하는 순간 영화관에 안 간 지 8개월은 됐다는 게 번뜩 기억나죠. 그나마 8개월 전에 영화관에 갔을 때는 영화 시간을 잘못 알아서 허탕치고 프랜차이즈 식당으로 샜었죠. 결국 1시간 30분을 기다려서 치킨윙을 산 다음, 집에 와서 치킨윙을 먹으며 텔레비전이나 봤지 뭐에요. 아, '텔레비전 보기'는 취미로 칠 수 없죠. '잠자기'나 '씻기' '쿠션 위에 조용히 앉아있기'도요. ('쿠션 위에 조용히 앉아있기'가 명상이라고요? 와우, 꽤나 얍삽한 대답이로군요.)

타고난 열정이 있는 사람들도 가끔 있죠. 어른이 되어도 어렸을 때의 열정을 이어가는 사람들이죠. 그런 사람들이 참 부러워요. 저는 취미를 묻는 질문에 대답하기가 너무 어렵거든요. 어렸을 때는 쉬웠죠. 제가 열 살 때는 아주 당당하게 좋아하는 일들을 줄줄이 읊었어요. 다른 친구들이 다 하는 활동이었죠. 대부분 세련된 유니폼을 입거나 치밀하게 계획된 배지 시스템[1]이 있는 활동이었죠. 컵쌓기 놀이, 무지개색 찰흙 놀이, 체육, 롤러스케이팅, 어린이 디스코, 발레, 수영, 트램폴린 등등. 특히 저는 걸스카우트에 심각하게 빠져 있었어요. 조금 남다른 아이라면 약간 기이한 놀이도 허용됐었죠. 상상력이 많은 아이라고 여기게 해줄 취미도 많으니까요. 말 타기 놀이, 작은 탑에서 중세 기사 놀이, 기차 장난감 놀이, 기차 흉내 놀이, 나무 오르기, 나무 흉내 놀이, 봉제 인형과 함께하는 세련된 티파티 놀이(좋아한 사람, 손 번쩍!), 친구와 추리닝을 맞춰 입고 전쟁 나가는 군인 흉내 놀이(에이, 이런 놀이를 누가 하겠어요! …제가 했지요.) 등등. 상상력이 풍부한 타입도 아니라면 스티커 놀이가 남아있어요. 굉장히 인기도 많고 전문적인 취미죠. 열 살짜리에게는요. 참, 저도 수집가였답니다. 뭘 수집했게요? 국민 환경 기금 책갈피요. 멋지죠? 열여섯 살이 되기 전에 60개까지 모았어요. 아직도 이력서 취미란에 적곤 해요. 땡큐베리감사! 취향이 어떻든 간에 이 모든 게 다 즐겁고 각자의 개성에 맞는 취미들이었죠. 그때는 취미를 위한 시간이 항상 마련되어 있었어요. 숙제와 밥먹는 시간 사이사이에 샌드위치처럼 끼어 있었죠. 모든 놀이가 바로 우리가 매일 시간을 쏟는 일이었어요. 씻기와 먹기처럼요.

그러나 느디어 사춘기가 찾아오죠. '쿨'함이라는 끔찍한 유행이 삶에 끼어드는 시기죠. 어느 순간부터는, 정말 잘해야만 취미라고 말할 수 있게 된 거예요. 오케스트라에 들어가고 싶으면 아주 잘 다루는 악기가 하나쯤 있어야 하죠. 더 이상 리코더를 불고 어른들이 박

---

[1] 특별활동을 할 때 학생들이 성취한 항목에 따라 배지를 부여하는 시스템. 아이들은 '친구를 도왔어요' 배지나 '심부름을 했어요' 배지 등을 가슴에 자랑스럽게 달고 다닌다.

수 쳐주기를 바라면 안 돼요. 저 같은 경우엔 리코더 대신 더블베이스를 마구잡이로 뜯곤 했죠. 활 따위는 사용하지도 않았어요. 그저 자기가 본능적인 재즈 감각을 타고난 줄 알고 미친듯이 더블베이스 줄을 잡아 당겼죠. (그나저나 꼭 자기 몸 크기에 맞는 악기를 연주해야 하나요? '쪼매난' 여자애가 커다란 더블베이스를 연주하는 게 훨씬 재밌을 것 같은데요. 아니면 제가 조그마한 피리를 연주한다든가요.)

잠깐만! 더블베이스 이야기를 꼭 해야 했어?

당연하지, 어린 미란다! 그래야만 우리 영혼에 깃든 악귀를 물리칠 수 있단다. 그나저나, 너 오디션 간다고 하지 않았어?

에버렛 선생님이 왈츠 기본 스텝을 배워야 한대. 왜 나보고 왈츠를 배우라고 하는지 모르겠어. 여주인공이 왈츠를 추는 장면이 있나?

너무 꿈을 크게 꾸지 말라니까. (아직 자기가 남자 배역을 맡았다는 걸 모르나봐요. 쯧쯧······.)

아, 더블 베이스 얘기 할 거면 라크로스 얘기도 해! 나 라크로스 완전 잘 하잖아!

그렇지, 너 라크로스 잘 하지. 네가 라크로스만 주구장창 하는 이유가 뭐가 있겠니. 아마 잘 못했으면 라크로스 따위 하지도 않았을 거야, 그렇지? 재밌어서 한 건 아니지?

당근이지! 못했으면 안 했겠지! (〈사운드 오브 뮤직〉에 나오는 노래를 부르며 퇴장한다.) I am sixteen, going on seventeen~

봤죠? 사춘기가 되면 취미가 심각해져야 한다니까요. (하이에나처럼 길거리를 방황하는 떼거리를 따라서 쇼핑센터를 어슬렁거리는 것도 당연히 취미로 쳐줄 수 없죠.) 국가 선수권 대회에 학교 대표로 나가서 상을 탈 정도로 앞구르기를 잘 하는 게 아니면 체조도 이제 굿바이에요.

그나저나 몇 살 때부터 갑자기 앞구르기를 시도하는 것조차 두려워하게 되는 걸까요? 여러분이 어렸을 때는 어땠는지 모르겠지만 저는 항상 앞구르기를 했었거든요. 친구 침대에 뛰어들고 싶을 때는 가볍게 앞구르기를 해서 갔죠. 연체동물 같이 아무데서나 뒹굴었다니까요. 어릴 땐 다 그렇지 않나요? 그러다가 갑자기 나이를 먹으면 앞구르기를 하려는 순간 마음속에 두려움이 생기죠. '못할 것 같아. 진짜로, 어떻게 하지? 너무 무서워. 못 구르겠어. 목이 부러질 거야. 머리가 쿵 하고 떨어질 거라고. 안 돼. 안 되겠어! 예전엔 대체 무슨 정신으로 앞구르기를 한 거지?' 물구나무서기도 마찬가지죠. 제가 물구나무서기를 영영 안 하게 된 여름이 기억나요. 혼자 길을 걷고 있었는데, 잔디가 보이더라고요. 재빨리 물구나무서서 걷기 시작했어요. 어린애가 물구나무서는 장면은 아무도 이상하게 생각하지 않았을 거예요. 하지만 지금 제가 물구나무서기를 하면 일단 사람들이 저를 미친 사람처럼 보겠죠. 게다가 제 몸을 받친 팔이 부러질지도 몰라요. 또, 잔디가 깊숙이 패일 거예요. 만약 제가 아주 끝내주게 물구나무를 섰지만 내려오지 못하면 어떡하죠?' 아니면 맥을 잃고 휙 뒤집히면요? 상상만 해도 끔찍해요.

혹시라도 이 글을 읽고 앞구르기나 물구나무서기를 해보고 싶어진 나이 많은 독자에게 죄송해요. 그래도 한번 해보세요. 침대에 있다면 지금 당장 앞구르기를 하는 거예요! 어서요. 옆에 누가 누워 있다면 더 좋아요. 뭘 하려고 하는지 말하지도 말고 그냥 일어서서 침대 끝으로 간 다음 앞구르기를 하는 거예요. 그리고 상대가 어떻게 반응하는지 지켜보세요. 잠자기 전에 무슨 재미있는 일이 벌어질지 궁금하지 않나요? 지금 막 전국 각지에서 앞구르기 하고 있는 커플들을 상상하니 제가 뭔가 해냈다는 성취감이 들어요! 야호!

잠시 삼천포로 빠졌네요. 다시 이어가 볼까요?

그러니까, 청소년이 되면, 재밌다는 이유만으로는 취미를 만들 수 없어진다고 했죠. 수준급으로 해야 취미가 된다고요. 더 이상 레오타드와 타이즈를 신고 뛰어다닐 수 없어요. 스티커 모으기도 마찬가지에요. 10살이 되면 그때까지 모은 스티커를 전부 교환 파티에서 바꿔버리죠. 그 다음 교환 파티는 한 쉰다섯 살쯤 됐을 때 이혼 후 동네 골프 클럽에서 다른 아줌마들과 압화를 교환하는 것이겠죠. 만약 남자라면 쉰다섯 살쯤 됐을 때 이혼 후 영국 우표 수집가 모임에 가입한 후에야 교환 놀이를 할 수 있겠죠. (물론 공상과학 영화 소품 수집광이라면 얘기가 달라지죠. 〈스타트렉〉 페이저와 스팍 얼굴 모양 고무 마스크를 교환하는 장면이 떠오르네요. 저는 잘 이해가 안 가지만 뭐,

그들만의 세상이 있는 거니까요. 이런 쪽에 취미가 있다고요? 아이고, 힘내요! 얼른 애인 만들어서 부모님 집 다용도실에서 이사 나오길 바랄게요.)

청소년이 되면서 잃어버린 취미 중 가장 아쉬웠던 건 **발레를 더 이상 할 수 없다는 것**이었어요. 키가 큰 열다섯 살짜리 여자아이는 발레 클래스에서 환영받지 못한다는 걸 알았을 때 얼마나 슬펐던지… 발레를 한다고 하면 어른들은 갑자기 누구누구보다 잘해야 하고 목표도 높아야 한다고 말하기 시작하죠. 발레를 계속 할 수 있는 아이들은 '대학'에 가거나 '프로'가 된다고요.

"과감하게 추자!" 〈나는 작은 주전자〉라는 동요에 맞춰 춤을 추는 그룹 초급반 친구들에게 제가 말했어요. '이건 내 손잡이고요, 이건 내 주둥이에요.' 부분을 부르기 전까진 꽤 괜찮았어요. (그러는 동안 옆에서는 발레를 '잘하는' 고급반 아이들이 〈호두까기 인형〉을 추고 있었죠.) 그런데 제가 그만 중심을 잃고 삐걱거리다가 옆 친구에게 쓰러지고 말았죠. 그 친구는 '앙 포앵트(en pointe)' 자세[1]를 취하고 있던 발레리나 친구에게 '주둥이'를 내밀고 있던 터라 그쪽으로 쓰러졌고, 밀려난 발레리나 친구도 쓰러지며 자기 옆에 있던 발레리나 친구를 쓰러뜨렸고… 도미노처럼 발레리나들이 다 넘어지고 말았죠. 그 광경이 너무 웃겨서 배를 잡고 깔깔 거리며 바닥을 뒹굴었어요. 그때까지 살면서 본 장면 중 가장 웃겼거든요. 그리고… 그날이 무용실에 있는 마지막 날이 되었죠. 출입 금지라나요?

너무하지 않나요? 만약에 열일곱이나 열여덟쯤 됐을 때 제대로 발레리나로 급성장하면 어쩌려고 그러냐고요! 갑자기 실력이 확 필 수도 있잖아요. 어느 날 갑자기 꼴사나웠던 제가 진짜 춤에 대한 재능

---

[1] 발 끝으로 서는 발레 기술.

이라도 발견한다면? 제가 달시 버셀[1] 같이 뒤늦게 재능을 발견할 수도 있죠. 제가 제2의 달시 버셀이 됐을 수도 있다고요. 저의 가늘고 긴 보폭으로 모던 발레를 재창조했을 수도 있어요. 사실은 요즘 저 혼자 모던 발레를 재창조하는 중이에요. 집 부엌에서 열심히 공연 중이죠. '겸손하게' 의견을 보태자면, 이 멋진 공연을 아무도 못 본다는 사실이 목 놓아 울 만큼 안타까운 일이에요. 영국국립발레단은 이런 좋은 인재를 놓친 걸 영원히 모르겠죠. 청소년이 되는 순간, 실력이 뛰어나지 않으면 아무것도 못하게 하니까요! 오호, 통재라!

10대에 취미를 버린다는 것은 20대가 되면 특별활동 항목이 빈 칸이 된다는 것을 의미해요. 게다가 운명의 장난인지 직장을 구할 때도 자기소개서를 쓸 때 취미란에 쓸 게 없죠. 취미가 필요한 몇 안 되는 순간에 취미가 없는 인간이 되는 거예요. 빈 칸을 바라보며 패닉 상태에 빠지죠. 내가 뭘 좋아하더라? 내가 뭘 좋아하긴 하나? 내 취미가 뭐지? 친구들에게 물어보기 시작해요. 내가 뭘 좋아하지? 나 뭐하면서 사니? 글쎄요. 친구들이 퍽이나 도움을 주겠죠. "넌 병나발 부는 걸 좋아해" "넌 예능 프로그램에 나오는 MC들을 흉내 내는 걸 좋아하지." "넌 피자를 자주 시켜 먹어." "어젯밤에는 복싱 글러브 끼고 팝콘 한 바가지 먹는 데 얼마나 걸릴지 시간을 재보자고 했지." "지난주에는 음식 포장 박스를 머리에 뒤집어 쓰고 우주인 흉내를 내는 게 재밌다고 했지. (근데 다음 날 머리에서 카레 냄새가 난다고 이제 안 한다고 말했지.)" 친구들의 폭격에 정신없이 다시 자기소개서로 돌아와서 이렇게 씁니다. '취미: 수영, 독서, 여행' 고리타분하고 지겨운 취미 삼총사죠. 모든 사람이 좋아하거나 아무도 싫어한다고 말하지 않는 세 가지잖아요. ("여행? 엑, 여행 싫어해. 한 군데 박혀있는 게 최고로 좋거든. 세 발자국으로 갈 수 있는 거리 안에 토스트기랑 베

---

[1] 전 영국로열발레단 수석무용수.

개가 함께 있을 때가 가장 행복해. 나는 시야를 넓히거나 하는 건 딱 질색이야." 이럴 수도 있겠네요.)

자기소개서를 제출한 후 면접장에 도착하면 모든 게 놀라울 정도로 순조롭죠. 장점과 단점도 대략 말했고 (키가 큰 걸 장점으로 쳐주는지는 모르겠지만요.) 대외활동도 어찌어찌 설명했고 그 다음은… 취미네요. 말 그대로 동작 오류가 나기 시작하네요. 면접관의 눈이 '수영'이라고 적힌 곳을 보고 있어요. 알고 보니 면접관이 수영에 일가견이 있었던 거죠. 반가운 마음에 면접관이 수영에 대한 질문을 퍼붓기 시작하네요.

이쯤 되면 상황이 심각하게 잘못 돌아가기 시작하죠. "주로 어떤 영법으로 수영하십니까?" 면접관이 물었어요. 당연히 저는 정신이 혼미해지기 시작했어요. 휴가 때만 수영하는 게 다인데 말이죠. 그것도 대부분 고무 튜브를 끼고 첨벙거리는 게 다고요. 어쩌다가 얼굴쪽으로 물이라도 넘치면 겁까지 먹는데요. 막다른 골목에 다다른 저는 계속 머리를 굴렸어요. "음…" 바퀴 달린 의자를 굴리면서 생각하는 척했죠. 자연스럽고 신중하게 해야 하는데… 결국 제가 한 말은 "아, 접영이요! 접영을 잘 한답니다."

그냥 그때 그만뒀어도 됐는데. 아니, 그때 그만뒀어야 해요. 접영은 너무 심오해서 남은 면접 시간 안에 다 설명하지 못할 것 같다고 침착하게 대답했어야 해요. 신비스러운 느낌을 줄 수도 있었겠죠. 그렇지만 제가 누구예요?

너무나 긴장한 나머지 횡설수설 말이 쏟아져 나왔어요. "아, 제가 발명했다는 건 아니고요, 하하. 제가 발명했다면 '미란다 영법'이라고 이름 붙였겠죠. 미란다 영법이 어떨 것 같으세요? 이런 모양새이지 않을까요?" 이렇게 말하면서 괴상하고 위협적인 자세를 선보였죠. 팔을 닭날개처럼 푸드득거리며 다리를 후들후들 떨면서요.

면접관들은 꽤 당황하더군요. 일이 아주 끔찍하게 돌아가는 듯 보였어요. 용기를 내서 상황을 수습해 보려고 했어요. 아무도 물어보지 않았지만, 제모를 해야 하는 이유를 설명하기 시작했죠. "다리털은 꼭 밀어야 할 거예요. '미란다 영법'으로 물살을 헤쳐 나가려면요. 저는 털이 무성하지 않아요. 암요, 정말이에요. 당구공처럼 매끈하답니다. 그렇지만 면접관님은(무심코 삿대질을 하니 면접관이 움찔 하네요) 제모가 필요할… 어머, 죄송해요. 면접관님이 털이 많다는 건 아니고요, 제 말은, 남자들은 대부분 등에 털이 많잖아요. 등에 털 좀 있으세요? 제가 알고 싶어서 묻는 건 아니고요, 당연히……."

다행히도 면접관이 면접을 종료시켰어요. 휴~ 이제 끝났어! 성공적인 면접은 아니었지만 더 안 좋게 흘러갔을 수도 있으니까요.

자리에서 일어섰는데, 정말로 상황이 더 안 좋아지더군요. 제가 입고 있던 긴 치마 자락이 의자 바퀴에 밟힌 거예요. 일어서자마자 치마가 아래로 쑥 하고 내려갔죠. 팬티와 맨다리만 남기고요.

자, 이런 상황에 처하면 자연스레 이런 생각이 들죠. '아, 대체 이럴 땐 다음 상황에 어떻게 행동하지? 왜 이런 상황에 대한 가이드북은 없는 거야?'

아마 대부분 재빨리 치마를 올리고 밖으로 뛰쳐나가겠죠. 저는 좀 더 적절한 행동이 있을 거라고 생각했어요. "어머, 잘됐네요. 실은 제 매끈한 다리를 좀 보여드리려고 했거든요. 이렇게 봐야 미란다 영법의 자세를 확실히 볼 수 있죠. 자, 같이 해보실래요? 다음 수영 대회에 나갈 때 참고하면 좋잖아요. 어서요. 같이 해요!"

계속 우기면서 고집 부리는 게 먹혔겠어요? 어색한 시간이 지난 후 결국 조용히 문을 열고 들어온 경비원에게 끌려 나갔죠. 제가 짐작하기론, 경비원은 이럴 필요까지 있나 하고 생각한 것 같은데 말이죠. 미란다 영법을 시연해 보인 게 위협적으로 보인 걸까요? 결과요? 이상하게도 합격하지 못했어요. 그쪽 손해죠, 뭐. 워털루빌 근처 A3에 있는 웰컴 브레이크 휴게소 소매 담당자 여러분. 저를 뽑았다면 지금쯤 매니저로 열심히 일하고 있을지도 모르는데… 자랑스럽게 씩 웃는 제 사진이 '이달의 직원' 명패에 붙어있을 수도 있고요. 웰컴 브레이크로 들어오는 차들을 환영하면서 말이죠. 많이 아쉬우시죠? 쯧쯧.

20대 땐 적어도 취미가 필요한 이유가 순전히 이력서 때문이지만 30대가 되면 더 심각한 이유가 생겨요. 갑자기 밖에도 덜 나가고 활동량도 적어지고 점점 똑같은 생활만 고집하게 되죠. 남편이나 아이가 꼭 필요한 것도 아니고, 주말 내내 집에만 붙어 있어도 편하니까 계속 그렇게 사는 거예요. 밥 먹으러 집에서 나갈 필요가 뭐 있나요? 도미노 피자에 주문하면 되는데요. 그렇게 살다가 갑자기 '그 순간'이 오죠. 치킨 날개를 두 개째 흡입하려는 순간, 이런 질문이 머릿속으로 날아드는 거예요. '내가 지금 뭐하며 사는 거지? 난 나만의 무언가가 없어. 나를 설명할 무언가가 필요해!' 사람들이 저를 떠올리면서 이런 식으로 말했으면 하는 것들 있잖아요. "미란다 알지? 다이빙을 그렇게 잘한다며! 매일 새벽 5시에 일어나서 다이빙 보드에서 점프한다고?" "응! 아주 물 찬 제비처럼 날렵하더라니까. 물 표면에 잔물결도 하나도 안 생겼어!" "다이빙을 하면 정신이 집중되고 마음이 깨끗해진다던데… 미란다를 보고 자극 받았다니까. 미란다는 일과 취미를 아주 완벽하게 누리며 사는 것 같아." 바로 이 순간, '취미 따윈 다 필요 없어' 모드에서 갑자기 '취미 하나 정도는 있는 게 좋지 않을까' 모드로 스위치가 바뀌는 거죠.

'내 삶은 무의미해. 머리는 텅텅 비운 채 피자로 배만 채우는 월급의 노예야.' 이런 생각에 땅굴을 파다가 아무 취미라도 만들기 위해 검색을 시작했어요. 그러다 보면 얼떨결에 훌라후프 강좌를 서성이고 있고, 액션스쿨에 전화했다가는 그쪽에서 받기도 전에 겁을 집어먹고 전화기를 내려놓곤 하죠. 그리고 신문 가판대 유리창에 붙어있는 시민 문화 회관에서 매주 화요일 저녁 7시 30분에 열리는 채식 요리 강좌의 패기 넘치는 홍보문에 자연스레 이끌리기도 하고요.

어지러운 취미의 세계에서 오락가락 갈피를 못 잡다가 마음을 다잡은 후 전화기를 들었어요. 상담사에게 주절주절 대다가 정신을 차리고 보니 책읽기 모임 가겠다고 말하고 난 후였지 뭐에요.

아마 그 책읽기 모임은 이런 식으로 흘러가겠지요.

'서른 몇 살' 여성들이 모인 방. 모두 의자에 앉아서 허브티를 마시고 있다. 다들 내심 어색하고 불편하지만 겉으로는 안 그런 척하고 있다. 방금 전까지 재미 없는 농담을 주고받던 중이었다. "어머, 저는 허브티에 완전 중독됐어요. 호호!" "어머, 조심하세요! 재활원에 끌려갈지도 몰라요!" "맞아요, 절대 페퍼민트랑 페넬을 섞어 마시지 마세요. 숙취가 장난 아니거든요. 호호호호호!"
모임 시간이 다가오면서 어색한 침묵이 흐르기 시작한다. 다들 『시간 여행자의 아내』라는 책을 손에 들고 마지막 참가자가 오기를 기다린다.

때마침, 큐! 미란다 입장. 미란다도 『시간 여행자의 아내』 책을 들고 있다. 책은 꽤 낡아 보인다. 미란다가 오는 길에 기차 안에서 깔고 앉아있었기 때문이다. 게다가 반으로 구부려서 읽다가 어디까지 읽었는지 표시한다고 군데군데 페이지를 접어놨기 때문이다. 미란다는 아직 책을 다 읽지 못했다.

미란다: 와, 안녕하세요! 우리 엄청 진지해 보이는데요?

'서른 몇 살' 여성들은 당연히 매우 진지해 보인다. 이 자리에 진심으로 있고 싶은 사람은 아무도 없었으니까.

서른 몇 살 여성: 미란다, 앉으세요. 허브티 좀 드실래요?
미란다: 엑, 아뇨, 괜찮아요. 전 한 병 사왔거든요. 와인 한 잔 하실 분?

서른 몇 살 여성들이 미란다를 빤히 쳐다본다.

서른 몇 살 여성: 시작할까요?

진짜로 시작하고 싶어하는 사람은 아무도 없지만 다들 고개를 끄덕인다.

서른 몇 살 여성: 자, 『시간 여행자의 아내』는요. 글쎄요, 정말 멋진 책이죠.

여기저기서 동조의 속삭임이 들린다.

미란다: 아우, 정말 멋진 책이죠. 어찌나 멋진지, 진짜 멋지죠?
서른 몇 살 여성: 이 책의 주제가 뭐라고 생각하세요, 미란다?
미란다: 저요? 음… 제가 생각하기에는 말이죠. 『시간 여행자의 아내』의 주제는, 음… 이 책은 한 아내에 대한 얘기죠, 남편이 시간여행자인… (와인을 들이켠다.)

서른 몇 살 여성: 네, 그렇죠. 그런데 좀 더 자세히 말씀해주실 순 없나요?

미란다: 다른 분에 발언할 기회를 드릴게요.

침묵 속에 긴장감이 흐른다.

서른 몇 살 여성: 저는 책을 읽고 정말 감동했어요. 사랑과 상실감과 자유 의지에 대해서 생각하게 됐고요.

와인을 한 잔 더 들이켠 미란다는 여기서 나가야겠다고 생각한다. 여긴 너무 무시무시해. 저 여잔 너무 무섭고. 꾀가 생각난 미란다는 부엌으로 가서 집주인의 전화기로 자신에게 전화를 건다. 미란다의 휴대폰이 울린다. 전화를 받으며 재빨리 돌아온다.

미란다: 여보세요? 뭐? 무슨 일이야? 다시 말해봐! 아이고, 정말? 끔찍해라. 지금 당장 갈게. 책모임 하던 중이었거든. 알아, 너무 아쉽지만 어쩔 수 없지. 지금 엄청나게 재밌어지려던 참이거든. (떠날 자세를 취하기 시작한다.) 『시간 여행자의 아내』라는 책이야. 그래, 정말 멋진 책이지! 사랑, 상실감, 자유 의지… 하지만 지금 응급상황이니 빨리 가야지…

서른 몇 살 여성: (자신의 전화기에 대고) 잘 가요, 그럼. 만나서 반가웠어요.

미란다: (소스라치게 놀라 비명을 지른다. 당황한 나머지 뛰쳐나가다가 넘어져서 탁자 위에 있던 병아리콩 소스를 쏟고 만다.

그래도 이런 취미 활동을 하려는 시도는 시야를 넓혀보겠다는 지극히 순수한 열정에서 나오는 것 아니겠어요? 하지만 서른이 넘어가면 살짝 불순한 의도로 새로운 취미를 찾는 사람들도 있지요. 바로 '남자 공략꾼'요. 이런 여자들이 택하는 취미는 주로 남자들이 좋아하는 활동이에요. 남자가 많이 모이기 마련이니까요. 이런 여자들은 실내 암벽등반, 자동차 정비, 복싱에 관심 있는 척하지요. 남자 공략꾼은 미래의 백마 탄 왕자님을 만나기 위해 살사 수업을 듣는답니다. 실은 저도 살사 수업을 '강추'해요. 남자를 만날 수 있어서가 아니라 스물다섯 살짜리 여자들이 끼리끼리 짝지어서 춤을 추는 진풍경을 볼 수 있으니까요. 절망적인 존재론적 위기에 처한 채로 열정적인 강사가 소리치는 걸 들어야 하죠. "엉덩이, 아가씨들! 엉덩이요! 리듬을 타요!"(살사 춤을 배우려는 분에게 드리는 팁. 살사 춤 복장을 다 갖춰 입을 필요는 없답니다. 다들 청바지를 입고 온다고요. 춤 복장을 갖추고 가면 꽤나 어색할 걸요.)

(열여덟 살 미란다가 부루퉁한 표정으로 들어온다.) 젠장, 무도회장 장면에서 왈츠 추는 남자 역을 맡았어. 여자끼리 춤추는 얘기는 하지도 말라고! 웃지 마!

웃는 거 아니야. 네 심정 이해해…….

나는 절대 제대로 된 역을 못 맡을거야.

걱정 마.

적어도 왈츠 추는 '여자'였으면 좋았을 텐데.

그러게 말이다.

내가 키가 크다는 게 정말 싫어. 게다가 지금 가서 벨라가 신은 뾰족구두가 얼마나 예쁜지 칭찬해줘야 해. 벨라가 학교에서 처음으로 뾰족구두를 신었거든. 역시나지. 지난 학기에 벨라는 내가 입은 박쥐 날개 모양 옷을 보고 시장표 옷 같다면서 비웃었는데.

3. 누구나 취미는 있다? 57

이제 그만 나의 '책 아저씨'한테 돌아가도 될까?

무슨 책 아저씨? 이 괴짜야.
난 책 아저씨로 돌아갈 테니 넌 남성용 댄싱 바지나 입으렴. 무도회장에서 왈츠 추는 남자가 되어야지.

흥! 그래도 난 무대에 올라간다고! 서른여덟 먹은 늙은이한테는 그런 기회나 있겠어? (승리의 포즈를 취하며 물러간다.)

음… 이제 그만 책 아저씨로 돌아가죠. 제가 확실히 아는 것은 저뿐만 아니라 남녀노소를 막론하고 다들 새해 결심 신드롬이 있다는 거예요. 12월 31일 한밤중이 되면 모든 게 가능할 것 같다는 환상에 빠지잖아요. 태양은 밝게 빛나고 세상은 나의 무대야. 무슨 일이든 할 수 있어! 사람들은 외국어를 배우겠다고 다짐하죠. '이탈리아어를 배워야지. 그리고 올 여름엔 투스카니[1]에 방을 하나 빌려서 이탈리아 남자를 만나야지. 그때쯤이면 유창하게 이탈리아어를 말할 수 있겠지? 이탈리아 가게들을 돌아다니면서 유창한 이탈리아어로 말을 하고 다니면 완전 매력적으로 보이겠지? 그때쯤이면 지금보다 한 20킬로는 빠져있을 테니까.'

1월에는 이탈리아어 수업을 등록하고 수강생들 앞에서 끔찍한 억양으로 소리를 내 이탈리아어를 읽는 단계부터 시작하겠죠. 서른 몇 살 먹은 낯선 사람들 사이에서 말이죠. 결국 이 수업은 '나하곤 좀 안 맞고, 너무 빡빡해'라며 꽤 큰돈을 들여 적절한 어학 학습용 테이프를 사죠. 한 번 정도 써보고 너무 바쁘다는 핑계가 스멀스멀 올라오죠. 이걸 언제 다 듣지? 솔직히 하루 종일 일하고 집에 와서 누가 헤드폰

---

[1] 이탈리아 중서부에 위치한 피렌체, 시에나, 키안티 등을 아우르는 지역이다. 한적한 풍경과 와인 생산지로 유명하다.

을 끼고 이탈리아어로 "지하철역이 어디죠?"라고 반복해서 말할 기운이 나겠어요? 아마 미친 사람만 가능하겠죠. 에이, 외국어를 배우기는 무슨.

이렇게 3월이 되면 이제 와서 새로운 새해 결심을 세우기엔 좀 늦었다는 생각이 들죠. 다시 12월 31일이 오기를 기다리는 수밖에요. 3월은 새로운 것을 시작하기엔 좀 어정쩡한 시기잖아요. 다들 그렇죠? 3월에 새 결심이라니. 얼마나 우스워요. 화요일에 다이어트를 시작하겠다는 말이랑 마찬가지죠. 말도 안 되지. (모든 다이어트는 월요일에 시작해야죠. 목요일부터 냉장고에 있는 음식을 다 먹어 치워야 그 다음 주 월요일부터 다이어트를 시작할 수 있죠. 기가 막힌 순환 구조 아닌가요?)

하지만 눈 깜짝할 새에 12월 31일이 돌아오죠. 술에 약간 취한 채로 새해 결심은 좀 더 스릴 있게 해보자고 생각하죠. 자신의 창의력과 열정을 표출하는 해를 만드는 거예요. 이번에는 아예 모두에게 발표해버리죠. "올해는 모자에 모든 힘과 열정을 바칠 거야. 신사 숙녀 여러분! 저는 모자 사업을 벌일 거예요!"

모두들 환호해주겠죠. "와우, 정말 멋지다, 넌 잘 할거야."

"당연하지, 난 완전히 모자 덕후니까!"

"맞아, 네가 모자 덕후가 아니면 누가 덕후겠니!"

"모자 디자인도 직접 할 거야. 진짜 프로가 될지도 모르지. 왕족에게 필요한 모자를 만들 수도 있어. (내 생각에 해리 왕자랑 미들턴이 곧 결혼할 것 같단 말이지.) 그리고 진심으로 자신이 모자를 디자인할 거라고 믿죠. (술에 취한 순간뿐 아니라 그 후에도 한동안은) 그 믿음 덕분에 다소 추운 1월을 따뜻하게 보내지만 2월로 접어드는 순간 아무 강좌도 등록하지 못했고 친구들은 저번처럼 응원을 해주거나 믿어주지 않는 듯해요. 그러다가 뭐, 스페인어가 배우고 싶게 될 수도 있고요. 지난번에는 이탈리아어가 문제였으니까 이번에는 스페인어를 배울까? 아니야, 벌인 일이 너무 많은데… (사실은 제대로 하고 있는 일은 하나도 없죠.)

하지만 아직 텃밭 꾸미기가 남아있죠. 흙을 만지며 당근을 키우며 기쁨을 느끼는 사람이라면 자신만의 텃밭을 가꾸고 싶어하겠죠. 하지만 진짜로요? 20대 때는 영 아니죠. 여전히 십대 때 가졌던 '쿨'함을 지켜야 하니까요. 40대 때는요? 주말 농장을 가질 수 있지만 결혼이나 동거를 하거나 사회적으로 어마어마하게 성공한 사람이어야겠죠. 50에서 60대가 됐을 때 여전히 싱글이라면 괜찮아요. 그냥 마음대로 하세요. 고양이를 16마리 키워도 되고 컴브리아[1]로 이사를 가도 되고 평생 채소 얘기만 하며 살아도 되요. 괴짜스러운 독신의 삶을 받아들일 수 있는 나이니까요. 하지만 30대라면… 글쎄요, 흙 좀 묻힐 각오가 되어 있다면 모르겠지만.

텃밭 가꾸기를 하는 사람은 두 가지 부류에요. A) 직접 채소를 키워서 환경을 지키고 자신의 몸에 들어가는 걸 조절할 수 있다고 사람들에게 떠벌리고 다니는 사람. B) 친구들 사이에서 괴짜로 통한다면, 스물두 살 때부터 머리에 스카프를 동여매고 별무늬 스타킹을 신고 미래지향적인 패셔니스타처럼 옷을 입고 다니거나 만화가 같은 직업을 가진 사람. 이 괴짜 같은 취미를 진정으로 즐기며 살려면 진작부터 이런 4차원의 씨앗을 심었어야 한다니까요. (농부 말장난이죠. 꽤 재밌지 않아요?)

모든 나이를 통틀어 적당한 취미가 딱 한 가지 있죠. 그것은 바로 요리! 어릴 때는 귀엽게 조물거리며 빵 굽는 시간을 보내고, 이십 대 때는 스파게티나 튀긴 음식을 만들고요. 삼사십 대에는 버터 호두 호

---

1 잉글랜드 북부에 있는 도시. 아름다운 전원 지방으로 노후를 보내기 좋은 곳이다.

박이나 초리조[2] 소시지에 대한 『가디언』 잡지 기사를 즐기고요. 오육십 대에는 주간 잡지에 나오는 비프 웰링턴[3] 기사를 읽겠죠. 칠팔십 대가 되면 다시 귀엽게 조물거리며 빵 굽는 시간으로 돌아가고요. 완벽하죠. 딱 한 가지 아주 작은 결점은, 바로 제가 **요리하는 걸 정말 싫어한다**는 거죠.

오해하지 마세요. 맛있는 요리를 먹는 건 정말로 좋아하니까요. 그냥 요리하는 게 너무 지루하고 재미없어서 그래요. 재료를 자르고 끓이고 어쩌고 저쩌는 과정을 생각하면 그냥 제 주먹을 입에 쑤셔 넣고 싶어지거든요. 물론 요리는 정말 멋진 취미에요. 조리법을 따라서 만들면 결국 사진과 거의 비슷한 음식을 만들 수 있고 가끔은 더 맛있으니까요. 하지만 현실은 다르죠. 요리에 집중한 채 15분 정도가 흘렀을까? 정신을 차려보니 폭격 맞은 전쟁터에서 넋이 나간 채 질질 짜고 있는 여자만 남아있더라고요. 버터 칠갑을 한 채 얼빠진 예술가 같은 표정을 짓고 있는 제 모습이 상상 되세요? 도대체 풀리지 않는 궁금증이 있어요. A) 요리책에는 왜 항상 구하기 힘든 재료가 하나씩 껴있는 거죠? 참깨 페이스트 같은 거 말이에요. 참깨 페이스트! 대체 어디서 구하는지 아는 분? B) 밀가루를 쓰는 음식을 한 것도 아닌데, 대체 왜 부엌에서 문을 두 개나 열고 지나가야 하는 거실 커텐이 밀가루 범벅이 되어 있을까요? 그.리.고, 에라이! 그냥 밖에 나가서 사 먹는 게 낫지 않나요? 젠장!

취미에 대해서는 여기까지만 할까 봐요. 여러분의 취미는 뭔가요? 무엇을 할 때 가장 가슴이 두근두근하나요? 취미라는 어려운 문제를 잘 풀어냈나요? 저만 힘든 거 아니죠? 그렇죠? 적어서 보여주는 건 어때요? (근데, 진짜 적지는 마세요. 설마 '이것저것 적어두기'가 취

---

2 햄을 만들고 남은 돼지고기의 부위를 잘게 다져서 만든 소시지 종류.
3 소고기를 햄, 파이 등으로 싸서 오븐에 구운 영국 요리.

미인 건 아니겠죠? 그렇다면 죄송하지만 좀 시시하네요. 차라리 스티커를 모으는 건 어때요?) 언젠가 책모임에서 저와 마주칠지도 몰라요. 요리 강좌나 꽃꽂이 강좌가 될 수도 있고 프랜차이즈 식당에서일지도요? 아니면… 아! 이건 어때요? 이상하고 특별한 발레 강좌인데, '몸도 삐걱거리고 사회성도 결여되어 있고 발레에 재능이 전혀 없는 사람들을 위한' 발레 강좌! 오, 정말 기발하죠? 어때요? 여러분도 하고 싶죠? 다 알아요! 부상을 입을 수도 있지만 꽤 죽여주는 학기말 쇼를 할 수 있을 거예요. 〈호두까기 인형〉을 함께 준비하는 거예요. 제가 열 받은 호두까기를 연기할게요. 누가 활력 넘치는 인형 역할을 할래요? 그런 내용이 아니라니 대체 무슨 소리에요?

4. 즐거운 회사 생활…?

OFFICE LIFE

 20대나 30대 초반에 취미가 없는 사람으로 남을 수 있으려면 아마 일과 결혼했다는 말이 가장 그럴 듯한 핑계 아닐까요? 인생에서 자신의 일이 가장 중요하기 때문에 예술이나 문화 따위에 신경 쓸 겨를이 없다고 하면 어느 정도 납득이 가니까요. 우리 모두 경력 사다리를 오르고 있죠. 초등학교, 중학교, 고등학교를 거친 후, 대학교를 간다면 대학을 졸업하고 나서 천천히 산업 사회의 피라미드를 기어오르기 시작하죠. 사회생활에 적응하다 보면 확신도 생기고 차츰 자신의 일에 열정을 느끼게 되죠. 쏠쏠한 월급봉투도 무시할 수 없죠. 세련된 모습으로 품위유지를 해야 하니까요. 휴가 때는 해외여행도 빼놓을 수 없죠. 노련한 여행자마냥 어그부츠를 신고 이탈리아 플로렌스 지방을 쌩쌩 돌아 다녀야 하니까요. '어찌 보면 바느질하는 것도 살아가는 이유가 될 수 있지 않을까'라고 생각하면서 추리닝 바지를 입은 채 집구석에서 뒹굴거리며 초콜렛 한 박스를 와그작거리는 짓은 절대 있을 수 없는 일이죠. (그냥 아무 예나 든 거예요. 어젯밤 제 모습은 아니라니까요!)

 솔직해지자고요. 이런 식으로 돌아가선 안 되잖아요. 다른 사람은 어떨지 모르겠지만, 저는 경력을 쌓고 직업 사다리를 오르는 일을 꽤 한동안 이해하지 못했어요. 10년 가까이 지루하고 보수적인 회사에서 일을 했는데, 시종일관 점심시간만 기다리며 지냈죠. 내가 가진 꿈이 언제 이루어지기는 할까 의심하면서 말이에요. 그리고 제가 이름 붙이기로[1] '단체로 장난 꾸미기'에 참여하기도 했죠. (여기서 혹시 제

What I Call

시트콤 〈미란다〉에서 시트콤 속 엄마가 하는 말을 들어본 사람 있나요? 그럼 아마 제가 방금 한 말이 익숙할 거예요. '제가 이름 붙이기로'를 방금 아주 적절하게 사용했죠? 제가 직접 만들어낸 말에만 붙인답니다. 다른 사람들은 쓰지 않는 말이어야 하죠. 자, 이제 계속해서 제가 이름 붙이기로 '책'으로 돌아갑시다. 어이쿠, 방금은 잘못 사용했어요. 우리 모두 책은 책이라고 부르니까요. 자, 다들 알아들었죠? 넘어갑시다.)

회사 일을 하면서 저는 어리버리하고 눈치 없는 세월을 보냈어요. 얼마나 충격스러운 일인가요. 열여덟 살 때는 그렇게 원대한 꿈을 꾸었는데 말이죠. '세계 정복' 따위는 명함도 못 내밀 수준이었는데…….

1991년, 직업 상담실.
둔한 표정의 열여덟 살 미란다가 자신을 바라보며 시큰둥한 표정을 짓고 있는 학교 직업 상담사인 팀블 선생 앞에 앉아 있다. 상담하러 온 사람답지 않게 미란다는 매우 기묘한 자신감에 차있다. 자신이 무

---

[1] "What I call!" 시트콤 〈미란다〉에서 엄마가 입에 달고 다니는 대사.

엇을 좋아하고 미래에 어떤 일을 할 것인지 아주 확실히 알고 있다는 표정이다.

미란다: 스물두 살쯤에는 연애를 시작해야 해요. 그래야 스물다섯 살에 아이를 낳을 수 있겠죠. 그리고 바로 사업을 시작할 거예요. 악세사리를 팔거나 예술 같은 걸 하면 어떨까요? 아니면 노팅힐 부티크를 열어서 세계적으로 확장하는 거예요. 그럼 돈이 어마무시하게 들어오겠죠? 아이들도 충분히 키울 정도로요. 그러고 나면 아마 예술성이 뛰어나지만 돈이 별로 없는 히피 스타일 남자와 결혼할 기회가 생기겠죠. 제가 선호하는 스타일로 선택하라면 건축가나 변호사나 세계적으로 유명한 테니스 선수가 좋을 것 같네요. 스물일곱 살쯤 다시 일을 시작하면 정부기관에서 일을 하려고요. 사실 항상 코미디언이 되고 싶다는 생각을 하긴 했지만 그건 좀 유치한 꿈이잖아요. 그렇죠? 그리고 코미디언들은 다 좀 이상해 보여요. 게다가 세상에는 심각한 문제들이 쌓여 있으니까 제가 해결해야죠. 정부기관에서 사회를 좋은 세상으로 만드는 일이 더 가치 있어 보이잖아요. 제 스타일이죠. 다들 알다시피 제가 만약 정치인이라면 걸프전은 일어나지 않았을 거예요. 말이 그렇다고요~ 성공한 사업가라면 정치인으로 넘어가는 것도 자연스럽겠죠? 아주 물 흐르듯이 경력이 흐르네요. 아, 전 현실주의자니까 서른 살이 되기 전에 총리까진 좀 어렵다고 봐요. 호호. 참, 종종 시간을 내서 국가대표 라크로스 선수들 코치 활동도 간간이 해줘야죠.

팀블 선생은 진지하게 미란다의 말을 듣는 척했지만 다 들은 후 실소를 머금으며 미란다의 상담 기록지에 이렇게 적는다. '사람들이 불쌍하게 여길 때까지 평생 임시직을 전전할 듯.'

그때 저는 학교를 졸업하면 무엇을 할지 신 나는 계획을 다 짜놓았어요. 열여덟 살의 저는 회사 신입사원으로 들어가면 어떤 경험을 하게 될지 꿈도 못 꾸고 있었죠.

여러분은 어떤가요? 여러분은 졸업하자마자 한방에 인생역전을 할 만한 일자리를 잡았나요? 뭐라고요? "아니, 당연히 아니지. 이 멍청한 인간아! 그런 사람이 이 세상에 있긴 하겠어? 안 그래도 취업하기 힘든 세상에 그딴 질문을 하다니!" 그래요, 맞아요. 그럼 저뿐만이 아니군요. 우리 모두 같은 곳에 있는 셈이네요. (정말로 우린 같은 곳, 같은 페이지에 있잖아요. 이 책을 읽기 시작하고 계속~ 그렇죠? 저 보이나요? 여기요! 아무도 없나요? 에이, 좀 웃으세요. 꽤 재밌지 않나요?)

학교를 졸업했다고 해서 진지하게 회사 일을 할 준비가 되어 있진 않죠. 진짜 세상의 절차와 격식에 대한 준비 말이에요. 학교는 무정부 상태의 살맛나는 세상이었죠. 규칙은 깨기 위해 존재하고 모든 '심각한' 일은 우리가 재미난 장난거리를 그릴 수 있는 빈 캔버스였죠.

실은 전 아직도 엄숙한 상황이 되면 유치하고 괴상하게 반응하게 된답니다. 부적절한 상황에 마주치면 부적절한 행동이 하고 싶어지는 건 저뿐인가요? 목사님 옆을 지나가게 되면 왠지 목사님이 "개소리!"라는 말을 내뱉으며 원뿔 모양 도로 표지판을 걷어차는 모습을 보고 싶어요. 수녀님을 보면 수녀복을 걷어 올리고 캉캉 춤을 추는 모습이 보고 싶고요. 그냥 재밌으니까요! 그 어떤 엄숙한 상황을 깰 수 있는 일이라면 무슨 짓이든 하고 싶어진다니까요. 참, 제가 목사님이나 수녀님에게 아무런 감정도 없다는 걸 확실히 말하고 넘어가야겠네요. 그냥 그 갑갑한 옷과 숨 막히는 체계와 격식과 존엄의 규칙들이… 아, 정말 상상만 해도 미치겠네요!

('진지한 상황'들을 떠올린 덕분에 갑자기 패닉 상태에 빠진다. 허겁지겁 부엌으로 달려가서 커스터드 파이를 집어 자신의 얼굴에 집어 던진다. 자리에 앉는다. 안정을 찾는다.)

'진지한 상황'에 극단적으로 발작하는 성향은 우리 가족 유전인가 봐요. 저희 할머니가 1950년대에 꽤 격식을 차리는 외무부 주최 만찬에 가신 적이 있대요. 만찬 중간에 할머니는 하얀 넥타이를 맨 군인 장교와 얼굴을 맞대고 있었는데, 갑자기 잔에 담긴 레드 와인을 장교의 얼굴에 끼얹어 버렸대요. 그 자리에 있던 모든 사람이 놀랐죠. 할머니 자신도 포함해서요. 저는 할머니가 왜 그랬는지 정확히 이해할 수 있어요. 만약 군복을 차려입은 장교가 제 옆에 서 있었다면 얼마 안 가서 저는 볼로방 파이[1]를 장교 코에 쑤셔 넣었을 거예요. (코에 볼로방 파이가 꽤 많이 들어가더라고요. 한번 시도해 보세요.) 고위 관리직에게 그런 짓을 했다면 아마 무시무시한 경고를 받았겠죠.

(열여덟 살 미란다가 미친 듯이 키득 대며 뛰어들어온다.) 완전 기막힌 뉴스야! 스캇 사감 선생이 기숙사를 점검하려고 한대. 돌리네 기숙사는 합창 연습이 있어서 미리 합창실에 가서 준비하고 있거든. 그래서 우리 기숙사 애들이 양 한 마리를 끌고 돌리네 기숙사에 넣어놨어. 진짜 양을! 연습하고 돌아오면 바로 스캇 사감이 점검을 시작해서 양을 발견하겠지? 아, 지금 말 그대로 웃겨서 죽을 것 같아. 빨리 가서 어떻게 되는지 봐야겠다. 지난번에 벨라가 보온 물병 커버에 숨긴 질리 쿠퍼[2] 책 발견했을 때 스캇 사감 완전 폭발했었거든! (미친 듯이 뛰쳐나간다.)

방금 일어난 일이 제 요점을 명확히 해준 것 같네요. 버릇없는 행동은 점잖아야 하는 상황이 되면 무심코 튀어나온답니다. 어른의 세계를 받아들일 때 일어나는 알러지라고나 할까요?

제 생애 최초로 사무실에 출근한 날이었어요. 데이터 입력 업무가 제 일이었죠. 점심을 먹고 자리로 돌아가다가 책상 위에 있던 비타민 워터 음료수 병을 가방 속으로 떨어트리고 말았어요. 그 순간 상사가 제 자리로 다가왔죠. 저는 벌떡 일어서서 노란색 액체를 허리 높이에서 바닥에 흘리기 시작했어요. 당연히 학교에서 항상 하던 장난이었

---
[1] 크림소스에 고기, 생선 등을 넣어 조그맣게 만든 페이스트리 파이.
[2] 『Rutshire Chronicles』라는 로맨스 소설로 유명한 영국의 소설가.

어요. "하하, 오줌을 싸버렸네요. 근데 사실은 뻥이죠~ 비타민워터지롱요! 하하, 웃기죠? 다른 사람 가방에도 비타민워터를 쏟아볼까요? 다들 오줌싸개가 되는 거죠. 완전 웃기겠죠? 인사부에 있는 페니한테 해보면 어떨까요? 그럼 오줌싸개 페니(Pissy Penny)[1]라고 놀릴 수 있을 거예요. 재밌겠죠?" 제 상사는 그저 고개를 젓더니 책상 위에 종이를 올려놓으며 작성하라고 말하고는 나가버렸어요.

그제서야 이제는 재미난 장난이 통하지 않는 세상에 와버렸다는 사실을 깨달았죠. 게다가 부모님이 저를 앉혀놓고 혼을 내는 시절도 다 지나갔다는 것을요. '인생은 어린아이일 때처럼 항상 재밌을 수 없어. 그러니 이제부턴 심각한 표정을 연습하는 편이 좋을 거야.'라는 말이 뒤통수를 때리는 순간이었죠.

어머, 어떡해! 벨라가 새로 산 부츠에 양이 똥을 쌌어! 완전 웃겨! 벨라는 소리 지르고 난리 났어. 양이 패션 감각이 뛰어나다고 비디가 농담하는 바람에 벨라한테 맞을 뻔 했고, 트위그는 웃다가 숨 막혀 죽을 뻔 했다니까.

잠깐! 독자들에게 헷갈리는 친구들 별명을 좀 정리해줘야겠어. 독자 여러분, 어린이 책에 나오는 것 같은 별명이라 죄송하네요. 벨라(애나벨, 잘 나가는 친구, 뭐든지 잘함), 트위그(선천적으로 마른 몸, 맨날 '살 안찌는 체질'이라고 떠벌리는 걸 좋아함), 비디(큰 눈, 작은 머리), 밀리(얘가 말할 때나 운동할 때 공을 패스할 때마다 카밀라는 얼굴이 빨게 져요.), 클레어베어(테디베어에 집착하지만 웃겨요. 이상하진 않아요. 기숙사에서 같이 방 쓰고 싶은 사람 1위), 빌리(수염 있음. 12살 때부터), 푸시(고양이를 좋아하고 자기 고양이랑 찍은 사진

---

[1] 페니라는 이름이 남성 성기를 뜻하는 페니스(penis)와 발음이 비슷한 것을 이용한 말장난.

이 박힌 티셔츠가 있음), 브릿지(브리짓이란 이름으로 달리 뭔 별명을 짓겠어요?), 푸들(뭔 생각으로 지은 별명이었을까?), 팟지(단거 좋아하고 트위그를 싫어함). 학교생활을 같이 했던 친구들이에요. 악의 없이 지은 별명이지만, 15년 뒤에 윔블던 테니스 코트에서 한창 매치 포인트 경기 중인데 건너편에 있는 친구를 발견하고 소리내어 부르기에는 참 부끄러운 별명이죠.

들어 봐, 스캇 사감이 기숙사에 들어오자마자 양이랑 정면으로 맞닥뜨린 거야. 그러곤 "누구야? 누가 양을 여기다 집어넣었어?"라고 소리쳤다니까. 난 진짜 그렇게 웃긴 장면은 태어나서 처음이야.

아, 그렇다면 지금 말해줘야겠다. 지금이 웃을 수 있는 마지막 순간이 될 수도 있어.

뭐? 무슨 말이야? 삶이란 게… 앞으로도 다 이런 거 아니었어? 기숙사에 양 풀어놓기, 물풍선 싸움하기, 오후에 휴게실에서 낮잠 자는 젠베이 선생님 의자에 설탕으로 만든 풀 붙이기, 버스에서 엉덩이 까기…….

나이가 들수록 그런 장난은 자제해야 해. 특히 맨살을 보이는 건 더욱 금지야. 그리고 솔직히 말하자면 그건 네 장기가 아니잖아. 넌 항상 기숙사에서 옷 갈아입을 때 (네기 이름 붙이기로) '기숙사 수건 텐트' 아래를 벗어나지 않으려고 몸부림치잖니. ('이름 붙이기로'의 올바른 쓰임새!)

나이를 먹으면 좀 당당하게 벗고 다닐 수 있는 거 아니야? 트위그가 막스&스펜서에서 산 브라를 애들한테 보여주고 다녔던 것처럼?

4. 즐거운 회사 생활…?

아니. 벌거벗는 종류의 일과 여전히 친숙하지 못해. 만약 (작은 목소리로) 섹슈얼(다시 원래 목소리로)한 상황이 아니면 말이지.

넌 '섹슈얼'이란 말도 소리내지 못하니?

난 그 단어가 그냥 싫을 뿐이야. 이상해. 그게 의미하는 것과 완전히 반대되는 소리가 난단 말이지. 그 단어를 싫어한다고 해서 내가 섹슈얼한 걸 싫어하는 건 아니야. 그냥 단지 모르는 사람들 앞에서 벗는 상황에 영국인스럽게 반응할 뿐이야.

실은 말이죠, 독자 여러분. 그냥 벗는 것뿐만이 아니에요. 아주 조금만 벗는다는 생각을 해도 얼굴이 빨개지고 어찌할 바를 모를 정도로 '멘탈 붕괴' 상태에 빠진단 말이에요. 속옷을 안 입고 다닌다는 생각만 해도 치가 떨리는 사람은 저뿐인가요? 저는 딱 한 번인가 두 번 그런 적이 있는데요, 옷을 다 세탁해버려서 입을 속옷이 없어서 어쩔 수 없었죠. 어찌나 끔찍한 하루였는지요. 청바지 속에 아무것도 없다는 사실 때문에 다른 데 신경을 쓸 수가 없었어요.

그렇지만 바지를 입었으니 벗은 게 아니잖아.

벗은 기분이야. 청바지와 다리 사이에 아무것도 없었다고!

어이구.

유럽 대륙에서 온 한 여자는 정기적으로 속옷을 입지 않고 다니더라고요. 섹시해지는 기분이라나, 평범한 하루에 자극을 준다나.

이제 그만 원래 얘기하던 주제로 돌아올 수 없을까? 나 그냥 다 그만두고 '너'가 되지 않기로 했어.

안타깝지만 넌 내가 된단다. 나이가 들면 억제할 수 없는 개그 본능을 분출하기가 어려운 장소에서 많은 시간을 보내야 하거든.

그래? 교회 같은 곳? 근데 교회에서도 무지 재밌게 놀 수 있어. 커다랗게 울려 퍼지는 방귀 한 방 뀌고 도망가면 되지롱.

아니. 내가 말하는 건 사무실이야.

사무실? 시청이나 구청? 지금쯤 정부에서 일할 나이인데?

음…….

아니면 직원을 주렁주렁 거느리고 일하는 내 전용 사무실?

비슷하긴 한데… 말해둘 게 있어. 우리는 20대 대부분, 그리고 30대 초반까지 여러 사무실을 전전하며 기본적인 사무직으로 일하거든.

뭣? 하지만, 그렇지만, 사장이 아니라고? 스물다섯 살쯤엔 사장이 될 줄 알았는데…

음, 아니야. 오히려 사장하고는 정반대지. 비정규직으로 일할 때가 더 많거든.

비정규직?

비정규직, 짧은 기간 동안 일을 맡아서 하는 거야. 정규직 직원이 잠시 비운 자리를 채워주는 거지.

그러니까, 잠깐 들어와서 아무도 하기 싫어하는 일만 하다 가는 사람 말이야?

그렇게 보는 시각도 있지만 나는 나 자신이 슈퍼맨 같다고 생각하길 좋아해. 도움이 필요할 때 마법 같이 나타나서 바쁜 하루를 마무리해주잖아. 망토만 없을 뿐이지.

흥!

에이, 힘내. 어느 시점이 되면 승진할거야. (전화 받는 시늉을 한다.) 여보세요, 사무용품 구매부 책임자 미란다 하트의 사무실입니다.

책임자? 그럼 우리 아래에 직원들도 있어?

아니. 구매부 책임자는 혼자 사무용품을 주문하고 관리하는 업무를 하거든. 대신 페이퍼클립 정도는 내 아래에 있지. 게다가 전용 회전의자도 있어. 독자 여러분, 회전의자는 정말 놀라운 발명품인 것 같아요. 지금 회전의자에 앉아있다고요? (설마 회사에서 책을 보고 있는 거예요? 뻔뻔하군요!) 자, 그렇다면 다 함께 의자를 돌려봅시다. 원, 투, 트로아(프랑스어로 3), 돌려요~ 휘리릭~

멈춰! 아, 끔찍해… 너 완전 고리타분해! 꼭 소설에 나오는 사람 같아. 완전 우울한 소설 알지. 전쟁통에 단칸방에서 홀로 사는 외로운 사무관이 나오는 내용 말이야. 사랑하던 연인이 전쟁에서 죽은 후부터 술이나 주구장창 퍼마시는 인간 말이야. 어우, 끔찍해.

걱정 마. 재미없어 보이는 거 알아. 게다가 우리의 꿈을 배신하는 일이기도 하고. 졸업 후 삶은 확실히 충격적이긴 하지. 모든 게 다… 회색빛이거든. 일에 매달리는 시간이 많고. 누군가의 사무실에 양을 집어넣으면 좌천된다는 것도 곧 깨닫게 될 거야.

그래도 재미는 있겠지.

물론 재밌긴 하겠지. 어쨌든 양을 사무실에 데려다 놓고 낄낄 대는 게 바로 나라는 사람이잖니. 사람들은 사회의 먹이 사슬 최하층에 머물러 볼 필요가 있다고들 하지. 엄청나게 지루한 소리이긴 하지만 20대에 벌써부터 무거운 책임을 져야 하는 자리에 앉긴 싫을 걸? 이 세계가 어떤 곳인지 가늠할 시간이 필요하다고. 자신감도 얻고 친구도 사귀고 쓸데없는 짓도 해보고 그러면서 더욱 강해지는 거지. 그리고 또 한 가지, 내가 가장 행복하고 재밌었던 시간이 언제인지 알아? 사무실에 있을 때였어. 아마 일이 지루하니까 아주 사소하고 작은 딴 짓도 어마어마하게 웃기게 느껴졌나 봐. 내가 웃겨서 숨이 막히고 코가 막히고 기가 막혔던 순간의 90%가 사무실에 있었던 지루한 날들이었다고까지 말할 수 있어.

벌써부터 지루한데?

좋아, 이제부터 열과 성을 다해 영광스러웠던 직장 생활을 변호해 보겠어. 어떤 삶이든 겉으로 보기엔 지루해보일지라도 여전히 그 속에 즐길 거리는 있다는 걸 알아야 해.
직장 생활의 기쁨을 짧은 목록으로 준비해 봤어. 자, 독자 여러분,

찻잔을 다시 채우세요. 쿠션도 팡팡 쳐서 푹신하게 만들고요, 다음 차례는… (박수 큐!)

미란다가 생각하는 직장 생활의 좋은 점 다섯 가지

1. 사무용품

첫 번째 항목이 '사무용품'이어서 반응이 아마 두 가지로 나뉠 것 같네요. 반갑게 손을 흔들며 공감을 느끼거나 대체 그게 뭐가 신 난다는 건지 이해할 수 없다는 표정을 짓거나. 만약 여러분이 전자에 해당한다면 계속 읽으세요. 즐길 준비가 되어 있는 분이니까요. 만약 여러분이 후자라면, 역시 계속 읽으세요. 확실히 알게 해드릴게요!

사무용품으로 가득 찬 커다란 서랍장만큼 신 나는 것도 없어요. 서류 집게, 포스트잇, 매직, 볼펜, 연필, A3 용지, A4 용지, 지퍼백, 뽁뽁이… 와우, 정말 신 나지 않나요? 커다란 사무실에서 쓸 사무용품 주문서를 읽을 때는 괜찮은 레스토랑 메뉴판을 읽을 때처럼 흥분된다니까요. 만약 여러분이 회사에서 일하는 게 좋고 회사가 자랑스럽다면 회사에 필요한 사무용품을 채워주는 일도 만족스럽겠죠. 하지만 만약… 아주 조금이라도 회사에 유감이 있다면 사무용품 서랍에서 피해자 없는 사소한 서리를 할 수도 있겠죠. 회사의 부조리함을 바로잡기 위해 포스트잇 전리품을 브라 패드에 끼워 넣는 사람이 저뿐만은 아니겠죠? (남자분들은 부디 아랫도리 공간을 이용해 주세요.) 형광펜은 신발에 숨기고요. '하하, 내 몫은 챙겼다.' 이렇게 생각하면서 땀을 흘리며 범행 현장에서 나와서 주위를 둘러보며 완전범죄를 성공시키죠. 확실히 한 방 먹였어요. 미란다 1점 vs 막돼먹은 세상 0점!

범죄를 저지르는 게 내키지 않는다면 오후의 수공예 시간을 보내는 건 어때요? 혹시 서류 집게로 에펠탑 미니어처를 만들어 보셨어요?

포크를 쓰지 않고 페이퍼클립만 사용해서 치킨 샐러드 한 통을 다 먹는 데 성공한 적 있나요? 없다고요? 한 번 해보세요! 아주 재밌을 거예요! 뭐, 유치하긴 하지만 사무실에서 썩어가는 젊은 피에게는 잠시나마 휴식을 취할 수 있는 시간이 되지 않겠어요? (서류 집게로 에펠탑 만드는 게 삼십대의 취미로 적합하다면 더 좋겠네요.)

사무용품이 극단적인 규모가 될수록 아주 '크리에이티브'하고 재미나는 사고를 칠 가능성도 커지죠. 사무용품 구매부에서 일하는 동안 뽁뽁이을 잘못 주문한 적이 있어요. 실수로 너무 큰 사이즈를 주문해 버렸죠. 대형 뽁뽁이가 여섯 롤이나 배달됐어요. 그 크기가 다이어트 짐볼만 했어요. 그걸 보자마자 직원들을 꼬드겨서 오후 내내 사무실에 뽁뽁이을 깔고 그 위를 굴러다녔어요. 계단을 내려갈 때도 쓰고요. 마지막으로 상사가 돌아오기 직전, 뽁뽁이을 한 줄로 깔아 놓고 그 위로 굴러가는 놀이를 하기로 했어요. 제가 제일 먼저 나섰어요(당연하죠!). 뒹굴뒹굴 구르는 동안 윗도리가 말려 올라갔고, 그것도 모른 채 저는 10점 만점짜리 마무리 동작으로 쇼를 마쳤죠.

바로 그때, 상사가 들어왔어요.

동료들은 모두 달아났고 저는 벗겨진 윗도리가 머리 위에 있다는 걸 아직도 몰랐어요. 상사는 브라를 입고 선 채로 자랑스럽게 마무리 동작을 하고 뽁뽁이 두루마리 앞에 서 있는 저와 맞닥뜨린 거죠.

이렇게 사무용품을 대량주문하면 대체할 수 없는 모험과 놀이공간을 만들 수 있다니까요.

2. 사무용품 창고

사무용품 창고는 황폐한 사무실 환경에서 멋진 은신처에요. 두 번째로 손꼽힐 자격이 있답니다. 제가 일했던 한 사무실에서는 사무용품 창고가 꽤 넓었어요. 적어도 네 사람이 5시간 동안 산소가 부족하지 않은 상태로 버틸 수 있을 정도였죠. 저와 동료들이 숙취 때문에 골골 거리다가 우편물 정리를 해야 할 때는 그 안에 들어가서 매우 중요한 미팅을 위한 우편물 분류를 하고 있는 척했지요. 그러곤 아침이 될 때까지 누워있었어요. 물론 푹신한 뽁뽁이를 침대 삼고, 서류봉투를 베개 삼아서요. 아주 평화롭게, 닭장 속 닭처럼 쿨쿨 잠들곤 했죠.

컨디션이 좋을 때도 사무용품 창고는 아주 좋은 안식처에요. 산뜻한 표정으로 "프린터 카트리지 교체할게요~"라고 말해놓고 문을 걸어 잠근 다음 편안한 암흑 속에 누워서, 아, 제 경우엔 손전등을 켜놓고 코미디 대본을 써보곤 했죠.

그리고 아마추어 사진가라면 임시 암실로도 끝내주죠. 사무용품 창고는 모든 것이 가능한 장소랍니다.

3. 복잡한 사내 인트라 시스템

재밌는 점은 잘못된 사람의 손에(제 손에!) 들어갈 위험이 있다는 거죠. 사무용품 구매 책임자로서 이번에 바뀐 복잡한 전화 호출 시스템을 설치해야 했는데요, 안타깝게도 동료들은 여전히 그게 웃기는 도구라고 생각했어요. 정보를 전달하는 용도보다는 재미로 가지고 노는 용도로 더욱 애용하더군요. 그래서 일어난 사건이 있죠. 제 자리에 앉아 상사와 아주 심각한 얼굴로 대화를 하고 있었는데요, 친구 하나가 호출하더니 5분 내내 동물 소리를 내면서 웃기더라고요. 나중에 이 친구에게 호출을 해서 큰 소리로 "나 방금 화장실 갔다 왔거든? 똥이 얼마나 큰지 물이 안 내려가!"라고 말했죠. 그런데 아뿔사, 버튼을 잘못 눌러서 사무실 직원들이 전부 이 소리를 들은 거예요. 회의실까지요. 물론 그 회사에서 보낸 시간은 그리 길지 않았죠.

이메일 때문에 비슷하게 곤란한 적이 있었어요. 처음으로 비정규직으로 일하게 되었을 때는 이메일이 새로웠고 꽤 신기했거든요.

이메일이 뭐야?

깜짝아! 편지 같은 거야. 전화선을 타고 보내는…

뭐라고? 편지를 전화선으로 보낸다고?

그 얘기는 좀 나중에 하면 안 될까? 굉장히 많은 설명이 필요하거든.

죄송해요, 독자 여러분. 다시 하던 애기로 돌아갈게요. 한번은 CEO의 개인비서가 전체 메일로 밀레니엄 돔에 가고 싶은 사람이 없냐고 묻더라고요. (CEO가 거기에 마구간이 있었거든요. 경마 '중독자'였죠.) 저는 답장을 썼어요. "저는 차라리 로빈 쿡[1]하고 섹스를 할래요. 어쨌든 고맙습니다. 추신: 어젯밤 꿈에 또 회계부서 빌이 나왔어요. 아주 뜨거웠답니다! 이번에는 빌이 기사처럼 갑옷을 입고 있더라고요. 아래는 수영복을 입었고요. 완전 이상하죠? 꺅!" 그런데 아뿔사! 메일을 보낼 때 '전체 메일'을 눌러 버린 거예요. 전직원은 물론 영국에 있는 지사의 모든 관계자한테까지 메일이 가버렸죠. 저는 다시 전체 메일로 사과하는 내용을 보냈어요. 제가 로빈 쿡과 섹스하는 상상에 푹 빠져있지 않다는 걸 알리고 뚱땡이 빌하고도 절대 그럴 마음이 없다는 걸 알렸죠. 그렇게 메일을 보내고 나서 또 메일을 써야 했어요. 역시 전체 메일로 빌을 뚱땡이라고 불러서 죄송하다고, 빌이 매력적이라고 생각하는 사람도 아주 많이 있을 거라고 생각한다고 썼죠. 로빈 쿡이 빌을 좋아할지도 모른다고요. 그러고서 또 메일을

---
[1] 영국 노동당 소속 전 외무부장관. 이라크 파병 반대 연설로 유명하며 2005년 심장마비로 사망했다.

하나 더 썼죠. 전체 메일로 빌이 게이일 수 있다고 묘사해서 죄송하다고 썼죠. 분명히 빌은 게이가 아니고 빌의 아내와 딸에게 죄송하다고요. (제가 알기로 딸은 서섹스 지부에서 일한다고 하더군요.)

아이고, 수습이 안 되네요. 빨리 넘어갑시다. 어서 4번으로!.

4. 점심

회사 생활에서 점심시간은 거의 종교적인 지위를 얻지요. 저를 포함해서 주변 동료들 모두 완전히, 뻔뻔스럽게, 시끄럽게 점심에 집착했어요. 점심은 그저 배를 채워주는 연료가 아니었어요. 따분한 일상 한가운데에서 마주친 반짝반짝 빛나는 오아시스와 마찬가지였죠.

10시 30분쯤이 되면 점심 전쟁의 조짐이 보이기 시작하죠.
"뭐 먹을거야? 프레타망제[1] 갈까? 이탈리안 샌드위치?"
"나는 미트볼 샌드위치."
"아, 안돼. 나 아침에 미트볼 먹었단 말이야."
"디저트로는 사과? 요거트?"
"3시 반에 먹으려고 초코바 사왔는데."
"푸딩이랑 반만 먹어."
"안돼. 요거트랑 안 어울린단 말이야."
"아, 그렇네."
"몇 시지?"
"10시 45분."
"아, 별로 안 남았군."
"11시 30분은 점심 먹기엔 좀 이르지?"

---

1 유기농 샌드위치 가게.

샐러드 랩을 처음 먹던 날이 생각나네요. 점심 역사의 전환점이었죠. 처음 샐러드 랩을 사가지고 사무실로 돌아오면 다들 구름떼처럼 주위로 몰려들었어요. 마구잡이로 질문을 던지면서요. "에게~ 그거 가지고 되겠어? 너무 부실한 거 아니야? 샌드위치만큼 배가 부르겠어?" 왜냐고요? 사무실에서 부실하고 실망스러운 점심은 용납이 안 되거든요.

그러다가 이번엔 초밥이 등장하죠. 다들 자신이 범세계주의자이며 무척이나 세련된 도시남녀라고 생각하거든요. 매일 7파운드를 주고 쌀알 열여섯 개 정도가 녹색 방수포에 쌓여 있는 음식을 사죠. 1년이면 그 돈을 모아서 사우스 코스트에 있는 작은 집을 살 수 있을 정도지만 뭔 상관이에요. 점심에서만큼은 최첨단을 걷는 중인걸요.

4시쯤이 되면 이제 저녁 식사 얘기가 나오죠. 다들 뭘 먹을까 고민하기 시작해요.

"중국음식점 가는 사람?"
"난 오늘 박스에 들어있는 커리를 먹어보려고. 테스코에서 판대."
"나는 스크램블 에그."
"그것만?"
"걱정 마. 펍에 가서 피쉬앤칩스 먼저 먹을 거야."
"나는…"

지겹고 단순하고 지루한 대화죠. 다음에 먹을 끼니에 대한 집착뿐이었으니까요. 좀 더 풍족했던 시대가 그리워 질 때가 있어요. 재밌고 신 나는 하루 중에 밥을 먹는 시간이 오히려 지루했던 어린 시절로 돌아가고 싶더라고요. 나이가 들수록 그런 시간과는 멀어지는 쓸쓸한 현실을 마주하게 되죠. 회사 일이 지루하고 스트레스가 심할수록 성대한 음식으로 보상을 해주어야 하니까요.

그래도 사무실에서 매일 음식을 먹으며 나누는 대화는 즐거워요. 가끔 그 즐거움은 금요일 맥도날드에서 종종 벌어진답니다. 오전 11시쯤 누군가 얘기하죠. "오늘이야. 오늘이 바로 그날이라고. 오늘이 야말로… 맥도날드에 가는 날이야!" 책상 여기저기서 탄성 소리가 터져 나오죠. 그리고 30분간 맥도날드에 가면 무얼 먹을지 수다가 이어져요.

"너겟 6개."
"안돼. 너겟 따위에 맥도날드 칼로리를 소비할 수 없어. 나는 곧장 치즈 추가한 쿼터 파운더를 먹을 거야."
"나는 치즈 버거 작은 거 하고 애플 파이."
"조심해, 속이 뜨거우니까." 누군가 이렇게 소리치자 다들 어찌나 웃었는지.
"아, 이왕 가는 거 나는 크게 지를 거야. 빅맥, 애플파이까지. 그래, 결심했어."
"음… 나는 피쉬 버거." 정적이 흐르죠. 방금 말을 뱉은 동료를 다들 쳐다봐요. 뭐라고? 피쉬 버거라니! 대체 누가 그딴 혐오스러운 메뉴를 생각할 수가 있는 거야?

아아, 안녕?

안녕, 작은 미란다. 무슨 일이야? 급한 일이라도 생겼어? 지금 내 목록을 마무리하는 중이었거든…

아니, 끼어들어서 미안한데, 끼어들어야겠다. 회사생활 이야기가 지금 말하는 것보단 덜 찌질할 줄 알았거든. 서류 집게로 에펠탑을 만들거나 사무용품 창고에 숨는다고? 사내 전화기로 바보짓을 하고? 샌드위치에 미친 듯이 집착하고? 웃기지도 않고 보람 있어 보이지도 않는걸.

아, 하지만 직장 생활이 왜 좋은지 아직 마지막 다섯 번째 이유는 듣지 않았잖아. 정말 좋아할 텐데… 어린 미란다, 마지막으로 드디어 도착한 아주 중요한 이유를 공개할게. 직장 생활은 말이지…

5. 학교랑 비슷하거든!

뭐? 정말?

그래, 확실히 비슷하지. 네가 조금만 노력하면 더욱 비슷하게 만들 수도 있고. 독자 여러분, 제 경험을 얘기해 볼게요. 학교에서는 하고 싶은 대로 마음껏 놀다가 회사에 오니 처음에는 무척 힘들더라고요. 하지만, 짜잔! 학교에서 갈고 닦았던 웃기는 기술이 점점 빛을 발하기 시작했어요. 게다가 회사 생활을 하면 할수록 학교에서 즐거웠던 기억이 되살아났고요. 매일매일 안정적으로 보낼 수 있었고 일은 그렇게 힘들지 않았어요. 주말에는 아예 신경 끄고 지낼 수 있고요. 친구들은 모두 커다란 사무실 안에 모여 있고요. 친구들이 비축해둔 군것질 거리를 뺏어 먹을 수도 있지요. 교활하게 꾀를 부려서 장난을 칠 수도 있어요. 포스트잇에 만화를 그려서 기발한 장소에 붙여놓는다든가 띵가띵가 거리며 게으름을 피우는 거죠. 그러다가 매일 5시가 땡 치면 문 밖으로 쏜살같이 달려 나가서 뒤도 돌아보지 않는 거예요. 그 당시엔 깨닫지 못했지만 사무실은 저한테 아주 잘 맞는 장소였어요. 갑자기 이런 명언이 떠오르는군요. "매일 8시간씩 일에 청춘을 쏟았으니 이제 상사가 되면 하루에 20시간씩 일할 수 있는 특권이 생길거야!" 하! 신참으로 있는 게 더 장점이 많아 보이죠?

너도 즐길 수 있을 거야. 약속할게. 직장 생활을 할 때가 내 인생에서는 꽤 긍정적인 시기였거든.

    그럼 지금은 다른 일을 한다는 말이야? 내가 짜놓은 인생 계획에 들어맞는 일?

아, 지금? 그건 곧 말해줄게. 곧.

    아~ 설마 우리 국회의원이야? 진짜로 국무총리가 된 거야? 아니면 결혼해서…

(마셨던 차를 내뱉는다.) 아, 그건 말이지, 미안하지만…

    널널한 일의 장점은…

(다시 차를 한모금 마신다.)

    데이트할 시간이 무지막지하게 많다는 거잖아!

(다시 차를 뱉는다.) 미안. 데이트나 남편 같은 이야기는 나중에 하면 안될까?

  자, 독자 여러분. 만약 제가 묘사한 것과 비슷한 사무실에서 신참으로 일하고 있다면요, (CEO라고요? 젠장, 좋겠어요.) 제가 알려드린 사무실에서 즐겁게 시간을 보내는 방법을 잘 활용하길 바랄게요. 만약 사무실에서 즐겁게 놀 수 있는 다른 방법들이 있다면 이메일을 보내주세요. 참, cc(전체 메일)를 조심하세요.

잠깐만…

좀 끼어들지 말아줄래? 아주 굉장한 주제로 넘어가려고 했단 말이야.

아직 이메일인지 뭔지에 대해 설명 안 했잖아. 도대체 편지를 어떻게 보냈길래 엄청 많은 사람들한테 잘못 보냈다는 거야? 그 많은 편지 봉투를 붙이고 우표에 침을 발랐으면서 그걸 몰랐다는 게 말이 돼? 졸면서 했으면 몰라도…

아이고, 머리야. 그러니까 이메일은… 에휴. 이메일은 말이지… 안되겠다. 따로 쓰든지 해야겠어.

독자 여러분, 다음 페이지로 넘어가세요. 페이지를 잘 넘긴 자신에게 박수도 좀 쳐주고요. (두 가지를 동시에 할 수 없다는 건 알아요. 그러니 페이지를 넘기고 책을 내려놓은 다음 박수를 치세요. 그렇다고 동시에 해보는 걸 포기하진 마세요.) 우리가 다음으로 맞이할 주제는요….

5. 인터넷은 인생의 낭비?

TECHNOLOGY

제가 열여덟 살일 때 이후로 확실히 달라진 것을 딱 한 가지 꼽자면! 아, 팔뚝 살을 출렁이지 않고는 몸을 흔들며 춤을 출 수 없다는 것 빼고, 더 이상 자유자재로 재채기를 조절할 수 없다는 것도 빼고… 오줌을 지릴 위험을 무릅써야 방방 뛰기를 할 수 있다는 것과 저녁 초대를 받았을 때 "어머, 안 되겠네요. 그날 저녁엔 TV에서 〈모스 경감〉[1]을 연달아서 방영하거든요. 화나신 건 아니죠?"라는 말로 거절한다는 것도 빼고… 에… 또… 아, 이제 그만할게요. 점점 우울해지네요. 뭐라고요? "팔뚝 살이니 오줌 얘기는 그만해, 미란다. 이번 주제는 테크놀로지라면서? 나이 먹으면서 겪는 추레한 일에 대한 게 아니고. 그러니 테크놀로지 얘기나 해!" 좋아요. 독자 여러분. 제가 하고 싶은 말은, 제가 어렸을 때와 달리 확 변해버린 것을 하나 꼽자면 바로 신기하고도 놀라운 IT의 세계라는 거죠.

---

1 콜린 덱스터의 책 『모스 경감』 시리즈를 드라마로 만든 작품. 주인공인 모스 경감은 크로스워드 퍼즐을 즐기며 맥주를 사랑하고 오페라를 굉장히 좋아하는 인물로 재규어 마크 2를 몰고 다닌다. 2012년부터 방영 중인 드라마 〈인데버〉는 1987년부터 2000년까지 방영되었던 〈모스 경감〉의 프리퀄로, 모스 경감의 젊은 시절을 다루고 있는데 주연 배우인 숀 에반스의 뛰어난 연기력과 감각적인 연출로 인기를 끌고 있다.

세상이 정말 달라졌죠. IT가 발전한 덕분에 진짜 새롭고도 혁신적인 변화가 일어났으니까요. 열아홉 살 때 클레어베어와 함께 호주에서 5개월 동안 휴대 전화도 없이 여행했던 기억을 떠올리니 뭔가 이상해요. 도대체 휴대 전화 없이 어떻게 여행했지?

무슨 소리야? 전화기를 들고 여행을 간다고?

뭐?

아니, 니가 말하는 '휴대 전화'가 무선 전화 아니야? 요즘에 나온 선 없는 전화기 말이야. 엄마가 맨날 붙잡고 있잖아. 그거 진짜 신기해! 어제 그걸로 클레어베어랑 전화 통화했는데, 얘기하면서 내 방에서 몇 발자국 나가기까지 했다니까. 전화기 옆에 붙어있지 않아도 되고 클레어베어가 누구랑 키스했는지 엄마가 엿듣지 못하게 할 수도 있어! 완전 짱이야!

이 휴대 전화는 아무데나 있어도 전화할 수 있어. 벤네비스 산[2] 꼭대기에서도, 호주 아웃백에서도… 아무데서나. 이건 이동 전화거든. 이동하면서 통화할 수 있다는 뜻이야.

말도 안 돼! 전선은 어디에 연결돼 있는데?

이동 전화라고! 배터리가 있으니까 전선으로 꽂지 않아도 돼. 가지고 이동할 수 있다고. 이동 전화니까. 휴~ (여러분, 이번 장에서 제 인내심을 테스트할 것 같네요. 숨을 가다듬고 잠시만 어린 미란다를 참아 봅시다.)

---

2 영국에서 가장 높은 산.

네가 지어낸 거 아니지?

아니거든! 그리고 휴대 전화로는 사람들한테 메시지도 보낼 수 있어.

　　뭐? 팩스 같이? 어디에 인쇄되는데?

휴대 전화에는 화면이 달려 있어.

　　계산기처럼 생긴 건가?

계산기에는 숫자만 쓸 수 있지만 여기엔 그보다 쓸 수 있는 게 훨씬 많아. 그걸 '문자를 보낸다'고 하지.

　　문자? 전화기가 있는데 뭐하러 문자를 보내? 그냥 전화를 걸면 되지.

가끔 통화하기 힘들 때가 있잖아. 약속 장소에 늦어서 달려가면서 친구에게 빠른 메시지를 보내는 거지. '5분 후에 도착!'

　　뭐 하러 문자를 보내? 어차피 5분 후에 도착할 예정이잖아.

예의상 하는 거지. 다들 그렇게 해. 아예 문자로 대화를 할 때도 있어.

　　전화기에 대고 그냥 말하는 게 아니라 버튼을 하나, 하나 눌러서 대화를 한다고? 한 마디만 해도 될까? 왜애애애?

왜냐면… 그러니까… 음……. 왜냐하면 가끔은 문자로 대화하는 게 더 재밌거든. 빨리 용건만 얘기하기도 좋고.

그치만 그냥 빨리 전화를 걸면 되잖아. 전화기니까!

에이, 그만 넘어가자. 이것 봐. 다른 사람한테 사진도 보낼 수 있어.

멍청한 소리 하지 마. 어떻게 전화기로 사진을 보내? 자동차로 하늘을 날아 댕기기도 하니? 대체 사진을 어떻게 보낸다는 거야?

음……. 글쎄… 하늘에 인공위성이란 게 있어서… 거기로 사진 데이터 신호가 갔다가 초고속 통신망을 타고 오는 거야.

그래서, 하늘에 고속도로망이 있다는 거야? 거기서 자동차도 몰 수 있어?

아니, 진짜 다닐 수 있는 길이 아니고. 일종의 보이지 않는 에너지 같은 거야. 공기의 흐름 같이… 아이, 나도 몰라!

그럴 줄 알았어. 헛소리 하지 말라고. 전화기로 사진이라니. 말도 안 돼!

헛소리 이니거든. 디지틸 카메라에서 더 발전한 모습이란 말이야.

디지틸 카메라? 그건 뭔데?

아아아악! 카메라 알지? 디지틸 카메라는 사진을 찍자마자 바로 볼 수 있는 카메라야.

거짓말!! 워틸루빌에 있는 사진관에 맡기면 아무리 빨라도 3일은 걸리는데?

뺑 아니니까 좀 조용히 해!

홍!

예상보다 점점 더 힘들어지네. 참자, 참아. 그러니까 사진을 바로 볼 수 있게 화면에 나오는 카메라라고. 사진을 찍고 마음에 안 들면 바로 지우고 다시 찍을 수도 있어.

좋아, 그럼 경치를 보고 그 다음 사진을 찍는다고? 이미 본 데를 사진으로 또 봐야 한다고? 사진이 마음에 드는지 보고?

그래, 마음에 안 들면 또 찍고.

그러면 또 잘 나왔는지 확인하느라 사진을 보고?

그래. 찍은 다음 사진이 잘 나왔는지 보는 거지. 친구들은 잘 나왔는지 내 얼굴이 예쁘게 보이는 각도로 나왔는지…

그 경치 좋은 데를 가서 카메라에 뜬 사진만 쳐다보고 있다고? 바보 아냐? 사진은 그만 쳐다보고 경치를 보고 느껴야지. 그 장소를 직접 경험해야 하는 거 아니야?

경험하고 있어!

아니거든. 사진만 쳐다보고 있잖아. 넌 좀 이상해진 것 같애. 사진을 찍고 현상되기를 기다렸다가 나중에 추억하는 게 사진 찍기의 묘미 아니야? 예전에 와이트 섬[1]에 수학 여행 갔다 와서 일주일이 지난 다음에야 사진을 찾았잖아. 그때 사진을 보면서 벨라가 에버렛 선생님이 입은 파카 모자에 핫도그를 집어넣은 걸 발견했지. 크크크~

그래, 그래. 이제 설명하는 건 포기할래. 기다렸다가 나중에 직접 확인해. 너도 새로운 문물을 즐기게 될 거야.

아니야. 포기는 무슨? 아직 '이메일'이 뭔지 설명 안했잖아!

(숨을 고르고) 아~ 독자 여러분, 너무 지치네요. 아직 포기하지 않았죠? 아무튼 계속 한번 해봅시다.

이메일은 '전자 우편'이란 뜻이야. 컴퓨터에 글자 입력하는 건 알지?

난 컴퓨터 없거든. 내가 은행원도 아니고 컴퓨터가 어디 있어!

진정해. 자, 그럼 전자 타자기에 글자 치는 건 알지?

그건 완전 신기해. 지우기 버튼을 누르고 Tipp-Ex 버튼을 눌렀더니 자동으로 글자를 지우더라니까. 완전 신기해!

그래, 신기하지. 그나저나 머릿속에 그림을 그려봐. 그런 식으로 글자를 치면 종이에 나오잖아. 근데 종이 대신 컴퓨터 화면에 글자가 나타나는 거지. 그리고 그걸 다른 사람의 컴퓨터 화면으로 보내는 거야. 전세계 어디든지 보낼 수 있어.

---
[1] 영국 남단에 위치한 섬.

대체 어떻게 돌아가는 거야? 아까 말한 투명한 전자 고속도로망을 통해서 가는 거야?

그게 어떻게 돌아가는지는 나도 몰라! 내가 그런 게 어떻게 작동하는지 어떻게 다 알겠어? 그냥 그렇게 돼! 그냥 그렇게 된다고!

워워, 너나 진정해. 펜이랑 종이는 어떻게 되는 거야? 사람들 아직도 펜이랑 종이 써?

쓰긴 쓰지. 근데 편지는 거의 안 보내.

아아~ 나 편지 받는 거 너무너무 좋아하는데. 문 앞에 달려 나가서 우체부 아저씨한테 내 앞으로 온 편지 있는지 확인하고, 편지 열어보는 것도 좋고. 방학 때 무슨 새로운 소식이 생겼는지 확인도 하고 말이야. 프랑스 페르피냥에 사는 펜팔 친구 삐에르한테 온 이국적인 느낌의 프랑스어로 쓰인 편지 받는 것도 정말 좋고!!

하지만 이메일은 언제 어디서나 쓸 수 있어. 기차에 타서도 일할 수 있고. 얼마나 편리하니?

그게 뭐가 좋아? 진짜 어이없다. 기차는 일하는 장소가 아니거든? 우리가 제일 좋아하는 게 기차에 앉아서 아름다운 풍경 바라보는 거잖아. 창 밖으로 흐르는 경치를 보면서 도시락도 먹고 앞으로 무슨 일이 벌어질지 설레여 하면서.

인정하기 싫지만, 내가 잊고 있었네.

휴대폰 없이 삶을 즐기는 건 어때? 꺼버려. 치워 버리라고.

뭐? 하지만 나 이거 없으면 정신이 나간단 말이야. 미친 듯이 가방을 뒤적이다가 잃어버린 줄 알고 정신이 나간다고. 그러다가 특별히 앞주머니에 넣어놓은 걸 기억해내곤 하지.

어우, 철 좀 들어! 고작 일주일도 못 버텨?

일주일? 절대 안돼. 버려진 느낌일거야. 혼자 고립된 채. 완전 겁에 질려서 마음도 약해지고 뭔가 잊어버린 것 같다는 불안함에 빠질거라고!

너 대체 어디 사니? 사하라 사막 한가운데? 외딴 오지 마을에 사는 건 아니겠지?

런던에 살지.

런던? 진짜? 엄마, 아빠 없이? 와우, 멋지다. 하지만 고립되긴 힘든 동네잖아. 이 바보야! 분명 누군가 네가 꼭 필요하고 보고 싶다면 어떻게 해서든 메시지를 남기겠지. 1991년 지금 하듯이 말이야. 알려줘서 고맙지? 게다가 공중전화도 있고.

공중 전화?

공중 전화! 설마 없어졌어?

휴대 전화가 있는데 공중 전화가 필요하겠니? 그럼 이건 어때? 요즘 나온 아주 멋진 거 알려줄까? 인터넷이라고 부르는 거야. "뭐?"라고 말하기 전에 설명하자면, 인터넷은 컴퓨터 안에 모든 세계가 들어있

5. 인터넷은 인생의 낭비? 91

는 거야. 컴퓨터를 켜고 알고 싶은 걸 아무거나 치면 (이런 걸 '구글링'이라고 부르지) 곧바로 엄청난 양의 정보가 쫙 펼쳐지지.

와, 뭔가 엄청난 것 같은데? 귀가 팔랑이고 있어.

그렇지? 인터넷이 있으면 웃긴 동영상도 볼 수 있어. 〈You've been framed〉[1] 같은 프로그램에 나오는 영상을 컴퓨터로 볼 수 있지. 어제는 펭귄이 재채기하는 거랑 고양이가 치즈버거 먹는 거랑 새끼 오리가 바람에 날아가는 거 봤다니까. (7시간 동안요, 여러분… 그건 어린 미란다에게 말하지 맙시다.)

오호, 꽤 흥미로운걸?

게다가 페이스북이라고 부르는 거에는 내 친구들이 다 들어 있어. 각자마다 페이지가 있어서 내가 누구인지 내가 뭘 하는지 적어놓을 수 있어.

근데 친구들은 네가 누군지도 알고 뭘 하는지도 알잖아.

아냐, 잠깐만, 서로 메시지도 주고받을 수 있다고.

엥? 아깐 핸드폰으로 메시지 주고받는다며?

응, 근데 이건 메시지를 더 길게 보낼 수 있어.

---

1 동물들의 우스꽝스러운 장면을 편집해서 보여주는 영국의 TV 프로그램.

그건 이메일이 하는 거 아니야?

음… 각 메시지들이 조금씩 다르거든. 페이스북 메시지는 방금 본 영화나 요즘 세상에 무슨 일이 일어나는지 내가 요즘 뭘 하고 사는지, 그런 걸 쓰고…

그냥 친구들 만났을 때 직접 말하면 안돼?

뭐, 그럴 수도 잇지만… 주말에 갔던 곳이나 먹었던 걸 사진으로 올릴 수도 있거든. 친구가 아닌 사람들도 가끔씩 와서 보기도 하고. 그것도 꽤 재밌어.

나 같으면 밀리 친구인 미니가 내가 주말에 뭐 하는지 찍은 사진을 보는 건 싫은데… 걔는 좀 소름끼쳐. 잘 때 장갑을 끼고 잔대.

아, 하지만 누가 사진을 봤는지 안 봤는지는 알 수 없어.

아, 그래? 그것 참 하나도 안 이상하네.

그리고 누가 너랑 연락하면서 지내고 싶은데 아직 잘 모르는 사이라면 그냥 너를 '콕 찔러볼' 수도[2] 있어.

나를 찌른다고? 포크로?

에이, 아니다. 방금 그 말은 잊어버려. 페이스북을 그리 자주 하지도 않으니까. 난 트위터를 더 많이 해. 그냥 메시지만 올리는 거야. 사람

---

2 페이스북의 '콕 찔러보기' 기능을 말한다.

들이 널 따라다닐지 선택하면 니가 하는 말들을 계속 볼 수 있지.

무슨 소릴 하는 거야, 대체?

알았어, 내가 마지막으로 지저귄(tweet) 걸 볼까.

지저귄다고? 네가 무슨 새야? 너 완전히 돌았구나?

아니거든! 소셜미디어라는 거야. 요즘 사람들은 다 하는 거야!

알았어. 그래서 마지막으로 트위터에 지저귄 게 뭔데? 헛소리?

이렇게 썼네. '우리 고양이가 퇴비 더미 위로 굴러 떨어졌다. 으엑' 요건 그리 좋은 예는 아니군. 그다음에 이렇게 썼어. '고양이 몸에 페브리즈를 뿌려도 될라나?' 꽤 재밌다고 생각했거든.

(긴~ 긴 침묵) 얼마나 많은 사람들이 그 획기적인 뉴스를 읽는거야?

음, 한 오십만 명 정도?

오, 마이, 갓! 너 무슨 유명한 사람이야? 오십만 명?? 근데 너를 따라다니는 사람들은 대체 뭐 하는 사람들이래? 고양이한테 페브리즈를 뿌려도 되는지 묻는 사람을 따라다니다니. 참 할 일도 없나 보다. 너처럼 되고 싶지 않아. 진심으로!

이제 그만. 난 설명할 만큼 했어. 이건 네 미래고 어차피 일어날 일이야. 좋든 싫든 말이야. 전선으로 연결된 전화기로 친구들한테 전화해서 내가 한 얘기들 다 들려줘 봐. 난 이제 지쳤어. 목욕이나 하러 가야겠어.

독자 여러분도 함께 하세요. (물론 각자의 집에서, 각자의 욕조에서 즐깁시다. 우리 관계가 아직 함께 목욕할 정도는 아니잖아요. 사실 같이 목욕할 정도의 관계란 없는 것 같지만요. 물리적으로도 위생적으로도 좀 어려운 일이죠.) 자, 욕조로 갑니다. 노트북을 가져가야지. 내 노트북 어디 있지?

그게 뭐야?

악, 안돼… 그냥 컴퓨터야. 제발 그만 가!

대체 왜 목욕하는 데 컴퓨터를 들고 가?

제발 좀! 그냥 라디오를 듣고 싶을 수도 있고…

엥? 컴퓨터로 라디오를 들을 수 있다고?

아아아아아@#$$#%$^&! 됐어. 거기까지! 이제 그만 하자고!

아냐! 이젠 내가 말할게. 들어봐, 이 할망구야! 내가 열여덟 살밖에 안 됐을지 몰라도 테크놀로진지 뭐시긴지 때문에 네가 얼마나 걱정되는지 알아? 괜히 유행 따라간다고 이것저것 따라하고 휴대 전화에 집착하는 네 모습을 보라고! 게다가 알지도 못하는 '팔로워'들한테 시시콜콜한 이야기를 늘어놓고 말이야. 진짜로 삶을 즐길 시간을 뺏어가는 디지털 카메라 같은 도구들이 뭐가 그렇게 좋다는 거야? 제발 목욕을 할 거면 그냥 목욕을 해! 기차 여행을 갔으면 그냥 기차

여행을 즐겨! 산책을 할 때는 산책에 집중해! 이동 전화로 이동하면서 수다나 떨지 말고. 기억 나? 우린 항상 산책을 하면서 노래를 지어내거나 기발한 장난을 생각해내곤 했잖아.

굳이 그걸 얘기할 필요는…

어허! 끼어들지 마, 이 디지털 바보야. 어렸을 때 일상이 어땠는지 기억해? 혼자 몇 시간이고 시간을 보냈던 순간 말이야. 현재에만 집중했잖아. 무슨 일을 하든 그 순간에는 그 일에만 온 신경을 다 썼었지. 네가 가지고 있는 도구들 때문에 대체 현재를 사는 것 같지가 않아. 너무 쉽고 빠르게 연락할 수 있다고 해서 사람들을 직접 만나서 얘기하지도 않고. 그렇게 짧게 연락하는 건 진짜 소통이 아니잖아. 친구들이랑 있을 때 기억해? 아무도 이동 전화로 사진을 찍는 데 집착하지 않았던 때가 있었잖아. 기억하긴 하는 거야? 기억 못하겠지. 그 빌어먹을 동물 동영상을 보느라 뇌가 멍청해졌을 테니까!
인기 많던 트위그도 요즘은 맨날 게임보이로 게임만 하니까 애들이 안 놀아주고 있어. 도대체 얼굴 보고 얘기를 할 수 있어야지. 밀리가 팩맨에 중독됐을 때는 댄스 학교 대항전도 빼먹었지. 나중에 그때를 추억하면서 우리가 다 같이 똑같은 춤을 출 때 밀리는 끼지도 못한다고.
예전에는 너도 아주 행복하고 재밌는 시간을 보냈었잖아. 사람들이랑 깊이 있는 대화도 하고 솔직한 감정을 직접 표현했었지. 난 서른여덟 먹어서 트위터나 날 따라다니는 사람들에게 집착하고 싶지 않아! 그딴 IT 기술이 없을 때도 행복했었다는 걸 제발 기억해. 너는 나보고 미래의 문물에 대해 배워야 한다고 큰 소리 칠지 모르지만, 나는 너야말로 과거로부터 몇 가지를 배워야 한다고 생각해. 뭐, 그래도 테크놀로지가 진짜로 필요하다면 루미큐브 같은 보드게임은 어때? 네가 말한 것들 못지 않게 어렵거든!

'과거로부터 배워야 한다.' 마음에 드는데?

나의 깊은 뜻을 이해하겠다니 다행이네.

'과거로부터 배워야 한다는 것을 기억해야 한다.' 와, 진짜 좋다. 트위터에 올려야겠어…

휴식 시간

여러분은 어떨지 모르겠지만 전 좀 지쳤어요. 그러니 휴식 시간을 가지도록 합시다! 숨 좀 고르고 목욕도 하면서 지금까지 얘기한 것들에 대해 생각해 보는 시간이에요.

지금까지 음악, 취미, 직장 생활, 테크놀로지에 대해 얘기하면서 꽤 재밌는 시간을 보내지 않았나요? 참, 맨 처음에 이야기한 '인생'에 대한 이야기도 괜찮았죠? 존 그리샴[1] 소설에서는 읽을 수 없는 것들이 잖아요. 급박하게 전개되는 법정 스릴러물이 더 좋다고요? 흥! 배은망덕한 사람 같으니… 자, 이 책에서도 급박하게 전개되는 스릴 가득한 부분이 나올 거예요. 기대하시라~ (실은, 그런 부분 없어요. 미안요!)

지금까지 우리가 잘 헤쳐나온 것 같아요. 이제 재미를 좀 볼 시간이 됐죠. 체크박스 게임 어때요? 알아요~ 알아! 스릴있죠? 호호. 아래 나열된 항목 중에 해당하는 게 있다면 확실하게 체크해주세요.

- ☐ 책을 읽은 적이 있다. (이 책을 읽고 있다면 당연히 해당되겠죠? 앞의 상자에 체크하세요. 참 잘했어요!)
- ☐ 앞구르기를 한 적이 있다.

---

[1] 법정 스릴러 소설로 유명한 소설가. 대표작으로 『레인 메이커』, 『타임 투 킬』 등이 있다.

- ☐ 물구나무서기를 한 적이 있다.
- ☐ 뮤지컬 〈애니〉 주제가를 부르거나 _____(아무 뮤지컬 음악이나)를, 세련된 음악 취향을 보유했다며 뻐기는 옆집 사람에게 들릴 정도로, 큰 목소리로 뻔뻔하게 불러젖힌 적이 있다.
- ☐ 봉지로 타먹는 음료를 저으며 모델 워킹을 한 적이 있다.
- ☐ 굉장히 어설프고 기묘한 모임을 만든 적이 있다. 예를 들어, 발레나 ____(아무 춤이나 마음대로)에 재능이 하~나도 없는 사람들의 모임.
- ☐ 격식을 차리는 자리에서 누군가의 코에 볼로방 파이를 쑤셔넣은 적이 있다.
- ☐ 점심에 집착한 적이 있다.
- ☐ 회전의자에서 애들처럼 빙글빙글 돌며 논 적이 있다.
- ☐ 삶의 미스터리에 대해 고민하다가 등을 뒤로 기댄 후 한숨을 내쉬며 "인생, 참…" 하고 읊조린 적이 있다.

체크한 게 많았으면 좋겠네요. 그렇지 않더라도 아쉬워하지 마세요. 아직 여러분에게 알려드릴 활동들이 많이 남아있으니까요. 아직 체크하지 못한 활동을 시도해 보세요. 우리가 너무 휴대 전화에 집착한다고 어린 미란다가 걱정하고 있으니, 이번 과제는!

휴대 전화 없이 하루를 지내보기.
그동안 놓쳤던 멋진 것을 보게 될지도 모르니까요.

책을 써보니 참 재밌네요. 전 정말 책 쓰는 순간을 즐기고 있어요. 왜 그럴까 몇 가지 이유를 생각해봤어요.

1. 사람들과 모여있는 자리에서 이렇게 말하면서 자리를 뜰 수 있어요. "어머, 책 때문에 들어가봐야 겠어요. 아시죠? 책이 혼자 써질 수는 없잖아요. 호호. 그 **책** 말이에요. 어머, 모르셨어요? 저 책 쓰고 있

거든요. 감사해요. 그렇죠, 그렇고 말고요. 제가 **작가**죠. 다시 봤다고요? 호호, 얼마든지 다시 보세요. 그럼 이만~" (우아하게 퇴장한다.)

2. 안경과 베레모를 쓰고 동네 카페에 노트북과 펜을 놓고 앉아 있을 수 있어요. 지나가던 사람이 의심쩍은 눈길을 주면 다가가서 이렇게 말하는 거예요. "네! 제가 뭘 하고 있냐고요? 제가 왜 베레모를 쓰고 있냐고요? 아, 그냥 제 책에 쓸 자료를 모으고 있어요. 호호. 제가 좀 프랑스 철학자 같이 생겼죠? 그래요. 책을 쓰려면 엄청나게 똑똑해야지요. 물어봐줘서 고마워요. 아, 그리고 이건 안경알 없는 안경이 아니랍니다. 더해서, 절대로 남자 손님들 눈에 띄려고 여기 있는 건 아니랍니다. 오해 마세요!"

3. 뭘 하든지 '자료조사'라고 둘러댈 수 있어요. 지금까지 제가 책을 위해 '자료조사'를 어떻게 했냐고요? 뮤지컬 14편 보기, 바텐버그 케이크[1] 3개 먹기, 어린이 놀이방에서 뛰어놀기, 빌리 조엘 노래에 맞춰 춤추기, 할머니한테 젤리 던지기 등이 있어요. 저런 것들이 책에 들어가지 않으면 어떻게 하냐고요? 에이, 뭐 어때요? 누가 신경이나 쓰겠어요? 저는 미~친듯이 창조적인 동물인데요. 목표를 위해서라면 뭐든지 할 수 있어요. 저는 모든 규칙을 파괴한답니다.

자, 이제 그만 휴식 시간 끝! 다들 컵을 채우고 비스킷도 더 가져오세요. 고기도 데우고요. 다음으로 얘기할 주제는… 오 마이 갓! 아주 쎈 놈이 옵니다. 언젠가는 헤치워야 할 주제이기도 하죠.

---

1 단면이 사각형 모양으로 이루어진 스폰지 케이크.

6. 체력 방전 프로젝트, 때 빼고 광 내기

BEAUTY

최근에 한 친구에게 어떤 말을 들었는데요. 그 말을 듣고 한동안 깊은 사색에 빠졌답니다. 제가 '깊은 사색'을 하다니 너무 안 어울린다고요? 여러분, 좀 짓궂군요! 하지만 정곡을 찔렸네요. 여기까지 읽으면서 여러분도 제가 심각하거나 진지한 생각 따위랑은 거리가 멀다는 걸 깨달았겠죠. 안경과 베레모 같은 건 카페에서 미래의 남편을 낚을 때나 쓰는 거 아니겠어요? 호호. (끊임없이 새로운 낚시 기술을 개발하는 중!) 아무리 안경에 베레모를 써도 프랑스 철학자가 될 순 없죠. 저를 비유하자면 쾌활한 사냥개에 가깝다고 할까요? 펄쩍펄쩍 뛰어다니며 명랑하게 살고 있으니까요. 뭐라고요? 초초초초초대형견, 아이리쉬 울프하운드 같다고요? 어유, 다시 한 번, 짓궂군요! 아하하~ (하지만 인정할 수밖에 없네요. 항상 내가 만약 사냥개라면 아이리쉬 울프하운드가 딱이라고 생각했거든요. 당당하고 우아하고 쾌활한 개니까요.) 어쨌든 진지한 생각은 전문가들에게나 맡기고 항상 해맑게 살고 싶었답니다. 어딘가에 걸려 넘어지거나 음료수를 엎지르거나 말달리기를 하며 살기에도 시간이 부족하니까요. 그런 저에게 친구가 이런 말을 한 거죠.

"미란다, 이제 그만 여자답게 살 때가 되지 않았니?"

터질 듯이 물건이 가득 찬 낡은 가방에 물건을 쑤셔 넣는 제 모습을 보던 친구가 한 말이에요. 흠……. 가격이 700파운드가 넘는 멀버리 가방을 굳이 살 필요가 없다고 생각하는 사람은 저뿐인가요? 저는 배낭을 휙 짊어지면 활기찬 여행 가이드가 된 느낌이 들어서 좋거든요. 이 커다란 배낭 안에 작은 강아지, 안내 책자, 껌, 바지, 비상용 샌드위치, 『런던 A-Z』책, 바나나, 화장지 한 상자, 손 청결제, 물 3병, 연습장 15권(순간순간 떠오르는 철학적 사색을 적는 연습장…은 뻥이고, 테니스 선수 고란 이바니세비치와 저의 결혼식을 어떻게 꾸밀지 망상한 것들을 적는 낙서장이에요) 등을 넣고 다닐 수 있으니까요. 이 가방은 정말이지, 제가 잘 산 물건 중에서도 가장 잘 산 물건이라니까요.

하지만 이 친구의 눈에는 (여기서 '친구'라는 건 '21세기 서양 문화의 주류를 대표하는 사람'을 가리키기도 하죠.) 이 멋진 가방이 제가 '여자답게 살지 않는다는' 증거라네요. 이게 대체 무슨 똥딴지같은 소리인가요?

자, 이쯤에서 캠페인 하나를 소개할까요? 제가 '외쳐, 크게, 미란다와 함께'라고 부르는 캠페인이에요. 잠시 등을 뒤로 기대고 숨을 크게 내쉰 다음 외쳐 보세요. "나는 정말 여자답게 살고 있다!" 무슨 생각이 드나요? 혹시 버스 안이나 영화관 같은 공공장소에서 남몰래 이 책을 읽고 있었냐면 외지고 난 후 주위 사람들의 반응을 한번 살펴 보세요. (만약 이 책을 읽는 사람이 남자 청소년이라면, 게다가 다른 남자아이들이 주변에 있다면 충고 하나 할게요. 절대 따라하지 마시오!)

'여자답게 사는 여성'을 생각하면 어떤 이미지가 떠오르나요? 잘 나가는 여성 과학자, 배짱 좋은 젊은 아나키스트 여성이 머리에 헤어

밴드를 두른 모습, 시몬 드 보부아르 소설에 나오는 1970년대 페미니스트 지식인? 아니면 유행에 민감하고 겉만 번지르르한 인형 같은 외모, 일반적인 미적 기준에 맞춰 아름답게 손질되어 겉모습이 보기 좋은 여성?

뜨악한 채로 생각해 보니 친구가 후자를 뜻한 거라는 짐작이 가더군요. 제가 그런 식으로 살지 않는다는 친구의 평가는 딱 들어맞는 말이죠. 여자답게 산다는 말이 다른 사람의 눈을 위해 겉모습을 갈고 닦고 치장하는 데 에너지를 쏟으며 산다는 뜻이라면요. 아마 친구의 눈에는 제가 무거운 등짐을 짊어지고 언덕을 오르며 돌 아래에 집을 짓고 진흙으로 만든 신발과 나뭇잎으로 만든 옷을 입고 다니는 사람처럼 보였겠죠.

또 한 가지 의문이 생기더군요. 남자도 이런 짓을 해야 하나? 그 친구가 남자들에게도 '이제 그만 남자답게 살 때가 되지 않았니?'라고 말한 적이 있는지 말이에요. 한번 볼까요? 주목! 모든 남성 독자 여러분. 『탑기어』 잡지는 잠시 내려놓고 함께 '외쳐, 크게, 미란다와 함께'에 동참하세요. 등을 뒤로 기대고 크게 외쳐 보세요. "나는 정말 남자답게 살고 있다!" 뭐가 떠오르나요? 러닝셔츠와 공구 벨트, 절연 테이프? 날렵한 양복과 칵테일, 국제통화기금 같은 중요해 보이는 기관의 고위직? 허름한 술집에 가서 스포츠를 중계하는 텔레비전에 대고 "반칙!!"하고 소리를 지르고 싶나요? 뭐가 됐든 겉모습을 갈고 닦고 치장하는 것과는 거리가 있지 않나요? 혹은 '클러치'라는 이름으로 포장한 특정한 스타일의 작디 작아서 쓸모없는 가방을 들고 다녀야 하지는 않잖아요.

'미용'이 필수적으로 포함되지는 않을 거라는 말이죠. 미용이라는 말이 나오면 저는… 잠시 소리 좀 질러도 될까요? 친구의 말을 곱씹다 보니 너무 짜증이 나서요. (이런 기분은 자주 들지 않지만 한번 들면 정말 폭발적이거든요.) 머리를 헤어드라이어로 태워버리고 싶어져요! 휴~ 저만 이런 게 아니었으면 좋겠네요.

미안하지만…

열여덟 살 미란다로구나. 미안할 것 없어. 이리 오렴. 지금 꾸미기에 대해서 얘기를 하고 있었거든.

윽, 안 그래도 방금 디스코 파티 때 입을 옷 고르고 있었는데… 데미 무어 스타일을 좀 더 시크하게 변형해서 입으려고 했거든.

어떻게 변형해?

만약 내가 데미 무어처럼 하이웨이스트 청바지에 하얀 셔츠를 바지에 집어넣고 짧은 가죽 자켓을 걸치면 레즈비언 같아 보일 게 뻔하잖아. 절대로 내가 의도한 바가 아니지! 그래서 그냥 미니스커트에 하얀 스타킹을 신으려고 했거든. 여기에 윗도리를 어떻게 입을까가 문제인데…….

그게 그렇게 중요해?

당연하지. 밀리네 오빠 비포노 온다고 했단 말이야. 완전 에밀리오 에스테베즈[1]랑 똑같이 생겼다고! 홈… 아무래도 박쥐 날개 같이 생긴 줄무늬 셔츠를 입을까봐…….

어휴, 그래…….

---

[1] 미국의 배우 및 영화 감독. 1985년 영화 〈조찬클럽〉에 출연했다.

그게 똑똑해 보일 것 같아. 엇, 벨라가 어깨에 헤어드라이어를 쐬고 있네.

왜?

몰라서 물어? 다이애나 황태자비가 입었던 웨딩 드레스 기억나? 그런 드레스를 입었거든. 풍성한 소매를 한껏 부풀리는 중이지. 벨라를 보면 정말 샘난다니까. 옷도 많고 잘 입는 지지배! 벨라가 내 자켓에 어깨 패드가 없다고 어찌나 놀려대던지… 그래서 밀리가 알려준 대로 봉긋한 빵을 브라끈 밑에 껴서 어깨 패드인 척하고 다녀야 해.

안타깝지만 80년대 패션은 너하고 안 맞아. 이제 그만 90년대 패션으로 넘어갈 때도 되지 않았니?

90년대 패션은 좀 어울려?

음… 언젠가 우리에게 딱 맞는 패션이 유행하는 시대가 올 것이야.

에효, 잘났다… 제길, 어쩌면 좋아. 남자애들 코치가 도착했어.

판타지 동화책에 나오는 4차원적인 행동만 하는 열여덟 살 미란다를 보면 충분히 알 수 있겠지만, 저는 한번도 예쁜 여자애 무리에 속했던 적이 없답니다. 일찍부터 제 자신이 그런 쪽과는 전혀 상관이 없다는 걸 깨달았죠. 애초에 선택할 수 있는 일도 아니었고요. 저는 (많은 여자아이들이 '자기 안의 공주'를 발견한다는) 어린 시절을 1970년대 스타일의 기성복을 입고 보냈어요. 대부분 남자 사촌들이 입던 갈색이나 오렌지 색 멜빵바지였죠. 거기에 완벽한 바가지 머리까지 합쳐지면 못난이 인형 탄생! 항상 남자아이로 오해 받곤 했지만 별로 신경 쓰진 않았어요. 그저 초콜릿 비스킷을 먹을 수 있고 인디언 흉내만 낼 수 있다면 행복했으니까요. 제 겉모습이 어떻게 보일지에 대해서는 조금도 생각하지 않았어요. 어린 제 눈에 비친 자신의 모습은 그 자체로 완벽하고 자연스러웠거든요.

초등학교에 들어가면서부터 저는 톰보이 타입으로 분류되었죠. 안전하고 중립적인 스위스처럼요. 덕분에 제가 관심 있는 분야에만 집중할 수 있는 자유를 얻었어요. 예를 들면, 식초와 소다 탄산을 이용해서 맥주병을 날린다든가 하는 장난도 할 수 있었죠. (절대로 집에서 따라하지 마세요.)

식당 발코니에서 한델 선생님의 부풀어 오른 머리에 음식을 얼마나 많이 올려놓을 수 있는지 내기한 것도 잊지 마!

포도 두 송이랑 초코 과자까지 올려놓았었지?

응. 완전 재밌었지!

학교 다닐 때를 생각해보면, 여자아이들은 대략 세 그룹으로 나뉘어졌어요. 예쁜 애, 예쁜 애 친구, 못생긴 애. (저는 자신이 그냥 '보통'에 속한다고 생각했죠. 예쁘지도 않고 못생기지도 않은 어중간한 부류 말이에요.) 예쁜 애는 몸을 치장하고 거울을 쳐다보며 예쁜 상태를 유지하느라 대부분의 시간을 보내죠. 예쁜 애 친구는 예쁜 애를 위해 빗을 들고 다니며 반사 이익을 누리죠. 예쁜 애를 따라다니며 옷 잘 입는 법과 화장법을 습득해서 타고난 예쁜 애들처럼 되기 위해 빅토리아 시대 광부마냥 죽기살기로 노력하죠. 마지막으로, 예쁜 애들이 잔인하게도 '못생긴 애들'이라고 부르는 부류가 있죠. 떡진 머리와 구부정한 자세로 복도를 어슬렁거리는 못생긴 애들 말이에요. 잘 나가는 아이들의 놀림을 많이 받곤 하죠. (여자 학교가 얼마나 잔인한 환경인지 몰라요.)

자, 조금 망설여지긴 하지만 제가 생각한 결론을 하나 말해볼까 해요. 저와는 다른 의견이 있을 수도 있고 전문 사회학자라면 이렇게 말할 수도 있겠지요. "이 미란다는 여자 말이야. 아주 심각한 일반화를 하고 있네. 이게 얼마나 복잡한 주제인지도 모르고 말이야." 그래도 말을 해야겠어요. 제 의견이 코딱지만큼이라도 진실의 한 구석을 표현할 수 있다면요.

자, 말합니다. (오디션 프로의 심각한 장면에 나오는 것과 같은 정적이 흐르고…) **예쁘지 않은 쪽에 속하는 게 훨씬, 정말로 훨씬 더 나아요.** 자, 말해버렸어요. 여기서 말하는 '예쁘다'의 기준은 노력 없이 선천적으로 인형 같이 예쁘게 태어나서 항상 예쁨을 받으며 자라온 사람을 말해요.

아름다움의 기준은 전적으로 주관적이지요. 다른 사람에게는 전혀 예뻐 보이지 않아도 자신에게만은 정말 매력적으로 느껴지는 사람이 있을 수 있고요. (그러니까 우리 모두 비밀리에 BBC 뉴스 캐스터인 휴 에드워드에 꽂힐 때가 있는 거죠. 아니라고요? 헤드라인을 읽을 때 왠지 군대를 지휘하는 커다란 곰 같지 않나요? 매력있잖아요! 정말 아니에요? 에이~ 솔직하게…)

제가 만든 소박한 이론에 의하면 보는 눈이 많은 세상에서 아름답고 젊은 여성은 다른 특징을 개발하는 것이 거의 불가능해요. 지성, 유머, 배려, 일상적인 잔꾀 같은 것이요. 무슨 짓을 해도 사람들이 그럭저럭 봐주기 때문이죠. 당신이 섹시한 여성이라면 어디에서든지 그럭저럭 받아들여져요. 모두들 당신이 방 안에 앉아있길 바라고 별 것 아닌 일에도 아낌없는 찬사를 바칠 거예요. 반면 당신이 호박 같다는 소릴 듣는다면 나락으로 드롭킥을 하는 거나 마찬가지죠. 어릴 적 시간을 거의 혼자 보내게 될 테고요. 사람들은 불쌍하다고 생각할지도 몰라요. 하지만 다르게 생각해보면, 혼자 보내는 시간이 많다는 것은 자신만의 넓디 넓은 공간이 생긴다는 뜻이기도 하죠. 이 시간을 건설적으로 보내면 자신만의 개성과 능력을 갈고 닦을 수 있죠. 다른 언어를 배운다든지 우주론을 파고든다든지 오보에 연주 연습을 한다든지 정말로 자신이 좋아하는 일을 하는거죠. 누군가가 자신을 바라보거나 키스를 하는 일은 빼고요. 그러다가 스물다섯 살쯤 되면 번데기를 벗고 나와 세계를 정복할 만한 젊은 패기로 두각을 드러내게 될 거예요. 그동안 아름다운 여성은 남자친구를 사귀고 머리를 빗느라 바빠서 그냥… 자기 자신 그대로일 거예요. 변함없이 항상 그렇겠죠.

　　지금 못생긴 게 낫다고 말하는 거야? 진심? 풍뎅이 루시 빙웰처럼 가슴이 네 개로 보이고 입가에 털이 부숭부숭한 게 낫다고?

그래. 인생에서 얻은 교훈 중에 아주 중요한 거야. 그나저나 루시 빙웰은 지금 자기가 소유한 섬에서 살고 있단다.

　　당연히 자기네 소유여야겠지. 그 얼굴로 살려면.

재밌네, 하하. 진짜로 루시는 지금 자기가 산 섬에 살고 있어. 경비행기를 운전하고 6개 국어를 하는 탐험가 남편과 오순도순 살고 있지.

　　뭐? 결혼을 했다고?

그래. 이제 그만 본론으로 돌아가도 되겠니?

　　알았어. 계속해.

어렸을 때는 다들 예쁜 애가 되길 간절히 바라죠. 저는 특히 학교 디스코 파티가 다가오면 이성에게 어떻게든 잘 보이려고 무진장 애를 썼답니다. 하지만 잘해봐야 창피만 당할 뿐이었죠. (이 얘기는 나중에 다시 합시다.) 지금은 제가 예쁘지 않아서 정말로 다행이라고 생각해요. 가끔 동창회에서 친구들을 만나는데요. 예쁜 친구들은 대부분 아름다움을 유지하느라 많은 노력을 기울였더군요. 잘된 일이죠. 몇몇은 '그냥 엄마'로 살고 있었어요. (세상에서 가장 존경받는 직업이죠. 하지만 대부분 자신만의 꿈을 성취하지는 못했어요.) 반면에 '못생긴 애들'은 국제 은행에서 일하거나 어마어마하게 큰 경주마 관리 시설을 운영하거나 나라를 발전시키는 일을 맡아서 하고 있었지요. 아이들을 다 키워내면서 말이죠. '못생긴 애들'이 이겼어요. 아주 크게 이겨냈죠. 강하게 큰 덕분에 여러 모로 굳세진 거죠.

하지만 중립적이었던 우리 같은 사람은요? 평범한 애들 말이에요. 어중간하게 낀 부류죠. 톰보이 스타일이나 스포티한 스타일은 어쩌란 말이죠? 우리는 외모 순위를 올리는 데 열을 올리지도 않았죠. 20대 중반이 되면 진지한 연애를 하지도 않고 자의식이 조금 생기면서 '남자들'이 우리를 어떻게 생각할지 의식하기 시작하면서 혼란스러운 시기를 맞죠. 그러면서 남자들이 좋아할 만한 모습으로 보여지길 바라기 시작하는 거죠. 하지만 다른 사람에게 잘 보이기 위해 꾸미는 게 잘 될 리가 없어요. 별 모양 구멍에 네모난 말뚝을 우겨 넣으려는 거와 마찬가지죠. 그러니 우리는 결정을 해야 해요. 이 험난한 매력 게임에서 어떤 태도를 취할지를 말이에요.

저는 이런 식으로 생각하기로 했죠. '이게 나야. 이게 나를 표현하는 방법이야. 난 괜찮아. 내가 별로 마음에 안 든다면 그냥 눈길을 거둬도 환영이야. 땡큐베리감사!' 꽤 간단하게 결심했어요. 별 신경을 안 쓰기로요. 제 궁둥이와 위장이 세상의 시선으로부터 숨겨져 있는 한 어떤 옷이든 잘 입었다고 생각하기로 했죠.
 사람들은 제 모습을 좋아하거나 싫어하거나 둘 중 하나에요. 적당히 깨끗하고 건강한 상태를 유지하는 것 빼고 제가 어찌할 수 없는 일이죠. 속눈썹 염색이나 얼굴 마사지나 멋진 핸드백이 그 상황을 크게 바꾸어 놓을 것 같진 않더군요.
 이렇게 결심을 하고 나니 자기 자신을 괴롭게 하던 생각에서 풀려날 수 있었죠. 낡아빠진 니트를 입고 이해할 수 없이 커다란 배낭을 맨 제 모습을 보며 사람들이 혀를 끌끌 찰지 몰라도 저는 거울을 보며 그저 제가 포기한 모든 것에 대해 고마워 한답니다.

 잠깐, 낡아빠진 니트 아줌마! 우리 설마… 모델 안 된거야?

안타깝지만 그렇단다.

 헉, 그럴 수가… 내가 키도 크고 말랐잖아. 게다가 캣워크에 서는 모델들 보면 뭔가 특이하고 기이한 미모를 가진 여자들이 많길래 나도 할 수 있겠다고 생각했는데…

우리가 캣워크 모델이 될 수도 있었겠지… 내가 잠시 어렸을 때 목표를 잃어버렸던 적이 있거든. 하지만 걱정 마. 큰 키와 예쁘지 않은 점이 장점으로 승화되는 직업이 또 있으니까

 음… 그런 직업이 있다고? 어린이 레크리에이션 강사? 광대?

그 비슷한 직업이 있단다. 아무튼 넘어가자.

 자, 이번에는 불안정한 미의 세계를 탐험해 봅시다. 제가 포기한 모

든 것들에 속하는 내용이죠. 뷰티 프로그램과 패션 잡지에서 다루는 모든 것.

때 빼고 광 내기

뷰티와 패션의 세계에 아주 살짝이라도 발을 들이면 그저 이상하고 어색하고 혼란스러울 뿐이에요. 스파나 미용실이나 쇼핑 같은 것들 말이에요… 보통 왕이 된 듯한 기분을 느낄 수 있어서 좋다고들 하지만 속을 들여다 보면 전혀 아니에요. 잘 생각해 보세요. 공감하는 사람도 많을 거예요. 제발 저뿐만이 아니길 바라면서… 저는 미용과 관련된 장소에만 가면 어색하고 불안해서 어찌 할 바를 모르겠어요!

먼저 미용실로 갑시다. 저의 첫 커트 경험은 바가지를 쓰고 엄마가 부엌 가위로 머리를 잘라주던 것이었죠. 여전히 저는 머리를 직접 자르고 있어요. 부엌 가위로요. 콩을 저으면서 라디오에 맞춰 몸을 튕기면서요. 결과물은 쥐 파먹은 머리지만 적어도 미용실에서 겪는 괴상한 경험은 안 해도 되니까요.

여성 동지 여러분(남성 동지도 물론 환영해요), 미용실에서의 경험담을 한번 들어보시죠.

미란다가 미용실을 싫어하는 열 가지 이유

1. 거울

그 긴 시간 동안 강제로 거울에 비친 자신의 모습을 지켜보다 보면 기분이 이상하지 않나요? 오랫동안 자신의 얼굴을 빤히 바라보다 보면… 어느 순간 우락부락해 보이기도 하고 통통 불어 보이기도 하고 여기저기 이상한 구석이 발견되고 더 못생겨 보이기 시작하잖아요.

어느 순간 자기 얼굴 같지 않게 느껴지기도 하고 이상한 괴물 같이 보이기도 하죠. 머리를 다 할 때쯤에는 제 얼굴이 살찐 심부름꾼 소년처럼 보이더군요.

2. 목 보호대

  네, 그 두껍고 시커먼 목 보호대요. 무겁고 꽉 조여서 패닉 상태가 될 때도 있다니까요. 목이 갑갑해지면 갑자기 헐크처럼 변해서 성난 짐승처럼 다 찢어발기고 미용실을 때려 부시고 싶어져요.

3. 세면대

  뭐라고 설명해야 할까요? 머리를 뒤로 젖혀서 눕힌 다음에 세척하는 동그란 통이라고 할까요? 친절하고 능숙한 여직원이 이렇게 묻죠. "물 너무 뜨겁진 않으세요?" 그러면 공손하게 답해야죠. "아뇨, 딱 좋아요."라고 답하지만 뜨거운 용암 방울이 살찐 심부름꾼으로 변한 얼굴로 튀고 있죠.

4. 가운

  머리를 감고 다시 의자로 돌아갈 때는 왠지 부끄러워지죠. 머리에는 수건을 둘러쓰고 이상한 가운을 걸친 채로 걷는 모습이 거울에 비치면 마치 대추야자를 파는 모로코 아저씨를 보는 기분이에요.

5. 수다

  그 끔찍하고 지겹고 두려운 미용사의 멘트, 매번 피할 수 있을 거라 생각하지만 피할 수 없는 그 멘트! "어디 좋은 데 가시나봐요?"
  그럴 때마다 제가 해주고 싶은 답변! **"닥쳐요! 대체 왜 그딴 걸 묻는 거예요? 왜 맨날 틀에 박힌 질문을 하는 거냐고요! 별로 궁금하지**

도 않잖아요, 그렇죠? 게다가 그 질문을 들을 때마다 내가 좋은 데 가지 않는다는 사실만 상기시키고 있다고요! 나도 좋은 데 좀 가보고 싶어요. 근데 오늘은 아니거든요!"

6. 무료 음료

공짜로 차를 주는 건 무척 기분 좋은 일이지만, 마시기가 힘들어서 문제죠. 차를 마시려고 할 때마다 갑자기 머리를 앞으로 확 숙이거나 뒤로 젖히면 어쩌라는 건지!

7. 훼손되는 존엄성

헤어디자이너가 머리를 이쪽저쪽으로 당기거나 갑자기 예고도 없이 의자를 쑥 내리거나 올리면, '앗' 하고 비명을 지르게 되죠. 덜커덕거리며 몸이 휘청하기도 하고요. 인간의 존엄성이고 뭐고 산산조각이 나는 순간이에요.

8. 죽여주는 옆 사람

항상, 언제나 옆자리에는 세상에서 가장 아름다운 머릿결을 가진 여자가 앉아있죠. 자신의 축 늘어진 변변찮은 머리카락을 시무룩하게 쳐다보는 동안 옆에서 계속 재잘대는 소리가 귓속을 파고들죠. "어머, 머릿결이 너무 좋아요! 정말 끝내주지 않나요? 너무 예쁘다, 정말 예뻐요!" 같은 말이 쉴 새 없이 들려오죠. 그 여자 머릿결에 대해서 그만 지껄여요. 옆에 앉은 여자도 싫고 머리도 꼴 보기 싫어요!

9. 개봉박두

드디어 머리를 한 결과가 공개되는 순간, '앤 공주'와 같은 머리 스타일을 한 자신을 발견하게 되죠. 볼록하게 부풀려서 나이 들어 보이는 스타일로, 웬만한 미모가 아니면 소화하기 힘든 스타일이죠. 그 모습을 확인하고도 "고맙습니다. 마음에 드네요. 실력이 좋으세요."라고 말하며 뒤돌아서서 눈물을 흘리는 순간의 씁쓸함이란! 크흑.

10. 치욕스러운 퇴장

　미용실 안의 모든 사람이 제 머리가 우스꽝스럽다고 생각하는 듯한 분위기에서 황급히 자리를 뜨려는데, 문을 나서는 순간, 밖에는 비가 주룩주룩!

　('여자답게' 살기 위해) 때 빼고 광내는 하루를 보내다 보니 갑자기 네일샵에 가서 페디큐어를 받고 싶어지더라고요. 의자에 앉아서 바지를 걷어 올리고 발을 세수대야에 집어 넣었죠. 소중히 다뤄진다는 느낌보다는 좀 부끄럽더군요. 주리를 트는 자세 같기도 하고 생각하는 의자에 앉아 있는 듯한 기분도 들더라고요. 처음 보는 사람이 나타나서 제 발을 문지르고 갈고 닦기 시작하니 점점 더 이상한 기분이 들죠.

(20년 전으로부터 짐승 같은 말참견이 불쑥) 무어어어어어? 그건 진짜 진짜 이상하다! 미친 거 아니야?

나도 몰라. 어쨌든 나도 이런 걸 즐기는 사람은 아니라고.

당연하지. 이 거대한 변태야!

아니, 생판 모르는 사람이 내 발을 주물럭거린다고 생각해 보세요! 너무 이상하지 않나요? 그 모습을 상상해 보면 새삼 이상하다니까요. 게다가 저는 간지럼을 너무 잘 타서 절대 편안하게 힐링할 수가 없다고요. 기분이 이상해져서 발을 잘라내 버리고, 이상한 복장을 하고 있는 페디큐어 미용사의 싸대기를 날려버리고 싶어진다고요. 어쨌거나 미용사는 제 발톱을 녹색 곰팡이 색으로 칠하겠죠. 또 쓸데없이 공손한 척하느라 저는 거절하지도 못하겠죠. 얼어 죽을 정도로 추운 겨울날 플리플랍만 신고 문 밖으로 안내 받을 때까지 말이에요.
"그냥 적당한 스파에 가지 그래?" 이렇게 말하는 독자도 있겠군요. "스파에 가면 월풀 욕조도 있고 사우나도 있고 푹신한 가운도 있고 애플 주스나 망고 주스가 채워진 투명한 컵도 있잖아." 흠… 제가 왜 스파를 싫어하는지 알려 드리죠.
한번은 친구가 저를 꼬셔서 이틀에 400파운드나 하는 조용한 지방에 있는 스파에 데리고 간 적이 있어요. 남은 10년을 위해 몸과 마음과 영혼을 깨끗이 하기로 했죠. 글쎄올시다!

자, 이번에는 제가 스파를 싫어하는 이유를 구구절절 적어볼게요.

미란다가 스파를 싫어하는 열 가지 이유

1. 사우나

저는 **절대로!** 나무 움막 안에서 반쯤 벗은 모르는 사람들 사이에 누워서, 눈 마주치는 걸 피하며 사람들 몸에서 흘러내리는 땀이 강을 이루며 바닥에서 섞이는 모습을 지켜보고 싶지 않다고요.

2. 피로를 풀어주는 진흙 전신 팩

전 **절대로!** 영안실 같은 곳에 누워서 붕대 위에 진흙을 올리고 왠종일 '소방 알람이 울리면 어떻게 대처할지'만 고민하고 싶지 않아요.

3. 마사지

마지막으로 마사지 받았을 때가 생각나네요. 얼굴을 내미는 구멍에 머리가 낑긴 채 마사지를 받는데, 두드려 맞을 때마다 더 꽉 조이는 거예요. 끼룩 대는 돌고래 소리 음향 효과도 끔찍했어요.

4. 스파 가운

절대 큰 사이즈는 없더군요. 작은 가운을 입으면 걸어 다니면서 계속 제 몸이 사람들에게 노출이 될까봐 벌벌 떨어야 하고요. (노출로 신고 낭하는 일은 '피로를 풀어주는' 스파에서 절대로 당하고 싶지 않은 일 열 가지 중 하나고요.)

5. 스팀 사우나

사우나의 이 모든 단점은 스팀 때문에 더욱 악화되죠. 스팀이 가득 차면 수건을 집는답시고 본의 아니게 다른 사람의 '부적절한 부위'에

손이 가있을 수도 있고요.

6. 점심

칼로리뿐만 아니라 영양 성분과 건강까지 고려한 음식들만 제공하고 있으니 종업원에게 제가 주문한 음식의 양에 대해 변명 아닌 변명을 늘어놔야 하죠. "어머, 퀴노아를 좀 많이 시켰죠? 그 림프절 마사지를 받아서 노폐물을 쫙쫙 뺐더니 리보플라빈을 좀 채워줘야 할 것 같아서요. 호호" 물론 퀴노아를 아무리 먹어도 배가 차지 않으니 얼른 밖에 세워둔 자동차로 달려갔어요. (가는 길에 새로 들어오는 손님들에게 꽉 끼는 가운 차림을 선 보여야 했죠.) 허겁지겁 앞좌석의 글로브박스에 넣어둔 비상용 치즈를 찾았어요. 너무 오래 돼서 물컹물컹하고 에어컨 냄새가 났지만 먹어야 했어요. 그렇지 않으면 매니큐어를 받다가 주먹을 물어뜯을지도 몰랐으니까요. 그래요. 다음 코스는 바로⋯

7. 매니큐어

지루한 뉴에이지 음반을 들으며 45분 동안 처음 보는 사람에게 손을 잡힌 채 멍 때리고 있어야 하는 시간⋯ 휴, 끔찍해요.

8. 무의미한 대화

다른 손님들과 대화를 나누다 보면 다들 똑같은 말만 앵무새처럼 반복하고 있죠. "여기 정말 좋죠?" "우린 누릴 자격이 있잖아요, 그죠?" 이런 대화 중에 가장 솔직한 반응은 한 가지뿐일 거예요. "아뇨, 여긴 끔찍해요. 차라리 집에 앉아 과자나 한 봉지 뜯어서 〈도전 슈퍼모델〉을 틀어놓고 걔네(모델)들이 얼마나 위험할 정도로 말랐는지 수다 떠는 게 훨씬 낫죠!"

9. 칭찬만 자자한 '라이프스타일 상담'

유니폼을 입은 늘씬한 여자가 작은 상담실로 저를 데리고 가서는 현재 다이어트 상태, 운동 횟수, 스킨케어 습관 따위를 물어보기 시작하죠. 그럼 당황한 나머지 말도 안 되는 거짓말을 늘어놓기 시작하죠. 일주일에 다섯 번 조깅하고 요가를 즐기며 설탕은 안 먹고 가끔 이브롬[1] 화장품에 돈을 쓰는 게 전부라고요. 그러다가 비상 초코볼이 제 주머니에서 굴러 떨어져서 바닥에 데구르르 구르면 늘씬한 여자는 한심하다는 눈빛으로 그 모습을 지켜보겠죠.

10. 의문스러운 테라피

근육을 기르기 위해 벽을 등지고 서서 뜨거운 물줄기를 몸에 쏘아대는 걸 맞는 그거 말이에요. 다른 상황에서라면 이런 행위는 '전쟁범죄'로 다뤄질 텐데 말이죠.

자, 더 이상 제 사전에 스파는 없는 거예요. 머리를 하고 페디큐어를 받는 것까지가 제가 아름다움을 위해서 할 수 있는 최선입니다. 땡큐베리감사! 그게 끝나면 집에 가고 싶어요. 하지만 안 되죠. 아직은요. 미용실에서 읽은 여성잡지 때문에 옷을 좀 사러 가볼까 싶어졌거든요. 설마 더 심한 일이야 일어나겠어요? 쇼핑이야 말로 여자답게 사는 여성이 할 일 아니겠어요?

아, 쇼핑! 드디어 내가 알 만한 게 나왔네!

네가 아는 게 정말 맞는 걸까?

---

1 영국의 유명 스킨케어 브랜드.

물론이지! 친한 친구들 아홉 명이랑 무리지어서 버스를 타고 뉴버리 쇼핑 센터로 가. 여기저기 두리번거리다가 다른 십대 소녀 무리와 마주치면 지나가면서 슬쩍 싸가지 없는 말을 툭 던지지. 맥도날드에 가서 밀크쉐이크를 마시는데, 다 마셔서 밀크쉐이크가 바닥 났는데도 빨대를 쭉쭉 빨며 시끄러운 소리를 내면서 한동안 앉아 있는 거야. 그리고 나서는 벤치에 앉아서 껌을 쫙쫙 씹다가 친구들 중 하나가 투명 매니큐어 하나 정도 사고. 그 다음엔 버스를 타고 집으로 돌아가는 거지. 재밌는 하루!

음… 다 좋은데 실제로 옷을 사진 않는다는 게 문제지.

엄마가 사오니까 괜찮아. 모든 옷을 C&A[1]에서 사긴 하지만. 엄마 앞에서는 싫어하는 척했지만 사실 엄마가 사온 옷은 다 내 차지야.

그땐 그랬지. 요즘에는 혼자 쇼핑을 간단다.

이번엔 저의 쇼핑 코스를 따라가 볼까요? 갭 매장으로 돌진한 다음 세일 중이란 것을 알게 되죠. 어이쿠! 가게 안 여자들은 성난 짐승들 같았어요. 사나운 사자들이 썩어가는 얼룩말 시체를 이리저리 헤집듯이 스쿱넥 세일러 블라우스를 4.99파운드에 사기 위해 손을 뻗치고 있었죠. 코트 옷걸이가 내는 끽끽 대는 소리와 리아나의 디스코풍 노래 소리와 어린애들이 팬츠를 집어 던지며 깔깔 대는 소리가 미친 듯이 섞여서 귓가를 어지럽혔어요. 땀이 나기 시작했어요. 가까운 매대로 다가갔죠. 예쁜 니트와 스웨터가 착착 개어져 있는 탁자 아시죠? 스몰 사이즈는 맨 위에, 엑스라지 사이즈는 맨 아래에 있는 그 탁자요. 저는 제 사이즈를 찾기 위해 온 매대를 다 헤집었어요. 결국 단

---

1 ZARA, H&M 같은 SPA 의류 브랜드.

정하게 쌓여있던 바지는 젠가 타워가 넘어가듯이 쓰러졌죠. 매대 위에 남은 건 니트뿐이었어요.

헉! 아직도 옷을 쌓아서 진열하는 방식을 개선하지 못했단 말이야?

그렇단다. 아직도 구닥다리 방식으로 일한다니까. 멀리서 지켜본 가게 점원이 열 받은 것 같더라고요. 점점 땀이 나고 열이 나기 시작했어요. 알죠? 열이 나면 화도 난다는 거. 그러면 거기에 대고 이렇게 소리치고 싶어져요. "이런 식으로 쌓아놓는 '시스템'을 고집하지 말고 옷걸이에 걸어서 진열했으면 이런 일이 없었을 텐데요. 이 시스템은 엄청 비효율적이라고요. 큰 사이즈가 필요한 사람이 건드릴 때마다 와보지 않아도 되잖아요. 아는지 모르겠지만 꽤 많은 여자들이 라지 사이즈를 입거든요. 마른 애들만 맨 위에 있는 옷을 쏠랑 집어서 잘난 체하면서 살랑거리며 탈의실로 가는 거 안 보여요? 가끔은 맨 아래에 스몰 사이즈를 놓던가 아니면 그냥 좀 옷걸이에 걸어놓으라고요. 제가 매대를 망가트린다는 죄책감이 들지 않게요. 왠지 다 정리해야 할 것 같다는 기분이 든다고요. 매대를 정리하고 있으면 다른 손님이 저를 땀 많이 흘리는 점원으로 착각하고 청바지 사이즈를 찾아달라고 부탁한단 말이에요! 그럼 저는 어쩔 수 없이 그 사람이 당황하지 않도록 청바지를 찾으러 가야하고, 그러다 보면 4시간 근무를 다 마친 후라니까요. 당신네 시스템은 결함이 있어요! 완벽하지 않다고요. 새겨들어요, 좀!" (이렇게 열을 내면 앞에 있던 어려 보이는 알바생이 귀에 꽂혀있던 이어폰을 빼면서 소리치겠죠. "뭐라고요?")

땀을 어찌나 흘렸는지 반쪽이 된 얼굴로 갭 매장을 나와서 번화가로 걸어갔어요. 쾌적하고 조용한 곳에 잠시 앉아야겠더라고요. 좀 더… '십대스럽지' 않은 장소로요. 걷다보니 안에 아무도 없는 조용해 보이는 가게가 하나 눈에 띄더군요. 잘됐다 싶어서 들어갔는데, 웬걸! 속옷 가게인 릭비앤펠러였어요. 여왕이 브라를 사 입는다는 바로 그 속옷 가게였죠. (여왕님도 라지 사이즈를 입는다고 하니 아마 갭 매장에서 매대 위에 있는 옷을 찾을 때 꽤 애를 먹을테지요.) 미소를 띤 점원이 다가와서 브라를 입어보겠냐고 묻더군요. 하나 사봐야 할까요? 미란다의 삶에 섹시함을 한 스푼 얹어 줄지도 모르니까요. 이거라면 여자답게 산다는 증거가 되겠죠? "좋아요, 입어볼게요." 의욕만땅으로 도전!

저는 이런 곳에서 속옷을 입어보는 일은 좀 더 조심스럽고 정중하게 이루어지는 줄 알았거든요. 눈가리개를 하고 부드러운 장갑을 끼고 한다든가요. 아무튼 저는 벨벳으로 도배된 상자 안으로 안내되었어요. 자그마한 스페인 여성 점원이 들어오더니 저에게 브라를 벗으라고 말했죠. 오키도키, 영국인답진 않은 행동이지만 한번 해보죠, 뭐. 브라를 벗고 뒤로 돌아서는데, 점원이 제 젓꼭지에 눈을 후드려 맞는 바람에 거의 나가떨어지다시피 했지 뭐에요.

"어머, 죄송해요! 제 '하우 두 유두'가 눈을 맞췄네요! 하하하!" 창피해서 목소리가 떨렸어요. 다른 때와 마찬가지로 농담을 던지는 게 상황을 낫게 해주진 않더군요. 점원은 굳은 표정으로 억지 웃음을 지으며 제 가슴을 쳐다봤어요. 눈을 가늘게 뜨고 빤히 쳐다보더니 고개를 갸우뚱하더군요. 스페인 말로 뭔가를 중얼거리더니 잠시 생각에 잠겨있다가 갑자기 소리쳤어요. "그거면 되겠다!" 그러고선 밖으로 나갔어요.

왜 나가는 거지? 나 같은 몸뚱이는 처음 봐서 그러는 걸까? 의대생 무리를 데리고 들어오는 건 아니겠지? 점점 초조해지기 시작했는데, 다행히 그런 건 아니더군요. 점원은 정말 아름다운 브라를 가지고 돌아왔어요. 알고 보니, 그 점원은 제가 이름 붙이기로 '매직 브라 아이'

였던 거죠. 어떤 가슴이든 척 보면 줄자로 잰 것처럼 사이즈를 완벽하게 알아맞히는 매직 아이 말이에요! 오늘 쇼핑이 조금은 괜찮은 방향으로 가려나봐요.

저는 공손하게 이 휘황찬란한 속옷 세트가 얼마인지 물어봤죠. 가격은 89파운드!

89파운드? 브라 하나에? 으악, 그 돈이면 인터레일 패스[1] 한 달권을 살 수 있다고! 아니면 카세트 플레이어를 5개나 살 수 있고. 혹시 '소파 침대'처럼 두 가지 기능이 있는 그런 브라야?

점원에게 물어봤더니 아니라고 하더구나. 작별이구나, 브라야. 나는 간다. 점원이 제가 나가는 걸 바라보네요. 브라를 사지 않고 나왔더니 점원이 제 가슴을 노려보는 것만 같네요. 만약 다른 장소에서 저 여자와 마주치면 어떻게 하죠? 당황해서 이렇게 내뱉을 것만 같아요. "이 여자분이 제 하우 두 유두에 눈을 맞은 사람이에요. 제 가슴을 봤다고요!"

맥이 풀리고 지쳐서 수치스러운 발걸음을 집으로 돌렸어요. 때 빼고 광내기 위해 집을 나섰을 때보다 적어도 10등급 정도는 아름다움에서 멀어진 느낌이었죠. 완전 뻗었어요. **저만 그런가요?** 인생은 방금 묘사한 것 같은 일로 채우기에는 너무 짧지 않나요? 우리는 이 모든 외모지상주의로 점철된 기득권을 뒤집어엎을 수 있어요. 아주 살짝 더 나은 버전의 자신으로 보이기 위해 지독한 시간을 견뎌야 하는 세상이 아니라면 훨씬 살기 좋지 않을까요?

이번에는 제가 이 어려운 문제를 해결하는 방법을 떠올려봤어요. 이렇게 변화한다면 어떨지 상상해 보는 거죠. 모든 게 확 변하리라고

---

1 유럽 국철 이용권.

는 생각하지 않아요. 하지만 제가 전세계를 다스리는 왕이 된다면 외모 가꾸기, 스타일링, 자기 관리, 자기 표현 방법을 다음과 같은 규칙으로 다스릴 거예요. (두구두구… 다 같이 해요! 두구두구두구…!)

〈미란다 랜드〉의 멋져부러 법칙

1. 의복

결정 장애 때문에 옷을 선택하지도 못하고 돈을 잘 쓰지도 못하고 탈의실에서 땀만 흘리는 경우를 막기 위해 미란다 랜드 국민은 다음을 따라주세요.

정부 지정 평일 의상 1벌
정부 지정 주말 의상 1벌
파티에서 입을 카프탄[1] 1벌(남녀공용)
통굽 신발

신발은 매우 다양한 색상 나온다. 색상만이 미란다 랜드 국민이 개성을 표현할 수 있는 유일한 선택사항이다. 만약 자기가 더 싸게 샀다며 다른 사람들을 깔보며 자랑할 경우, 또는 잡지에 '내년에 유행할 신발 예감'이라는 내용으로 5,000단어 이상의 기사를 쓸 경우에는 신발을 압수하고 거대한 물갈퀴 신발을 신게 한다.

2. 미용

예뻐지는 시술은 미란다가 허가한 장소에서만 할 수 있다. 각 장소의 문은 커다란 간판을 걸어야 한다. '할 가치도 없지만 들어오세요.

---
[1] 터키나 아랍 지역의 사람들이 입는 허리통이 헐렁하고 소매가 긴 옷 또는 이를 본떠 만든 원피스.

이러나 저러나 지금 그대로도 예쁘니까요!'

패디큐어 : 노인 여성들이 정답게 모여 앉아 손님의 맨발을 바라보며 애정 어린 말투로 수다를 떤다. "그 발은 자네를 어디든지 잘 데려다 줄게야." "발은 신발을 신었을 때가 가장 보기가 좋지, 암, 그렇고말고. 벗었을 때 예쁜 발은 별로 없거든~"

안티에이징 스킨케어 : '시간을 되돌리고 싶고 주름을 영원히 안 생기게' 하고 싶어하는 손님은 3가지 과정을 선택할 수 있다. '로스트 디너' '도넛 플래터' '핫 버터 토스트' 정확히 손님들이 원하는 것을 해결할 수 있다. 자리에 앉아서 맛있는 식사를 하고 치료를 받는 동안 미란다가 '뚱뚱하면 주름이 안 생긴다'는 스킨케어의 법칙을 설명한다. 이 이론은 파리를 광범위하게 돌아다니며 온갖 케이크점의 디저트를 맛 본 경험을 바탕으로 만들어졌다. 오동통한 사람들의 피부는 사실 일반적으로 더 좋아 보인다. 나이가 들어 보이는 이유는 너무 말라서이거나 기름진 음식을 많이 섭취하지 않아서이다.

장세척 : 장세척을 원하는 손님은 비밀스러운 방으로 안내된다. 안에 있는 침대에 누워 있으면 미란다가 들어와서 소리친다. "대체 무슨 생각으로 엉덩이에 호스를 꽂고 몸에 물을 넣으려는 거예요? 이 바보 같은 사람아!" 때수건으로 머리를 가볍게 치고 가운을 입히기 전에 애플 크럼블을 먹여서 진정을 시킨다.

브라질리언 왁싱 : 브라질리언을 원하는 사람에게는 젊은 남성이나 여성이 나가서 브라질 춤인 삼사를 춰준다. (성별은 취향대로 선택할 수 있다.)

자, 이게 제 계획이에요. 어떤가요? 어린 미란다, 어떻게 생각해?

정말 끝내주는 아이디어야! 나도 나라에서 지정한 드레스가 있었으면 좋겠어. 오늘 밤 디스코 파티에서 입게… 이제 나가야 해… 꺄아아아아악!

무슨 일이야?

어깨에 넣었던 빵 하나가 떨어졌어. 에잇! (재빨리 빵을 밀어 넣고

도망친다.)

행운을 빌어, 어린 미란다야. 다 괜찮을 거야. (물론 괜찮지 않죠. 여러분만 아세요.)

잘 생각해보세요. 제가 만든 법칙이 좋은지 나쁜지를 판단하는 건 여러분 몫이지만 만약 과자가 먹고 싶어지면 미란다 랜드의 '스킨케어'를 해보는 건 어때요? 왜냐면요, 진짜로, 여러분이 누구든지 간에, '여자답게' 살아야 한다잖아요?

7. 내 몸이 어디가 어때서

BODIES

　친애하는 독자 여러분, 파티 카프탄을 입고 당당하게 방 안을 쓸고 다니고 있겠죠? 아니라고요? 얼른 따라하세요. 전 제 카프탄을 입고 활보하느라 바쁘거든요. 화려한 자홍색 물방울 무늬 통굽 신발과 맞춰서 금색으로 골라봤어요. 아, 진짜로 같이 안 할 거예요? 그러면 저 혼자만 미란다 랜드의 의복 예식에 참여하는 사람이 되잖아요. 분위기가 엄청 어색하다고요. 다같이 즐깁시다!

　외모를 가꾸는 것에 대한 이야기는 충분히 했지요? 겉모습을 갈고 닦는 과정은 다 다뤘으니 이번에는 좀 더… 뼈대를 살펴볼까 해요. 바로 '몸'에 대해서요.

　요즘에는 우리 몸에 가해지는 압박이 너무 심해지는 것 같지 않나요? 우리의 몸은 특정한 모습으로 보여야 하죠. 너도나도 헬스 잡지나 패션지에 나오는 저 남자처럼, 저 여자처럼 보이기를 원한다고들 말하죠. 되도록 푸대자루처럼 보이지 않아야 한다고 압박 받는 거예요.

　저 뿐만이 아니겠죠? 다들 몸에 콤플렉스 하나쯤은 있잖아요. 이것만 아니었으면 더 예뻤을 텐데 하고 아쉬워하게 만드는 부분이요. 예쁜 애든 예쁜 애 친구든 못생긴 애든 평범한 애든 분명 다들 마음에 안 드는 부분이 있죠.

저한테 그런 부분은 바로 키에요. 제 키는 185cm에요. 뭐, 저는 제가 키가 크다는 점을 크게 신경 쓰지 않았어요. 하지만 그동안 사람들이 저를 보고 엄청나다고 하는 반응을 자꾸 접하다 보니 좀 신경이 쓰이더군요. 이해가 안 돼요. 저한테 키가 평균보다 큰 거는 코가 평균보다 조금 큰 거랑 마찬가지거든요. 아니면 평균적인 얼굴형보다 좀 더 동그랗다든가 평균보다 다리가 짧다든가요. 그냥 깊게 생각하지 않으려고 해요. 그다지 재밌는 주제도 아니고 크게 손해를 본 것도 없거든요.

음… 손해 본 적이 없다고?

응! 언제 손해를 봤는데?

저번에 팟지랑 군것질 하러 갔을 때 밖에 서 있었는데, 갑자기 비둘기가 내 머리 위로 날아왔잖아. 스쳐지나가기를 바라면서 고개를 확 숙였다가 들었는데 비둘기가 안 보이는 거야. 그래서 어딜 갔나 두리번 대다가 깨달았지. **비둘기가 내 머리 위에 올라앉아 있는 거야!** 내가 우뚝 서 있는 가로등인줄 알았나봐. 푸드덕 거리더니 그 끔찍한 발톱으로 내 머리카락을 움켜쥐는 거 있지. 아우, 소름 돋아. 내 평

생 그렇게 소리 질러 본 건 처음이었어. 팟지는 도와주지도 않고 왐바 사느라 정신이 완전 팔렸더라고. 그게 키가 커서 손해 본 게 아니야?

뭐, 그리 좋은 추억은 아니지. 더 짜증나는 건 그때 당시 내가 진짜 가로등 옆에 서 있었다는 사실이지. 뭐 하나만 여러분에게 물어볼게요. "비둘기한테 가로등으로 오해 받은 경험을 한 건 저뿐인가요? 아니면 다들 그런 적이 있나요?" 아무래도 이번 에는 저 혼자뿐일 거라는 씁쓸한 기운이 느껴지는군요. (그때 이후로 비둘기만 보면 움찔 한다니까요. 런던에 살아서 안 좋은 몇 가지 중 하나죠.)

뭐, 비둘기랑 내가 그다지 사이가 좋지 않긴 하지만 그렇게 큰 손해를 본 것도 아니고 꽤 재밌는 이야기 거리가 생긴 거라 괜찮아.

재밌긴 개뿔이 재밌어?

진짜 재밌는 얘기를 해볼까? 꼬꼬마들과 만났던…

으… 안돼…

말해야겠어. 그냥 넘어가기엔 아까운 이야기거든.

키가 크면 말이죠, 아래쪽에 뭐가 있는지 전부 알아차리지 못할 때가 있어요. 그래서 항상 신발이나 차량 방지턱에 걸려 넘어지곤 하죠. 제가 열여섯 살 때쯤이었어요. 다섯 살짜리 사촌 동생의 생일 파티에 갔죠. 사촌 동생 친구 부모님중에는 아주 키가 작은 난쟁이 부부가 있었어요. 생일 파티를 준비하는데 사촌 동생이 갑자기 울기 시작하는 거예요. 저는 허리를 굽히고 친구와 얘기를 하며 사촌 동생을 안아 올렸죠. 그래요. 뭔지 예상이 되죠? 사촌 동생 대신 마흔 두 살짜리 아줌마를 들어 올린 거예요. 아이의 얼굴을 보려고 아래를 내려다봤는데 아줌마와 눈이 마주쳤죠. 깜짝 놀라서 그만 아줌마의 얼굴에 대고 소리를 지르고 말았죠. 당황한 저는 재빨리 사과를 했어요. "어머, 어쩜 좋아. 죄송해요. 그게… 이럴려던 게 아니라… 아이고, 일단 내려놓을게요…"

완전 굴욕짱이야.

그래도 아줌마가 재밌어 했으니 망정이지.

다행이네. 진짜 웃지 못할 이야기는 따로 있지. 저번에 말한 디스코 파티 기억하지? 나 아직도 그때 일 때문에 자다가도 이불을 걷어찬다니까.

기억이 잘 안 나네. 어릴 때 갔던 파티는 다 기억이 잘 안나. 별로 인상적이지 않았나봐.

좋아, 내가 기억나게 해줄게. 벨라가 결국 비포랑 부비부비하고 있더라고. 내가 비포를 좋아한다는 걸 알면서도. 그래도 난 신경 안 썼어. 내 옆에 앉은 남자가 꽤 잘 생겼었거든. 옆가르마를 탄 머리를 하고 있었는데 영화 〈조찬 클럽〉에 나온 주드 넬슨 같이 생겼더라고. 게다가 나한테 관심을 보였어! 알지? 엄청나게 드문 일이라는 거?

에헤! 살아보면 그렇~~~게 드문 일은 아니라는 걸 알게 될 거야. 저번에도… 어떤 남자가… 어디서였더라… 그리고 또 어떤 남자도 있었는데……. 에이, 그래서 어떻게 됐다고?

우리가 키가 꽤 차이난다는 건 몰랐던 것 같아. 그 남자가 춤을 추자고 하더라고. 어찌나 좋은지. 춤추자는 신청 받은 게 처음이었단 말이야. 우리는 동시에 일어났지. 일어서서 남자를 쳐다봤는데 허공만 보이더라고. 그래서 아래를 내려다 봤더니… 그 남자가 글쎄…어디쯤 있었냐면…

'젖꼭지 높이'였지?

윽, 역겨워! 왜 그런 표현을 써? 꼭 탑처럼 내가 그 남자 앞에 서 있었어. 에펠탑처럼 말이야. 우리는 서로의 기분을 상하게 하지 않기 위해 티를 내지 않고 그대로 춤추는 곳으로 갔어.

잠깐만, 이날이 우리가 '무릎 굽혀 키 낮추기' 동작을 만든 날 맞지?

맞아. 난 나가자마자 바로 한쪽 다리를 굽혔어. 그리고 다른 쪽 다리는 앞으로 내밀면서 키를 낮췄지. 그때쯤 되니까 에펠탑이 아니라 피사의 사탑이 됐지. 근데 다들 우릴 보고 웃는 바람에 그 자세 그대로 굳어버리고 말았어. 무도회장에서 왈츠 추는 남자 장면의 경험 때문인지 막 리드하고 싶어지더라고. 뭐, 잘 되진 않았지. 게다가 왈츠를 출 수도 없었어. 음악이 키스의 〈Crazy Crazy Night〉였거든. 뮤지컬 〈그리스〉에 나오는 춤을 신 나게 추던 커플이 우리 사이로 지나가는 바람에 서로에게서 떨어진 우리는 그대로 우뚝 서 있을 수밖에 없었지.

휴.

그냥 땅바닥으로 꺼져버리고 싶었어.

아니면 발이라도 숨기고 싶었겠지. 작아지게.

농담할 타이밍 아니거든! 하나도 안 웃기거든!

미안.

그냥 도망가고 싶었어. 그치만 그 남자에게 너무 미안하잖아. 그냥 몸을 최대한 쭈구리고 몸을 흔들었지, 뭐.

잘했어.

근데 작아 보이려고 너무 쪼그려 앉는 바람에 꼭 똥 싸려는 자세가 되고 말았어. 그래서 그때 별명이 붙었지… 그 별명은… 하… 차마 내 입으로 말하기가…

그냥 말해. 뱉어버리라고!

똥싸개 댄서!!

뱉었구나. 똥싸개 댄서. 생리현상을 참는 듯한 움직임이 핵심이에요. 집에서 한번 해보세요. 흐느적흐느적 하면서요. 완전 재밌어요.

나는 바로 화장실로 달려가서 어깨 패드로 넣었던 빵을 우적우적 씹어 버렸어.

여자가 남자보다 크면 어떤 문제가 발생하는지 잘 보여주는 이야기였네요. 자기보다 훨씬 큰 여자와 즐겁게 어울리려면 남자는 건장하고 자신감 넘쳐야 하죠. 자기보다 훨씬 작은 남자와 함께 하는 것에 개의치 않는 여자는 특별한 자질이 있어야 하고요.

다 종합해보면, 키가 크면 좋은 점도 있고 나쁜 점도 있는 것 같아요. 여자의 키가 평균보다 조금 더 크면 어떤 점이 좋고 어떤 점이 나쁜지 알아볼까요?

미란다의 '남보다 키가 크면 좋은 점' 열 가지

1. 사람들이 당연하다는 듯이 권위 있는 사람으로 취급을 해줘요. 내가 낸 의견이 인정받을 때가 많죠. 사람들하고 관계를 맺을 때나 회사에서 싸울 때 무척 유리한 점이죠.

2. 머리가 짧으면 종종 남자로 오해받아요. '아저씨'라고 불리기도 하겠죠. 이게 대체 왜 좋은 점이냐고요? 영화관에 갔는데 여자 화장실 줄이 한없이 길게 늘어서 있을 때 좋죠. (소변기 앞에서 눈치를 보며 서성거려야 하지만요.)

3. 항상 사람들의 머리 꼭대기를 볼 수 있죠. 전지전능한 힘을 가진듯한 느낌을 만끽할 수 있어요.

4. 항상 사람들에게 대화할 거리를 던져주죠. "부모님도 그렇게 크세요?" "자기보다 더 큰 여자 본 적 있어요?" 이런 질문까지요. "맞는 옷 찾기가 **무지막지하게** 힘들지 않아요?"

5. 빅사이즈 가게에서 쇼핑할 수 있어요. 정말 재밌는 장소거든요. 빅사이즈 여성옷으로 유명한 가게가 하나 있는데, 거기는 문 높이가 275cm에요. 안에 있는 의자도 다 커다랗고요. 아마 우리가 외소해진 기분을 느껴보라고 그렇게 해놨나 봐요.

6. 선천적으로 농구를 매우 잘해요. 하나라도 잘 하는 게 많으면 좋은 거겠죠?

7. 발도 당연히 크죠. (과학자들이 증명한 사실인데요.) 발이 크면 발이 작은 사람보다 물장구를 15배나 더 거대하게 칠 수 있다네요.

8. 사람들에게 '조각상' 같다는 말을 들을 거예요. 왠지 기분이 좋아지고 장엄해지는 느낌이 들지 않나요? 값어치도 높아진 느낌이 들고요. 그리스 조각상처럼 시간의 흐름과 상관없이 찬양받는 느낌이죠.

어릴 때는 마르고 커서 모델이 될 생각 없냐고 질문을 받곤 했죠. 이런 얘기를 들으면 자존감을 높아지지 않겠어요? 나이가 들면 덩치가 커져서 친구들하고든 직업적으로든 남을 웃기기에 최고인 상태가 되고요.

9. 절대 이코노미 좌석에서는 편하게 앉아서 비행하지 못해요. 그래서 퍼스트 클래스로 업그레이드 될 가능성이 생기죠. 이코노미 좌석에 앉으면 다리를 복도에 내놔야 해서 승무원들이 다 걸려 넘어질 테니까요.

10. 절대, 절대로 군중 속에 섞여서 미아가 될 일은 없어요. 사람들이 바글거리는 디즈니랜드나 카니발이나 이케아 세일 매장에 친구들과 갔을 때 피리 부는 사나이나 인간 신호등 역할을 할 수 있다는 뜻이죠.

미란다의 '남보다 키가 크면 나쁜 점' 열 가지

1. 사람들이 당연하다는 듯이 권위 있는 사람으로 취급을 해줘요. 사람들에게 내가 낸 의견이 인정받을 때가 많죠. 결정할 자격이 절대 없는 상황에서도 결정을 내려야 하죠. 예: 어떻게 전선을 연결할지, 애버리스트위스 대학을 가려면 어떤 길로 가야할지, 물고기를 놔줘야 할지 말아야 할지.

2. 머리가 짧다면 종종 남자로 오해받을 거예요. '아저씨'라고 불리기도 하겠죠. 할머니들이 짐 좀 들어달라며 부탁을 하기도 하고요. 조금이라도 반짝이는 옷을 입으면 여장 남자로 오해받을 수도 있답니다.

3. 항상 사람들의 머리 꼭대기를 볼 수 있죠. 비듬이 수북한 머리를 볼 수도 있고 땀이 번들거리는 대머리에 태양이 반사되는 바람에 눈이 부실 수도 있고요.

4. 항상 사람들에게 대화할 거리를 던져주죠. "부모님도 그렇게 크세요?" "자기보다 더 큰 여자 본 적 있어요?" 이런 질문까지요. "맞는 옷 찾기가 **무지막지하게** 힘들지 않아요?" 그러면 아마 질문한 사람들의 강냉이를 날려버리고 싶을 거예요. 다음과 같은 질문은 하지도 않고 듣지도 않으니까요. "아이고, 뚱뚱하셔라. 왜 그렇게 뚱뚱하세요?" "아이고, 점이 왜 그렇게 거대해요?" "자기보다 더 큰 점 가진 여자 본 적 있어요?"

5. 빅사이즈 가게에서 쇼핑할 수 있어요. 옷을 사면 항상 상표부터 떼야 하죠. 다른 사람이 보고 '빅사이즈' 쇼핑몰에서 옷을 샀다는 걸 알

아차리기 전에요. 게다가 쇼핑을 할 때마다 내가 다른 사람과 다르다는 걸 반복적으로 깨달아야 하고요.

6. 선천적으로 농구를 매우 잘해요. 그다지 농구를 잘할 필요성을 못 느껴서 문제죠. 삶을 살아가는 데 필수적인 기술은 아니잖아요. 프로 농구 선수가 된다면 몰라도.

7. 발도 당연히 크죠. 발이 크니 남자들이 신는 거대하고 납작하고 칙칙한 찍찍이 신발을 신어야 하죠. 남장 여자들을 위한 가게에서 반짝이 펌프스를 사든가요.

8. 사람들에게 '조각상' 같다는 말을 들을 거예요. 혹시 '미친 듯이 커다랗다'는 말을 완곡하게 표현한 게 아닐까 하는 의심이 드는 말이죠.

9. 절대 이코노미 좌석에서는 편하게 앉아서 비행하지 못해요. 그 긴 시간을 구부정하게 앉아서 심정맥 혈전증에 걸릴까 무서워서 팔다리를 주물럭거려야 하죠. 아니면 우리에 갇힌 짐승마냥 기내에서 왔다 갔다리 하면서 있든가요. 앉으라고 해도 거부하고 **퍼스트 클래스로 업그레이드시켜 주지 않은 것에 대해** 원망하면서요. 어떤 운송수단이든 비슷한 상황이 벌어지죠.

10. 절대, 절대로 군중 속에 섞여서 미아가 될 일이 없어요. 경찰로부터 숨어야 할 때나 마음에 안 들어서 차버린 남자로부터 도망칠 때, 그리고 하루아침에 유명해져서 얻은 두려운 유명세로부터 달아나야 할 때는 아주 쓸모가 없는 능력이죠.

자, 좋은 점과 나쁜 점, 장점과 단점을 살펴봤어요. 이렇게 읽어보니 아마…

잠깐만! 더 덩치가 커진다고? 아까 "나이가 들면 덩치가 커져서"라고 했어? 무슨 뜻이야? 설마…

아, 그거? 키는 그때랑 비슷한데 지금은 아주 쪼오오오오금 가로로 확장이 됐어…

뭐??? 우리 뚱뚱해진거야?

아주 살짝, 그렇다고나 할까…

오마이갓, 오마이갓!! 서른여덟 살에 내가 늙은 데다가 뚱뚱하기까지 하다고? 완전 절망이야!!

너무 호들갑 떨지 마.

호들갑? 내가 뚱뚱해진다는데 호들갑이라니! 완전 끝이야. 내 잘 빠진 몸이… 내 다리! 내 다리야말로 나의 유일한 자랑인데. 내 탄탄하고 건강해 보이는 다리가 뚱뚱해진다니! 내 몸 나머지는 구리지만… 내 얼굴은 젤리로 만든 말 같지만… 내 다리만은…

물론 내 각선미가 많은 사람들의 인정을 받긴 했었지… 하지만 내 말 좀 들어봐. 나는 이제 내 얼굴에 엄청난 애착이 생겼어. 이게 내 개성이야. 친근한 내 느낌을 살려준다고. 다른 사람에겐 절대 없는 나만의 얼굴이니까. 굉장히 '미란다스러운' 얼굴이지. 난 내 얼굴이 좋아.

너 뚱뚱한 데다가 미치기까지 했구나! 안쪽으로 휜 발가락은? 없어 보이는 머리숱은? 둥그런 어깨는? 흐느적거리는 걸음걸이는? 그런 것들에도 다 애착을 가지게 된거야?

그럼! 걱정 마. 시간이 조금 걸리지만 서른여섯 살쯤 되면 네 몸은 하나뿐이고 그러니 즐기는 수밖에 없다는 걸 깨닫게 될 거야. 주어진 것에 만족하고 가능한 한 즐기라고. 말이 안 된다고 생각하지 말고 네가 가진 것을 축복이라고 생각해. 즐겨 보라고!

하지만 난 날씬한 몸이 좋은데…

무거운 몸일 때도 신 나는 모험이 많다니까.

그만 게 어디 있어?

누메로 우노(첫째): 이런저런 불쾌한 잡지에 '비키니 몸매'로 소개될 일은 절대 없을 거란 걸 아주 일찍 깨달을 수 있지. 그래서 매일 완벽한 몸을 위해 두 번씩 윗몸일으키기를 100개씩 하는 헛짓거리에서 완전히 손을 뗄 수 있지. 대신 그 힘을 다른 자질을 키우는 거야. 재밌는 사람이 된다든가, 말달리기를 한다든가, 쫄쫄이를 입고 우스꽝스러운 춤을 배우거나. 그런 재밌는 것들.
누메로 두오(둘째): 시간이 흐르면서 알게 된 사실인데, 남들보다 큰 상태로 계속 지내다 보면 남의 시선을 덜 의식하게 되더라고. 누가 봐도 비키니에 착 어울리게 보이지 않는다는 걸 아니까 친구들과 수영장에서 파티를 할 때도 가장 먼저 속옷을 입고 수영장에 뛰어들 수 있어. 그리고 매직으로 배에 웃기게 생긴 젤리를 그려놓고 친구들을 웃게 만들기도 하고. 사촌 동생 학교에서 하는 '바지 없이 뛰는 이인삼각 경주'에 가장 먼저 지원하기도 했지. 그리고 여자들이 남들 모르게 입고 싶어 하는 옷도 당당하게 입기도 하고. 고무줄 달린 막스&스펜서 바지 말이야!

누메로 트루아(혹시나 해서 말하자면 이탈리아어나 프랑스어로 '셋째'라는 뜻이란다): 남자를 꼬실 필요가 없어. 날 좋아할 사람은 좋아하고 아닌 사람은 아니거든. 세상 모든 사람과 친구가 될 수 있지. 남자든 여자든 상관 없이!

> 그것 참 괜찮은 것 같기도 하다. 남자를 꼬실 필요가 없다니 **정말 좋긴 한데…** 나한텐 참 어렵거든. 벨라는 영화 〈탑건〉에 나오는 여주인공의 섹시 포즈를 연구하더니 저번에는 우리한테 강의를 하더라구. 상급자용 유혹 포즈를 하다가 목에 담 걸리는 줄 알았어. 팟지는 다리를 꼬고 섹시하게 보이려고 용을 쓰더라고.
> 그럼 남자들이 많이 들이대? 데이트 신청도 많이 받고?

음… 그게… 있지… 참, 이건 나중에 얘기하도록 하자.

> 꼭 연애 얘기만 하면 말 돌리더라?

곧 얘기할 거니까 좀 참아. 자, 넷째로 넘어가자. 모든 게 완벽한 삶은 좋지 않아.

> 엥? 잘못 말한 거 아니야? 완벽한 삶이 좋지 않다니?

농, 마드모아젤(전 실제로도 프랑스어를 무척 잘한답니다). 어려움을 겪으면 인내심과 동정심과 공감 능력을 기를 수 있거든. 우리의 성격을 개발하는 거지. 게다가 조금 몸집이 커서 얻는 가장 좋은 게 아직 남아있단다.
누메로… 다섯째: 자전거를 타고 정말, 정말, 정말 빠르게 내리막길을 내려갈 수 있어! 내리막길에서는 10kg 정도만 더 나가도 급이 달라지거든. 솔직히 올라가는 건 그다지 재밌지 않지만 씽씽 내려가는 맛에 참을 만하지 않니? 게다가 자전거 한 시간이면 왐바 하나 먹을 만큼 자격이 되거든. (왐바를 먹으면 왐바 모양으로 허벅지에 셀룰라이트가 생긴다는 문제가 있긴 해. 우리 몸이 예전만큼 신진대사가 활발하진 않거든.)

왠지 비꼬는 느낌인데?

어쩔 수 없어. 비꼬지 않고는 살기 힘든 세상에 살고 있거든. 전자레인지에 조리해 먹는 가공식품을 발명한 건 내가 아니라고.

오, 그 전자레인지라는 거! 팟지네도 생겼어. 좀 무서워 보이던데. 전자레인지가 돌아갈 때 그 앞에 서 있으면 전자파를 맞아서 죽는다고 했어!

전자레인지가 얼마나 무서운 물건이었는지 잊고 있었네…
그나저나 가공식품을 생각하니 떠오르는 게 있는데요. **저만 그런가요?** 아니면 다들 대형마트의 계산대 앞에 있는 사악한 과자 코너를 그냥 지나치지 못하나요? 몸을 생각해서 시금치와 야채 주스만 들고 계산대로 갔는데, 정신을 차리고 보니 계산대 위에 시금치, 야채 주스, 도리토스 8봉지, 패밀리 사이즈 갤럭시 바 2개(원플러스원 행사 중이었다고요!), 포장만 보면 건강해 보이지만 사실은 몸에 좋지 않은 요거트가 코팅된 플랩잭[1]이 늘어져 있게 되는 거죠. 에구, 끔찍해.

저도 몸무게를 좀 줄여보려고 나름대로 노력하는데요. 무게가 나간다는 게 웃기는 목적이나 숭고하고 고귀한 제 캐릭터(토 달지 마세욧)를 만드는 목적에도 부합하거든요. 저는 지금 다시 공원을 느긋하게 걷고 있어요. 그리고 제가 40살이 됐을 때는 생물학적으로 그 나이에 맞는 무게이길 바라고 있어요. (뭐, 일단 그게 목표에요.)

제가 다시 날씬해진다면 삶이 어떻게 변할지 호기심이 생기긴 해요. 하지만 (특히, 어린 미란다야, 알아 두렴.) 모든 사람이 자신의 몸이나 외모에 불만이 있고 고민이 있어요. 우린 그저 불안정하지만 사랑스러운 자신의 몸을 위해 최선을 다할 뿐이에요. 중요한 것은 절대로 다른 사람과 비교하며 자신이 아닌 다른 사람이 되려고 하지 말아야 한다는 거죠. 정말로요, 여러분, 상상해 보세요. 제가 셰릴 콜[2] 머리를 하고 '여배우 드레스'를 입은 모습을요. 아니면 제가 '가짜 속눈썹 다섯 묶음을 붙인 에섹스 여자 같은 모습'을 하고 다닌다고 상상해 보세요. 참 우스꽝스럽지 않나요? (여장 남자 납시오~)

우리는 한 명, 한 명이 개성 있고 유일하죠. 그게 바로 우리가 아름다운 이유에요. 절대로 절망하지 말고 다른 사람들의 기준에 신경쓰지 마세요.

멋지다. 꽤 철이 들었는데?

---

1 귀리, 버터, 설탕, 시럽을 넣어 만든 두꺼운 비스킷.
2 영국의 싱어송라이터이자 댄서, 모델. 걸스 어라우드의 멤버로 잘 알려져 있다.

호호. 진심이야. 사소하지만 나만의 관점을 사람들에게 말할 수 있다는 점이 참 좋아. 자, 실례할게. 내 친구 사라 해드랜드[1]가 온다고 해서 〈댄싱 위드 더 스타〉를 보면서 춤을 배울 예정이거든.

뭐?

아, 그게 아니고 같이 시를 낭독하고 융 심리학에 대해 토론할거야.

휴~ 춤 춘다고 해서 깜짝 놀랐네. 서른여덟 먹은 뚱뚱한 여자가 춤추는 텔레비전 프로그램을 보면서 춤을 배운다니… 완전 찌질하잖아. 난 이제 그만 라크로스나 하러 가야겠어.

좋은 생각이야. 호리호리하고 생기 가득한 내 몸으로 운동 열심히 하렴. (속삭이는 목소리로) 언젠가부터는 절대 하고 싶어지지 않을 테니까…….

뭐?

아무것도 아니야. 가봐~!

어휴. 갔네요. (살사 옷으로 갈아입고 〈댄싱 위드 더 스타〉의 주제가를 흥얼거린다.) "딴따단따 딴따따~ 딴따단따따!"

---
[1] 〈미란다〉에서 스티비 역을 맡은 배우.

8. 재미 없는 운동은 노땡큐

EXERCISE

자, 독자 여러분, 어린 미란다가 라크로스하러 간 동안 또 다른 인생의 걸림돌을 파헤쳐 봅시다. 바로 운동이요!

이건 저랑 여러분 사이의 비밀로 남겨두면 좋겠는데요, 불쌍한 어린 미란다가 또 자기 미래를 알고 충격 받을까봐서요. 지금쯤 라크로스 라켓을 위아래로 흔들고 있을 거예요. 성가시게 길고 팔팔한 다리로 가젤처럼, 아니, 치타처럼 뛰어다니고 있겠죠. 나이가 스물여덟에서 서른 중반이 되면 갑자기 운동이 세 배로 힘들어지죠. 서른세 살이 딱 되는 순간, 운동을 생각하면 끔찍하게 암울하고 진짜, 정말, 완전 짜증나요.

열여덟 살 때 저는 20대나 30대기 되어도 라크로스를 계속할 줄 알았어요. 영국 국가대표선수가 되어서 활동하다가 코치가 될 줄 알았죠. (파리와 밀라노에서 모델로 활동하는 진로를 놓고 저울질 하며 많이 고민했겠죠.) 하지만 라크로스 코치를 할 수 있는 여성 유형은 정해져 있다는 걸 이제는 알아버렸어요. 부유한 분위기에 똑 부러지는 성격을 지니고 있으며 금발 머리에 하얀 데님 반바지를 입은 여성이죠. 아마 이름은 베로니카일 거예요. 아이 여덟 명, 강아지 여덟 마리를 기르며 주말에는 마라톤을 하고 휴고라는 이름의 펀드 매니저 남편이 있겠죠. 휴고라는 남자는 아내가 화도 내지 않고 털도 없고 성격이 드세지도 않다고 어찌나 그 여성스러움에 자부심이 있던지… 어쨌거나 저는 그런 종류의 여자가 아니니까요. 그리고 베로니카는 정기적으로 펀런(FUN RUN)[1]에 참가하는 타입의 여자라는 것도 추가해야겠어요. 참고로 저는 세상에 '즐겁게 달리기'란 건 존재하지 않는다고 생각한답니다. 코끼리 인형으로 분장했다고 해도 뛰는 건 뛰는 거니까요. '즐겁게'과 '달리기'라는 단어가 붙어 있는 것은 미란다 랜드 법에 의하면 불법이거든요. 땡큐베리감사!

  어릴 때는 운동을 해야 한다는 말이 와 닿지 않았어요. 아이들은 항상 뛰어다니고 날뛰고 펄떡거리고 뜀박질하니까요. **그때는** 달리기도 재밌었죠. 어릴 땐 어디를 가든지 얼마나 빨리 달릴 수 있는지 친구들과 경주하면서 놀았으니까요. 어디든지 달려다녔고요. 때때로 너무 달려다닌다고 혼이 나기도 했죠. 잔디 위에 뛰어들거나 공공기관 복도에서 뜀박질을 하면 잔소리를 들었어요. 가장 지키기 어려운 규칙이 뛰지 않기였어요. 여전히 저는 잘 손질된 잔디를 보면 들키지 않게 잔디 위를 샤샤샥 뛰어다니고 싶은 충동을 느끼거든요. 저만 그런 거 아니죠?

  달리기와 더불어 요즘 아주 대유행인 것이 있어요. 저희 엄마가 애들을 보면 잔소리하는 흉내를 내볼까요? "쟤들 엉덩이와 등짝 다 망가진다니까. 글쎄, 타면 안 돼. 눈만 뜨면 킥보드를 타고 있으니 열심히 밀어재끼는 쪽 다리만 튼튼해 질 거 아니야. 내가 의사는 아니지만 한쪽 다리가 결국에는 다른 쪽보다 짧아질 거라니까. 2035년에는 짝다리 세대가 등장하겠지. 바지를 살 때 한쪽 다리는 빅사이즈 매장에서 사고 다른 한쪽 다리는 아동복 매장에서 사겠지. 얘들아, 킥보드

---

[1] 마라톤 행사의 이름.

는 그만 타고 더 많이 뛰어다녀라. 내가 경고했어. 나중에 내가 말 안 했다고 하지 말렴."

하나 더 오래된 삼천포로 빠질까 해요. 제 말은, 우리 모두 어렸을 때는, 지금은 상상할 수도 없는 방식으로 항상 놀고 항상 운동을 했다는 말이에요. 오늘부터 회사 점심시간에 체육 시간을 만들어보면 어때요? 제가 시범을 보일게요.

"땅따먹기 할 사람?"

"잉, 싫어. 내 나이가 마흔다섯인데 얼마나 덜 떨어져 보이겠어. 게다가 무릎 때문에 안돼. 정형외과 전문의 연락처가 저장되어 있으면 몰라도."

"쉬일라, 땅따먹기 좋아하죠?"

"땅따먹기? 나 쉰두 살이야! 내 나이에 땅따먹기 하는 거 불법 아니야? 그거 허리 숙이고 돌도 주워야 되는 거지? 이 허리론 안 돼. 미안."

"누구 복도에서 등넘기 놀이할 사람 없어요?"

"어휴, 회계과에 덩치 큰 베시한테는 절대 묻지마. 베시를 뛰어넘을 자신은 없거든."

"점심이나 먹으러 가야겠네요. 혹시 점심 먹고 단체 줄넘기 놀이할 사람은요?"

"아이고, 안 돼. 발목 나가!"

"난 7살 때도 줄 넘어가는 거에 뛰어드는 걸 무서워 했다고! 줄넘기는 끔찍한 행위야!"

"그러면 가벼운 체조 같은 건 어때요? 일 끝나고요. 〈사우스뱅크 쇼〉[2] 오프닝 음악을 깔아놓고요."

---

2 문화예술 관련 방송 프로그램.

"아, 미안하지만 난 앞구르기가 너무 무서워."

"쉬일라는 어때요?"

"정말 미안해. 팔 벌려 뛰기를 하면 내 골반이 다 흩어질지도 몰라. 그래도 물어봐줘서 고마워."

상상만 해도 우울하죠? 그 많은 재밌는 놀이, 어릴 때 하던 장난이 하루를 활기차게 만들어 주는 게 아니라 여기저기 쑤시고 두려움이 커진 어른들에겐 불가능한 것이 되어버렸어요. 한번은 점심시간에 회사 뒷골목에서 양복 입은 직장인들이 땅따먹기를 바닥에 그려놓고 예전에 했던 게임 방식을 기억해내려 애쓰는 모습을 본 적이 있어요. 한참 생각하더니 마침내 생각이 났는지 즐겁게 땅따먹기 위를 콩콩 뛰어다니더군요. 얼마나 흐뭇하던지… 앗, 그렇지만 시소 놀이를 얘기하는 건 반칙이에요! 몸무게가 80kg이 나가는 순간 시소 놀이는 물 건너 가거든요. 놀이터에 무게가 맞는 친구가 없었으니까요. (그래도 가끔 기회가 왔을 때 실수하는 척하면서 일부러 시소에서 미끄러지는 건 재밌었어요. 반대편에 앉은 친구가 밑으로 휙 떨어지게 하는 장난이죠. 에이~ 다 그래본 적 있으면서!)

초등학교 때는 일주일에 세 번씩 촌스러운 체육복을 입고 뜀틀을 뛰어 넘으며 무럭무럭 자라죠. 그러다가 대학생이 되는 순간 운동 황무지로 초대되는 거예요. 기다리고 있는 건 컵라면, 탄산음료뿐. 방구석에 앉아서 인기 퀴즈 프로그램 〈슈퍼마켓 스윕〉[1]을 보면서 시간을 낭비하며 머릿속으론 삶의 의미를 찾으려 애쓰고요.

대학을 졸업하고 사무실에 처박혀 몇 년간 일을 하며 나이를 먹어 스물여덟 살. 뭔가 불안한 느낌이 들기 시작하죠. 계단을 열다섯 개

---

[1] 퀴즈를 풀면 대형마트에서 가격에 맞추어 장을 볼 수 있도록 구성한 퀴즈쇼 프로그램. 한국에서 방송된 〈주부 장보기 퀴즈쇼 담아와〉라는 프로그램이 이 퀴즈쇼를 벤치마킹했다고 한다.

정도만 올라가도 숨이 차서 잠시 멈춰서 헥헥 대야 하고요. 아이고, 무릎이야. 멀리 버스정류장에 버스가 도착해도 후다닥 달려가서 버스를 잡는 대신 그냥 놓치는 쪽을 택하고요. 운동복은 박스에 넣어서 다락방에 처박아 놓은 지 오래라서 어디에 있는지 찾지 못할 게 뻔하고요. 처박힌 운동복에는 1994년에 놀다가 묻힌 흙이 그대로 묻어 있겠죠.

그러다가 서른세 살쯤 되면 공식적으로 '되는 대로 살자' 모드가 되고 말죠. 이쯤 되면 새로 산 청바지의 스판이 얼마나 쫙쫙 늘어나는지 열정적인 열변을 토해내기 시작하죠. 의자에서 일어나기 전에는 숨을 고르고 다리 근육을 풀고 허벅지에 힘을 주는 단계가 필요해지고요. 길을 걷다가 옛날 동창을 발견하기라도 하면 끔찍한 소문이 이메일로 나돌까봐 가던 길 반대쪽으로 방향을 틀기도 하죠. 소문은 아마 이런 식으로 퍼지겠죠. "참, 어제 그레그스 빵집에 갔는데 미란다 봤어. 완전 되는 대로 사나봐. 솔직히 고무보트인지 알았다니까."

악! 정말 상상하기도 싫네요. 사람들에게 몸 때문에 무시당하지 않으려면 (제가 말하는 몸은 무슨 비키니 모델 같은 몸매가 아니에요. 그냥 사람다운 형체를 유지한 몸이요.) 삶에 약간의 운동을 첨가해줘야 한다는 사실을 깨닫고 말았어요. 아마 이걸 깨달으면 이런 식으로 흘러가겠죠.

마침내 결심을 한 후 의욕이 넘쳐서 운동을 시작하겠죠. 운동복을 선분적으로 판매하는 대형 매장에 가서 기능성 의류를 마구 지르겠죠. 운동복, 라이크라 소재, 이중 제조 스포츠 브라, 긴가민가하게 생긴 '수분 흡수' 바지, 아마 신으면 베로니카(초반에 말했던 운동 코치요)처럼 보일 것 같은 아까 산 운동복과 잘 어울리는 귀여운 양말, 손목 밴드, 아이팟을 끼울 수 있는 팔뚝 밴드, 아이젠, 승마 바지, 클라이밍 바지, 골프 클럽, 탭댄스 구두, 탱크탑 비키니까지. 쇼핑을 마친 후 버스를 타고 지친 몸으로 집에 오겠죠. 집에 들어선 순간, 바리바리 들고 온 쇼핑백을 바닥에 던져놓고 일단 대견한 자신을 칭찬하기 위해 맛있는 스튜를 끓여서 대접하겠죠.

그렇게 쇼핑을 한 후, 3주 정도는 아무런 움직임 없이 보내겠죠. 죄책감에 시달리다가 가장 쉽게 시작할 수 있는 운동은 달리기라는 생각을 하겠죠. 뛰는 건 뭐, 나도 할 수 있겠지! 30분 정도 휙 돌고 오면 되니까 식은 죽 먹기 아니겠어? (운동 다 하면 식은 죽도 먹을 자격이 생긴다니까요.) 새로 산 라이크라 소재 옷에 몸을 '낑겨' 넣고(입는 과정부터가 운동이에요. 나중을 위해서 한 사이즈 작게 샀거든요.) 록키 테마송인 〈Eye of the Tiger〉를 아이팟에 넣고 집 밖으로 뛰쳐 나가죠. 빰! 빰빰빰!

나선 후 옆집 마당에 있는 아주머니에게 손을 흔들며 자신 있게 인사를 하죠. '새로워진 저 좀 보세요. 오예!' 이제 저는 조깅하는 사람이에요. 〈Eye of the Tiger〉 노래가 여덟 마디쯤 나왔을까요? (대략 8초 정도 지났군요.) 다 괜찮은 듯했죠. 표범 같이 날랜 모습으로, 마치 뛰기 위해 태어난 사람인 것처럼 거칠고 자유롭고 의기양양하게~ 좋아! 적어도 5분은 달린 것 같네요. 시계를 확인했죠. 잉? 30초? 아, 이런… 더 가보자. 아이고야, 다리가 쑤셔오네. 호흡이…딸려… 결국 멈춰서서 신발끈을 묶는 척하죠. 아까 인사했던 옆집 아주머니가 아직도 쳐다보고 있거든요. 허벅지를 움켜잡고 후들후들 거리지 않게 애를 쓰죠. (서른 살을 넘으니까 살들이 메인 프레임과 다 따로 노는 게 저뿐만은 아니겠죠? 이런 걸 깨닫는 건 참으로 애처롭고 받아들이기 힘들다니까요. 조깅으로 돌아갑시다.) 옆집 아주머니가 들어갔네요. 하지만 기껏 30초만 달리고 다시 집으로 들어가는 모습은 들키고 싶지 않아요. 그 길로 펍에 가서 술이나 마시기로 하죠. 40분쯤 지난 후에 활기 넘치는 모습으로 옆집 창문 앞으로 지나가면서 자신만만하게 손을 흔드는 거죠.

달리기를 빼고 뭐를 해야 우리가 움직일 수 있을까요? 개인 트레이너? 사양할래요. 예전에 한번 개인 트레이닝을 해보겠다고 돈을 쓴 적이 있었거든요. 아침 7시 30분 까맣게 태닝한 젊은 오스트레일리아 남자가 초인종을 누르더군요. 냄새 나고 머리가 떡진 영국 여자와 대면하려고요. "미란다, 맞죠? 굿모닝! 저는 버드라고 해요. 빡세게 운동할 준비 되셨어요? 지방 좀 태워 볼까요? 기분이 아주 좋아질 거예요!" 이 말에 겁먹고 이렇게 답할 수밖에 없었어요. "아뇨, 싫어요. 저 지금 열나고 창피하고 화가 나고 땀도 나고 아프네요. 저리 가세요. 기름진 것 좀 먹고 제가 전화한 건 잊어주세요. 전 이만 침대로 돌아갈게요. 지금은 이런 짓 하기엔 너무 이른 시간이잖아요." 그러곤 문을 쾅 닫고 말았죠. 어쨌거나 돈은 60파운드나 내야 했지만요.

아하, 다이어트 DVD가 있었죠. 그런데 **저만 그런가요**, DVD를 보며 따라하다가 세 번째 동작쯤 되면 '뭔가 춤추는 동작 같은데?' 하는 생각이 들면서 소파에 털썩 주저앉은 다음 팝콘 한 봉지를 와작와작 씹으며 그냥 시청하게 되지 않나요? 비디오에 나오는 사람들이 입은 운동복에 대해 투덜대면서요. 참, 그리고 한 가지 더! 운동 비디오를 만드는 사람들은 몸이 '너무' 탄탄해요. 솔직히 말하자면요. 꼭 과시하는 것 같단 말이죠. 차라리 통통한 여자가 파자마를 입고 나와서 그레이프바인 동작을 10번 하면 파이를 먹을 수 있다고 하는 비디오를 보는 게 낫겠어요.

미란다 랜드의 법규가 실현이 되면 피트니스 DVD 등급 시스템을 도입할 거예요. 첫 단계는 아주머니 강사와 함께 운동을 하고 상으로 소시지가 준비되어 있어요. 그 다음 단계에는 근육이 조금 있는 66 사이즈 강사와 함께 운동을 하는 거예요. 그리고 마무리 단계가 되어서야 날씬이 미인 강사와 만날 수 있게 되는 거죠. 식스팩에 스쿼트로 다져진 몸매가 돋보이는 강사들 말이에요. 하지만 지금 같은 상황에서는 피트니스 DVD도 저한텐 맞지 않아요. 땡! 탈락!

"수영을 하는 건 어때요?"라고 말하는 사람도 있겠죠? 수영은 하기 싫은 분명한 이유가 있어요. 바로 몇 가지 끔찍한 입장 절차 때문이죠. 수영장에 가면 사물함 앞에서 옷을 갈아입어야 하잖아요. 사람들이 바글대는 곳에서 맨살을 보이지 않기 위해 수건을 입에 물고 한쪽 다리로 균형을 잡으면서 낑낑 대며 옷을 갈아입어야 하거든요. 벌거벗은 여자 무리 사이에서 숨 막힐 노릇이죠. (여러분, 공공장소에서 벌거벗는 건 절대 안 된답니다. 벌거벗은 채로 허리를 숙이는 건 말할 것도 없죠!) 그리고 수영장에 들어가기 전에 또 샤워를 해야 하고요. 아이고, 참! 집에서 씻고 왔거든요?

마침내 수영장에 들어왔어요. 그럼 상급자용, 중급자용, 초급자용 라인 중에 어떤 곳으로 갈지 선택해야 하죠. 살면서 만나는 불합리한 시스템이 여기에도 존재하죠. 중급자용 라인은 항상 사람이 바글바글하죠. (다들 안전하게 가고 싶어하니까요.) 결국 마음을 굳게 먹고 상급자용 코스에 도전하기로 하죠. 이곳은 그야말로 죽음의 벽에 갇힌 거나 다름없죠. 야망 가득한 올림픽 선수 지망생들이 접영을 하며 쏜살같이 지나다니니까요. 최대한 튀는 물을 피해 다니며 승부욕 가득한 함성 소리를 무시하기 위해 노력할 수밖에요. 결국 포기하고 슬금슬금 초급자용 라인으로 들어가죠. 초급자용 라인에서는 하루 종일 물에 몸을 담그고 있는 80대 노인들 뒤를 개헤엄으로 20분간 따라다닐 수밖에 없죠. 조금이라도 속도를 낼라 치면 할머니, 할아버지의 발에 얼굴을 채이고 마니까요.

사실 그전에 제가 수영장에 갈 수 없다는 문제가 있어요. 동네 수영장에서 입장 금지 당했거든요. 마지막으로 수영장에 갔을 때 제가 들어간 수영 라인의 너비가 폭력적으로 좁아서 제가 분노하고 말았거든요. 실은 굉장히 재밌긴 했어요. 밑으로 잠수해서 라인을 구분해 놓은 줄을 넘어 다니면서 반란을 일으키는 돌고래처럼 헤집고 다녔거든요. 그러다가 너무 빨리 넘어가는 바람에 스르륵 하고 제 탱크탑 비키니가 벗겨지면서 사단이 났어요. 글쎄, 물 밖으로 나와서야 알아차렸지 뭐에요. 아래를 내려다 본 저는 꽥 비명을 지른 후 다시 물속으로 풍덩 뛰어들었어요. 그것도 수영광들이 밀집한 상급자용 라인에 커다란 물보라를 일으키며 뛰어들고 말았죠.

이렇게 고만고만한 운동 종목을 다 시도해보고 나면 좀 더 대담해지곤 해요. 요즘 유행하는 운동에 도전해보는 거야! 하고 생각하게 되거든요. 줌바 댄스, 심근강화 필라테스, 재즈 복싱, 훌라 후프, 댄스 스포츠, 탭댄싱… 온갖 군데를 다 돌아다니다 보면 마침내, 몸에 선정적인 타투를 하고 온갖 약초가 담긴 바구니를 들고 다니는 중년 여성과 마주치는 날이 온답니다. 이런 여성들은 어김없이 노팅힐에 살고 있고 모든 병을 약초로 치료할 수 있다고 말하죠. 그리고 저에게 다가와 이렇게 말하는 거죠. "요가를 한번 해보세요. 요가는 정말 신비로운 운동이랍니다. 제가 이래뵈도 예순여섯이지만 아래쪽은 아주 탱탱한 청춘이랍니다. 호호호. 자, 느껴보세요!"

요가! 저는 딱 한 가지 이유 때문에 요가를 좋아할 수 없어요. 사람들은 요가를 하면 마음이 편안해진다고 하는데 서른다섯 살을 넘은 사람이 '엎드린 강아지' 자세를 하고 편안해지는 곳은 한 군데밖에 없지 않나요? 바로 '그 부분'이요. '엎드린 강아지' 자세를 취하면 우리 몸의 나팔이 활~짝 열리죠. 엎친 데 덮친 격으로 누군가 요가를 하다가 방귀를 뀌면 말이죠, 그 정적인 분위기에서 활~짝 웃을 수도 없잖아요.

이건 가장 기본적인 인권을 말살하는 거라고요. 아주 고요한 실내에서 누군가 커다랗고 끊이지 않는 방귀를 뀌었을 때의 적절한 행동

양식은 적어도 20분 간 주체할 수 없는 웃음을 터트리는 것 아닌가요? 요가 선생들은, 적어도 저한테는, 방귀 웃음 단속반 그 이상도 이하도 아니라니까요.

결국은 헬스장밖에 안 남는군요. 저를 조금이라도 안다면 제가 남의 땀으로 얼룩덜룩해서 찝찝한 운동기구들로 가득 찬 값비싼 헬스클럽이란 종교 시설을 믿지 않는다는 걸 짐작할 수 있겠죠? 물론 저도 헬스장에 가봤어요. 새해 첫날부터 자주 나갔었다고요. (9월쯤엔 헬스 트레이너가 될 수도 있겠다고 생각하며 24개월짜리 멤버십에 가입했어요. (2년짜리보다 짧아 보이잖아요?) 3주 동안은 매일매일 나갔는데 이틀 빠졌나? 그러고선 절대 다시 가지 않았어요. 그리고 나머지 23개월 동안 매달 60파운드씩 통장에서 빠져나가는 걸 지켜봐야 했죠. 세계 최고 '호구'가 된 기분이었죠. 저만 그런 건 아니겠죠? 다들 이런 식으로 바보가 된 경험이 있지 않나요? 우리 돈으로 헬스장을 먹여 살리는 거죠, 뭐. 1년에 720파운드를 갖다 바치면서 몸이 탄탄한 사람들의 몸을 더욱 탄탄하게 만들죠. 우리 돈이 없으면 헬스장은 망할 거예요. 탄탄했던 사람들은 결국 뚱뚱해지겠죠. 하지만 이젠 너무 늦었어요. 멤버십에 가입해버렸고 일단 가입하고 나면 취소하기란 하늘에 별따기거든요. 그러니 그저 앉아서 뚱뚱해지는 수밖에 없죠. 말랑말랑한 사람들이 더 말랑말랑해지는 동안요. 자기 자신이 실제보다 더 잘할 수 있다고 믿은 죄죠, 뭐. 새해 첫날에는 분명 할 수 있다는 의욕에 가득 차 있었는데 말이에요. 헬스장 멤버십은 기본적으로 너무 긍정적이어서 치러야 했던 세금, 한 마디로, 긍정세에요!

너무 낙담하지 마세요. 제가 해결 방법을 드릴게요. 미란다 랜드에서 운동 정책을 신설했답니다.

1월 첫째 주, 운동 경찰이 헬스장 바깥에 진을 치고서 멤버십에 사인할 것 같이 생긴 희망에 찬 손님이 보이면 민첩하게 다가가서 검문을 시작합니다.

"영화 〈히트〉에 나오는 다니엘 크래이그[1]를 보고 그렇게 되고 싶다고 해서 경솔하게 가입하려는 것이 아닌 게 확실합니까? 제가 미리 말씀드리지만, 그쪽분이 그 사람처럼 될 가능성은 **전~혀** 없습니다."

"그냥 공원이나 한 바퀴 산책하는 게 낫지 않을까요? 공짜인 데다가 날씨도 이렇게 좋은데요. 헬스장에 처박혀 있기엔 아깝지 않나요? 이 안에 들어가면 거대한 사타구니 냄새가 나거든요."

이렇게 엄격하게 검문을 하면 2년 뒤에는 헬스장이 아마 다 없어지겠죠. '성인 바운스 센터'로 업종을 변경하지 않을까요? 선택한 음악에 맞춰서 활기차게 바운스~ 바운스~ 하는 공간이요.

미란다 랜드에서는 철저하게 '재미있는' 운동만이 일반적인 운동 방법으로 권고될 거예요.

1. 말달리기 : 어른들도 다시 말달리기를 할 권리가 있어요!
2. 마라카스 : 레게와 살사 리듬에 맞춰 신 나게 마라카스를 흔들면서 살을 떨쳐내는 거예요.
3. 아침에 문워킹으로 화장실 들어가기 : 요건 의무 조항이 될 거예요.

실은요, 미란다 랜드가 실제로 만들어지길 기다릴 필요는 없어요. 지금 당장 마라카스를 만들어보세요. 빈병에 자갈을 넣고 막대기를 붙이세요. 그렇게 만든 마라카스를 들고 아무 살사 음악이나 틀어놓고 마음 가는 대로 흔들어 보세요. 〈댄싱 위드 더 스타〉를 보면서 흔

---

[1] 영국의 배우 겸 영화 제작자. 2006년부터 6번째 제임스 본드의 배역을 맡았다.

드는 것도 좋죠. 스타와 마라카스(Star&Maracas)! S&M이라고 부를 수 있겠네요! 왜요? 전혀 이상한 뜻이 아니랍니다!

　기억하세요. 운동은 무조건 재밌어야 해요. 뭐라고요? 재밌는 운동을 뜻하는 새로운 단어를 만들 시간이라고요?

　좋아요. 피트니스(Fitness) 대신 펀니스(Fun-ness) 어때요? 피트니스란 말은 버리고 펀니스만 해요, 우리! 길거리가 말달리기하는 사람들과 문워킹하는 배달기사, 땅따먹기하는 회사원으로 가득 찼으면 좋겠어요!

9. 다이어트 완벽 가이드

D I E T S

여러분, 출출한가요? 운동 얘기를 잔뜩 했더니 저는 배가 무척 고프네요. 하지만 샌드위치 좀 먹자고 권하진 않을래요. 다이어트해야죠. 이래 뵈도 예전부터 다이어트에 쭉 관심이 있었거든요. 40대에 날씬한 몸을 유지하는 게 가능하기는 한지, 그 방법은 무엇일지 고민을 많이 해봤거든요.

요즘 다이어트에 대해 얘기가 나오면 저의 비대하고 육덕진 가슴둘레에서 이 말을 꺼내고 싶군요. 무슨 말이냐고요? "제발 이제 그만 수조 원에 달하는 미친 다이어트 산업을 멈추면 안 될까요?" 사실 이 모든 미친 짓을 끝내기 위해 책을 하나 써봤어요. 여러분에게 먼저 공개할게요. 한번 읽어볼래요?

1장 적게 먹어라.
2장 많이 움직여라.
~끝~

과학적으로 명백하게 증명된 사실을 근거로 썼답니다. 우리는 4단계 다이어트 방법을 홍보하는 책을 사거나 햄스터도 안 먹을 가당찮은 식품을 입에 밀어 넣을 필요가 없다고요. 아침에 자몽과 블랙커피를 먹었기 때문에 입냄새가 끔찍한 거라고 애인에게 구구절절 설명할 필요도 없고요.

제가 쓴 이 책만 있으면 말도 많고 탈도 많은 온갖 다이어트 상술도 끝이에요. 다이어트 산업에 종지부를 찍는 저의 마지막 기여물이랍니다. 감사합니다. 미란다로부터.

자, 차 한 잔과 비스킷을 먹으면서 보상을 받읍시다. 어허, 두 개 말고 하나만요. 제 다이어트 책의 1장 '적게 먹어라.'를 지켜야죠. 땡큐 베리감사!

휴식 시간

자, 또 다른 휴식 시간이 왔군요. 그동안 여성지를 먹여 살리는 몸매, 미용, 운동, 다이어트라는 주제에 대해 열심히 수다를 떨었으니 우리는 쉴 자격이 있어요.

저번 휴식 시간에 다뤘던 목록을 다시 돌아볼 시간이에요. 또 다른 목록도 준비되어 있고요. 자, 체크, 체크!

- ☐ 미용실에 갔다가 화가 나서 성난 짐승으로 변해 미용실을 다 박살 내고 싶었던 적이 있다.
- ☐ 스파에 들어갈 때 치즈 덩어리를 밀반입하고 싶다는 충동에 휩싸인 적이 있다.
- ☐ 가죽벨트를 집어 던진 적이 있다.
- ☐ 평범한 파티 카프탄을 걸치고 통굽 신발을 신은 적이 있다.
- ☐ 똥싸개 춤을 춘 적이 있다.
- ☐ 슈퍼마켓 계산대 앞에 교활하게 진열해 놓은 과자 매대에서 생각도 없었던 과자를 집어서 계산한 적이 있다.

- ☐ 말달리기를 한 적이 있다.
- ☐ 잔디밭에서 뜀박질을 한 적이 있다.
- ☐ 〈댄싱 위드 더 스타〉에 나오던 춤을 60% 이상 따라 춘 적이 있다.
- ☐ 사무실에서 땅따먹기를 주도한 적이 있다.
- ☐ 어른이 된 후 재밌는 운동을 한 적이 있다. (예: 마라카스)

자 두 번째 과제를 알려줄게요. 맞아요, 과제 시간이에요. 저번 휴식 시간에 얘기했던 마지막 항목은 실천해 봤나요? 저는 집에서 아주 즐거운 시간을 보냈답니다. 핸드폰 없이 혼자서요. 영화를 평소보다 훨씬 더 집중해서 봤어요. 제 삶에 대해 생각도 좀 하면서요. 그러고선 시를 하나 지어서 장식용 오리 앞에서 낭독했죠. 그러다가 제 핸드폰이 시계 역할도 해왔다는 걸 깨달았죠. 대체로 핸드폰이 없으면 자유롭긴 해요. 핸드폰을 잠시 꺼두고 시간을 보내는 건 정말 좋은 일이에요. 어린 미란다한텐 말하지 마세요. 걔가 맞는 말을 했지만 말이에요.

두 번째 숙제는 좀 영국인스럽지 않아요. 브라를 시작해 보는 일처럼요. 또는 사우나에 편안하게 앉아있거나 줌바 댄스를 추거나 요가 하다가 방귀 끼고 웃음을 참는 일처럼요. 하지만 부끄러워 마세요. 여러분의 세상을 재밌게 만들 거니까요. 약속할게요. 자, 과제 나갑니다. 행운을 빌어요.

거울을 들여다보며 이렇게 말하세요.
"나랑 똑같이 생긴 사람은 이 세상에 없어.
내 모습 그대로, 나는 아름다워."

아, 그거 아세요? 이제 겨우 책의 절반까지 왔다는 걸요. 아직도 의논할 이야기가 수두룩하답니다. 더 많은 삶의 딸꾹질에 대해서요. 작은 미란다에게 경고해줘야 할 것들이죠. 사소한 일들이지만 갑자기 잘못된 상황에 툭 튀어나왔을 때 어찌할 바를 모르겠는 그런 순간들, 다들 알죠? 자, 마음속에 인생의 딸꾹질을 떠올리면서 책을 읽어 나갑시다. 다음에 소개할 노골적이고 칙칙한 주제는 바로…

10. 건강과 염려 사이

H E A L T H

이 얼마나 멋들어진 독자인가요! 여기까지 읽은 독자 여러분은 '멋들어진' 등급으로 한 단계 업그레이드되었어요. 잠시 여러분에게 칭찬 좀 해도 될까요? 그 옷 잘 어울리네요! 새 옷인가요? (여러분이 지금 입고 있는 옷이 정말로 방금 산 옷이라면 얼마나 재밌겠어요!) 휴식 시간을 읽으면서 컨디션을 좀 회복했나요?

(작은 미란다가 들어온다. 상태가 좋아 보이지 않는다.) 숨을 못 쉬겠어, 도와줘! 아이고, 끔찍해. 휴… 기절할 것 같아. 아, 미치겠네…

무슨 일이야?

한델 선생님 화학 시간인데 겨우 빠져나왔어. 화학 시간은 원래 재끼는 과목이거든. 대체 리트머스 종이 가지고 뭐 하자는 건지? 근데 아까 직장에서 사무용품이나 주문하면서 산다는 얘기를 들으니 아무래도 공부를 좀 해둬야 할 것 같더라고. 이게 다 너 때문이야! 아, 정말 숨을 못 쉬겠네. 방금 무슨 이상한 가루로 실험하는 중이었거든. 분젠 버너에 올려놓고 땅콩 안에 에너지가 얼마나 많이 들어있는지 알아보는 실험이었어. 구리를 입혀서 폭발하는지 알아본다고 했던가, 아닌가? 아무튼 그런 이상한 실험 알지… 그나저나 팟지가 땅콩 까먹느라 정신이 없어서 내가 실험을 했는데… 방금 독가스를 들이마신 게 분명해! 호들갑 떨고 싶지 않지만 나 진짜 죽을 것 같아! 이제 이 세상에 있을 시간도 얼마 안 남았어… (죽는 시늉을 한다) 서둘러… 유서를 써야 해. 더 이상…숨을 쉴… 수가…….

진정 좀 할래?

진정하라고? 지금 죽겠다니까! 지금 진정할 정신이 있겠어? 빨리 엄마 불러! 내 장례식에는 달러[1]에게 〈Mirror Mirror〉를 불러달라고 해야겠어.

저기, 너 지금 안 죽는다니까!

그걸 어떻게 알아?

당연히 내가 알지. 내가 살아있다는 증거잖니. 건강 상태가 좀 저질이긴 해도 원숙한 서른여덟 살 미란다가 여기 살아있다고.

아, 맞다. 어머, 미안. 독자 여러분? 호들갑 떨어서 미안해요. 휴~ 한델 선생님이 날 독살하려고 폐를 공격하는 성분을 넣어놓은 줄 알았어.

그럴 일은 없으니 걱정 마. 네 폐는 아주 건강하니까. 그냥 너무 극단적으로 망상을 해버려서 단순한 공황 발작을 일으킨 것뿐이야. (조금

---

1 1970년대에 인기가 높았던 영국의 팝 듀오. 대표곡으로 〈Mirror Mirror〉, 〈I Wanna Hold Your Hand〉 등이 있다.

있으면 괜찮아진답니다, 여러분.) 한델 선생님이 걱정할 것 없다고 말하지 않았어? 선생님 말 좀 들어. 다 알고 하는 말이니까.

    그건 아닌 것 같은데… 그 뭐시기냐, 주기율표인가 뭔가는 선생님이 막 만들어낸 것 같던데. 대체 그게 뭐에 쓰는 거냐고!

그건 나도 여전히 잘 모르겠어.

돌아가서 한델 선생님한테 더 이상 그 멍청하고 괴상한 수업 안 듣겠다고 해야겠어. 다른 것보다 선생님 머리가 얼굴에 비해 너무 커. 진짜 진심으로 하는 말이야. 머리카락 속에 뭘 숨겨놓은 거지? 벌집? 아냐, 다람쥐 둥지 정도는 돼 보여. 거대하게 부풀어 오른 빵 같이 생겼단 말이지. 분명 헤어스프레이를 잔뜩 뿌렸을 텐데… 그 머리로 버너 근처에 다가가는 게 얼마나 위험해 보이던지. 교장 선생님한테 일러버린다고 해야겠어.

제발 한델 선생님한테 밉보일 짓 좀 하지 마. 20년 뒤에 학교에 놀러 갔을 때 선생님하고 만난단 말이야.

    대체 왜 학교에 놀러가?

음, 학교 대강당에서 대담을 하거든.

    설마 전교생 앞에서 시험을 보는 거야? (패닉) 주기율표를 외워서 발표하는 그런 건 아니겠지?

'예술'에 관한 대담이야.

무슨 헛소리야! 내가 예술에 대해 뭘 안다고? 지금부터 공부해야 해? 꽤나 무시무시해 보이는데. 이게 다 중등교육자격검정시험에 떨어져서야. 왜 그렇게 공부를 못해 가지고 20년 동안 만회하느라 고생~ 고생~이야. 네가 그렇게 멍청해서 전교생 앞에서 창피를 당하게 생겼잖아. 악~ 앗, 아파. 심장이야. 이것 봐. 난 심장이 약하다니까. 나 또 죽는다. 아이고, 아이고… (갑자기 무슨 생각이 떠올랐는지, 그만 죽는다.) 잠깐만. 한델 선생님이 20년 뒤에도 학교에 있다고? 완전 늙었는데!

아니야. 그때는 한델 선생님이 나이가 엄청 많은 줄 알았는데, 지금의 내 나이일 뿐이야. 성적 생산력이 무궁무진한 시기지. 호호.

으엑. 토 나온다. 심장이 다시 쿵쾅거리네. 아까 그게 독가스가 맞다니까… 내 느낌이 맞다고.

그만 좀 해!

미안. 머저리 행성에서 온 찌질이 같았지?

그래. 잊을 만하면 또 그러고. 일주일에도 몇 번씩 무슨 병에 걸렸다면서 죽는다고 발작을 일으키잖아.

그렇게까지 심하진 않거든!

그거 기억나? 트림하고 방구를 동시에 하면 뻥 터져서 죽는다는 헛소리를 2년 동안이나 믿었던 거? 그리고 클레어베어네 집에서 잘 때 전기담요를 처음 덮고 자는데, 오줌 싸면 전기에 감전될까봐 밤새 잠을 못 잔 적도 있었잖아.

흥. 밤중에 전기 감전사로 죽는 것보단 낫지. 하마터면 엄청 쪽팔릴 뻔했다고. 클레어베어가 학교 가서 내가 오줌 쌌다고 소문낼 뻔했잖아!

또, 배꼽으로 물이 들어온다는 말을 믿고 가라앉을까봐 물놀이도 마음 놓고 못했지? 어제 저녁에는 밥 먹다가 말고 식탁 위에 있던 소시지가 세균투성이 같이 느껴진다고 소시지를 물에 씻었잖아. 그리고 아주 조금이라도 몸이 뜨거워지면 자연발화할까봐 불안해하잖아.

잠깐만! 자연발화는 진짜로 일어난다고 했어! 뉴스에서 봤어. 어떤 남자가 TV를 보다가 눈 깜짝 하는 새에 잿더미가 되어 있었다고! 완전 식겁할 노릇이지! 너무 무서워!

쉿… 혼자 북 치고 장구 치고 뭐하니. 그렇게 몸 걱정만 하다보면 생기가 다 쪽쪽 빨리고 껍데기만 남는다고. 자, 들어봐. 뭐 하나 고백할게. 너한테 병이 하나 있어.

(순식간에 하얗게 질리더니 숨 죽인 목소리로) 뭐?

너는, 그러니까, 우리가 이름 붙이기로… 심기증이야.

오. 마이. 갓! 얼마나 남았어? 내 물건 정리부터 해야겠네. 동생한테 테이프 카세트 가지라고 해야겠다. 엄마한테는 드라마 〈네이버스〉의 배경이 그려진 이불보를 가지라고 하고. 가수는 역시 달러를 불러야겠어. 장례식 일정을 정리해야지. 마이클 J. 폭스[1]가 상여꾼이었으면 좋겠어. 키가 좀 작지만, 마이클의 키랑 맞는 사람 세 명을 구해야

---

1 영화 〈백투더퓨처〉에서 주인공을 연기했던 캐나다 출신 배우.

겠지. 안 그러면 마이클은 그냥 둥둥 떠있는 관 아래에서 걸어가는 꼴 밖에 안 될테니까… 학교 친구들이 내 장례식에서 〈Thank you for the Music〉을 불렀으면 좋겠어. 그리고…

그만, 그만! 심기증은 그냥 건강에 대해 걱정을 너무 많이 하는 병이야. 이 병에 걸린 사람은 자기가 병에 걸렸다고 시종일관 불안해하지. 인생의 반을 죽을까봐 걱정하며 보내는 사람, 그러니까, 바로 너 같은 사람 말이야.

무슨 소리야. 난 그냥… 신중한 성격일 뿐이야.

너 작년에 '털뭉치' 사건 기억 안 나? 독자들에게 네가 의사선생님한테 말했던 걸 얘기해봐.

아, 음… 정말? 알았어, 모왓 선생님한테 가서 목에 간지러운 게 끼어서 자꾸 기침이 난다고 했어. 내가 키우는 고양이 올리에가 털뭉치를 입에서 뱉은 적이 있거든. 그걸 보니까 문득 내 목에도 털뭉치가 걸린 게 아니지 걱정이 돼서…

그래서 모왓 선생님이 뭐라고 했지?

내가 고양이냐고 물어봤지. 만약 내가 고양이라면 기침해서 털뭉치를 뱉어냈을 거라고 말씀하셨어. (의사라고 잘난 척하긴. 흥!) 그리고 내가 고양이가 아니라면 목에 털뭉치가 걸릴 만큼 자주 고양이나 동물을 핥았냐고 물었지. 그런 게 아니라면 괜찮을 거라고 했고.

그때 병원에 가지 말았어야 했어. 지금은 은퇴하신 모왓 선생님하고 매년 엄마 아빠가 여는 크리스마스 파티 때 마주친단 말이야.

아직도 살아계신다고?

그래. 니가 너무 어려서 어른들이 다 엄청 늙어 보이는 거야. 매번 모왓 선생님을 볼 때마다 그때 털뭉치 가지고 찾아갔던 게 떠오르면서 창피함에 얼굴이 뜨거워진다니까. 잘 익은 자두처럼 암갈색으로 변한다고. 내 절반은 고양이인 척하고 싶었지. 내가 미치지 않았다는 걸 증명하기 위해서. 그치만 파티에서 야옹거리며 고양이 흉내를 내면 얼마나 더 미친 걸로 보이겠어?
작은 동네에 사는 독자 여러분, 여러분은 어떻게 생활하는지 모르겠네요. 동네 의사랑 마주칠 때마다 창피하지 않나요? **저만 그런가요?** 매번 예상치 못한 곳에서 의사 선생님하고 마주치면 의사 선생님이 얼굴을 빤히 쳐다보면서 아주 창피한 진료 기록을 떠올리는 것 같지 않나요? 제가 만약 의사였다면 (다행이도 신에게 금지 당했죠. 제가 의사라니, 상상이 돼요?) 길거리에서 마주치는 사람들을 보고 손가락질하며 웃지 않으려고 아주 힘들었을 거예요.

자, 다시 어린 미란다한테 돌아와서. 넌 심기증이 맞다니까. 그럴 수밖에 없어. 누구 탓인지 알아? 드라마 〈네이버스〉!

〈네이버스〉가 왜?

버크샤 마을에 살면서 언덕 꼭대기에 있는 학교 다닐 때 기억 나? 집에 와서 오후에 〈네이버스〉 보는 게 네가 접하는 세상 전부였잖아. 이웃사람 중에 누가 머리가 아프거나 기억이 안 난다고 하면 다섯 화 안에 뇌종양 때문에 죽어나갔지. 워낙 이야기가 급전개 되는 데다가 스토리는 엄청나게 막장이었잖아. 캐릭터들이 다 극단적이고 반전을 가지고 있었고. 그치?

맞아.

그 드라마를 봐서 사람이 쉽게 병에 걸리거나 죽는다고 자꾸 생각하게 되는 거라고. 알겠어?

음… 그렇구나. 들어보니 말이 되는 것 같네. 근데 나이 먹어도 심기증이 낫지 않는 거야?

좀 괜찮아지지. 〈ER〉 DVD를 보면서 수술대 위에서 죽을까봐 노심초사하지 않을 정도로 정상인이 되었단다.

DVD? 〈ER〉은 또 뭐야?

DVD는 동그랗고 납작하게 생긴 비디오야. 〈ER〉은 1990년대에 나온 엄청 재밌는 의학드라마야. 무엇보다도 조지 클루니가 아주 섹시하게 나오지!

조지 클루니가 누구야?

아이고, 아직도 조지 클루니를 모르다니, 불쌍한 것! 조지 클루니는 영화 배우야. 미친 듯이 섹시한 배우지. 케빈 베이컨보다 10배는 더 섹시해!

워우! 말도 안 돼! 어제 〈풋루즈〉[1]에서 케빈 베이컨 봤는데, 와우!

---

1   1984년에 만들어진 영화. 시골 마을로 이사 간 주인공 렌은 젊은이들의 행동을 통제하는 어른들에

그 조지 버터 뭐시기가 톰 셀렉[2] 보다 나아?

톰 셀렉? 언제적 얘기야?

〈세 남자와 아기〉[3]에 나오는 톰 셀렉 말이야… 정말 멋있어. 결혼하고 싶어. 아, 실은 어젯밤에 의사랑 결혼해야겠다고 생각했어. 그러면 항상 안심하고 살 수 있을 거 아니야.

그거 괜찮네. 나는 의학적 지식이 탐나서보다는 하얀 가운이 매력적이라서… 그리고 명령하는 모습이라든지, 진찰하면서 날 쳐다보는 그 눈빛… 게다가 그 청진기… 하아…

저기, 지금 그거 소리 내서 말하고 있거든?

어머, 죄송해요, 여러분. 넘어갑시다…

시간이 흐르면 심기증도 점점 약해질 거야. 고백 하나 하자면 여전히 아픈 게 싫어. 정말 끔찍해. **저만 그런가요?** 의사를 만나러 가는 일은 정말 끔찍한 일이죠. 끔찍해, 끔찍해, 끔찍해.(계속 끔찍하다고 말하다 보니 게슈탈트 붕괴 현상이 일어나요.)
  제가 여태까지 죽지 않고 살아있도록 해준 많은 의료계 종사자분들에게 존경과 감사의 마음을 가지고 있지만요, 솔직하게 고백할 것이 하나 있어요.

게 반항하며 자유롭고 싶은 욕구를 춤으로 표현한다. 한국에는 〈자유의 댄스〉라는 제목으로 소개됐다.
2 드라마 〈프렌즈〉에서 모니카와 사귀었던 안과 의사 리차드 버크를 기억하는지? 80년대에 인기 TV 시리즈 〈탐정 매그넘〉으로 박력있는 남성의 심볼로서 각광을 받았던 배우라고 한다.
3 1987년 만들어진 영화. 버려진 갓난아기가 독신 생활을 즐기는 세 명의 뉴요커 앞에 나타나면서 벌어지는 소동을 그렸다.

일단 '수술실'이란 말! 암울한 단어죠. 여러분도 그렇게 생각할 거예요. 피와 뼈 그리고 으스스한 이미지가 떠오르잖아요. 아플 때는 긍정적이고 즐거워 보이는 곳에 가야 하는 거 아닐까요? '꼭 앉아주는 집'이나 '건강의 집' 같이 말이에요.

물론 심각한 병에 걸리지 않으면 진료실에 들어가지도 못하겠지만요. 게슴츠레한 눈으로 심장을 부여잡고 땀을 흘리는 몸으로 끙끙 거리며 진료실로 쳐들어가서 혹시 감기려나 추측하고 있을 때 마주치는 것은 이렇게 쓰인 표지판과 마주치는 거죠. **감기에 걸린 것 같으면 진료실에 들어오지 않아도 됩니다.**

글쎄요, 지금 감기인지 아닌지 확실히 모르겠는데요? 여기 온 이유가 뭔데요? 의사가 감기인지 아닌지 말해주길 바라면서 온 거죠. 그게 의사가 하는 일 아닌가요? 바깥에 서서 셀프 진단을 하란 소리? 지나가는 사람 붙잡고 내 머리에 손 대고 진단해달라고 물어요? 당연히 전문가 의견을 듣고 싶은 게 인지상정 아니겠어요?

반항하는 마음에 용기를 내서 대기실로 들어가죠. 축축한 세균의 온상, 과대망상을 불러일으키는 장소죠. 어디를 쳐다봐도 걱정되는 것뿐이죠. 아 분명 나는 병에 걸렸을 거야. 클라미디아, 시클로스포, 탄저병…….

벨라가 클라미디아에 걸렸다는 소문이 두 학기 내내 퍼져 있더라고. 근데 완전 뻥이었어. 지가 학교에서 유일하게 섹스해본 걸 자랑하려고 직접 퍼프린 소문이었어. 그럴 줄 알았다니까. 너무 충격적인 소문이라 믿기지가 않았거든.

말 꺼내줘서 고마워. (참고로 여러분, 뒤쳐진다고 조급해하지 마세요. 나중에 들어온 놈이 아랫목 차지한다잖아요?) 미란다 랜드가 현실화된다면 진료실 벽에는 강아지, 고양이, 그리고 생기가 넘쳐서 볼이 발그레한 아이들이 아이스크림을 먹는 이미지를 걸어놓을 거예요. 미란다 랜드에서라면 병명도 발음하기 쉽고 듣기 좋게 바꿀 거예요. 황달 대신 '햇살 광채', 간경변 대신 '장미 꽃잎 몽우리'가 어떨까 싶네요. 미란다 랜드에서는 어쩌면 병이 나길 바라게 될지도 몰라요.

진료 대기실 불안증은 옆에 앉는 사람을 선택할 수 없기 때문에 더 극심해지죠. 열 번 중 여덟 번은 꼭 대기실 미친놈(공식적인 표현으로 알고 있어요)이 옆에 앉더라고요. 그런 사람 알죠? 분명 앞을 자리가 열 군데 넘게 비어있는데도 굳이 내 옆자리로 와서 풀썩 하고 앉는 사람이요. 수다 떨려는 느낌이 확 들고요. 입냄새도 빼놓을 수 없죠. 대체 왜 구취가 있는 사람은 (아, 미란다 랜드에서는 '개성있는 입향'이라고 불러요) 항상 숨을 크게 내뱉는 문자로 이루어진 말을 선택하는 걸까요? 한번은 제 옆에 앉은 사람이 꺼낸 첫 마디가 "**파**란색 옷 입은 아줌마가 밖에서 **파**란색 **파**자마를 팔더라고. **파**하하~"였어요. '파'를 발음할 때마다 입냄새가 저한테 훅 끼치더라고요.

자리가 널널한데도 왜 하필 제 옆자리에 앉는 걸까요? 우린 영국인이에요. 별다른 이유가 없다면 바로 옆에 앉지 않는 게 암묵적인 규칙 아닌가요? 대기실에서 우리는 점 같이 앉아 있죠. 항상 사이에 한 자리만큼 남겨두고 그 사이를 채우는 일은 거의 일어나지 않아요. 서로의 개인 공간을 침해하지 않아야 하니까요.

누군가 옆에 앉는 걸 피하려고 저는 아주 '쬐끄만' 어린이 의자에 앉아본 적도 있어요. (물론 팔걸이가 달린 건 피해야죠. 앉았다가 엉덩이에 의자를 끼운 채 일어서는 굴욕은 피해야 하니까요.) 좀 우스꽝스러워 보일 수도 있지만 다른 사람의 공간을 침해하지 않는다는 영국인 규칙을 깨지 않을 수 있으니까요. 얼마 후, 의사를 보러 갈 시간이 되었죠.

으악! 설마 우리 여전히 의사랑 어색해?

미안하지만 그렇단다. 의사랑 함께 있는 어색한 순간을 재연해야겠군요. 독자 여러분 중에 한 명이라도 의사와의 역경을 이해할 수 있다면…

미란다(나이는 상관 없음. 나이를 안 먹으나 먹으나 똑같은 상황에 처함)가 진료실에 들어선다.

> 미란다: 안녕하세요, 의사 선생님!
> 의사: 안녕하세요. 이쪽에 앉으세요.
> 미란다: 감사합니다. 정말 진심으로 감사합니다. (바보 같은 웃음을 실실 흘린다)
> 의사: 어디가 이상해서 오셨나요?
> 미란다: 아무래도 감기에 걸린 것 같아요. 감기에 걸렸다는 걸 알면서 진료실에 들어오면 안 된다는 걸 알지만 제발 절 죽이지 마세요. 당연히 의사 선생님이 절 죽인다는 건 아니고요. 사람을 죽이지는 않으시잖아요? 무슨 말인지 아시죠? (필요치 않게 커다란 웃음이 터진다. 농담이 그리 재밌지도 않았다.) 제 말은 저를 탁박하지 마시라고요. 물론 화내실 때 꽤 섹시해 보이긴 하지만요. 섹시 의사 선생님.
> 의사: 뭐라고요?

미란다: 아, 아니에요. 감기인데 여기 와서 죄송하다고요. 심한 것도 아닌데⋯ 저는 얼마나 심한 여자인지⋯ 때려주세요.
의사: 뭐라고요?
미란다: 뭐요? 아무 말도 안했는데⋯ 밖에서 애들을 때린다는 소릴 들은 것 같네요. 사람들이 참 이상하다니까요. 참 이상하죠?
의사: 자, 좀 볼까요?
미란다: 자, 보세요!
(의사가 한숨을 쉬고 매우 안 섹시하게 미란다의 귀를 비춰본다.)
미란다: 크크크, 기분이 이상해요. 제 뇌도 보이나요? 엄청 클 텐데요. 하하하!
의사: 윗도리 올려보세요. 가슴 좀 진찰해 볼게요.
미란다: 오-예. 물론 좋지요. (윗도리를 올렸다가 휙 내린다) 어머, 죄송해요. 지금 일상 브라를 입고 있어서요. 보통은 베이지 색 브라는 안 입거든요. 참, 베이지 색을 누드 컬러라고 부르더라고요. 들어보셨어요? 보통은 누드 브라는 안 입는데요. 흑색에 주름 장식이 많은 브라를 입어요. 그게 저거든요. 아니, 제가 흑인이라는 게 아니고요. 보시다시피. 아, 주름이 많은 건 맞네요. 이 누드 브라는 '오늘 기분 그저 그래'라고 말할 때 입는 브라에요. 누드로 있는 것보단 누드 브라 입고 있는 게 낫죠? 좋은 단어에요. 누드. 누우드. 누우우우우우드.

(의사는 겁에 질린 모습으로 미란다에게 진단서를 건넨다. 미란다는 미친 듯이 뛰쳐 나온다.)

아오, 창피해! 지금 말 그대로 윗도리 안에 얼굴을 숨겼어.

알아, 알아. 좀 심했다는 거. 우린 그냥 의사들이랑 안 맞아. 내 시트콤에서 실제로 일어난⋯

뭐?

아, 너는 들으면 안 되는 거였는데. 무시해.

뭐야, 잠깐만. 누가 내 얘기를 시트콤으로 만들었어? 어마마, 완전 쪽팔려! 그러면 그렇지. 나한테 일어날 법한 일이야. 난 완전 멍청이야. 멍청한 데다 찌질하고 루저왕이야. 내 팔자가 그렇지. 내 삶을 비웃고 시트콤으로 만들다니. 아직 이민 안 가고 산 게 용하다.

뭐, 그냥 살고 있어. 하지만 우리가 찌질이라는 걸 네가 인정해서 좋아. 특히나 의사들하고는 항상 그렇거든.

터무니 없이 의사한테 추파를 던지는 일에는 소질이 없어요. 공공기관 같은 엄숙한 공간에서 뿜어져 나오는 "아뇨. 여기는 정말 진지한 장소입니다. 심각하게 말씀 드립니다. 여기서 죽을 수도 있어요" 분위기 때문일지도 모르겠어요. 그렇지만 병원에 가면 인간의 존엄성이 무너진다는 건 다 아는 사실이죠. 무엇보다도 뒤가 탁 트인 병원 가운만은 어떻게 할 수 없을까요? 뒤판에 30센티 정도 틈을 만들어 놓은 데는 합당한 이유가 있겠지만 매번 입을 때마다 너무 굴욕적이거든요.

아주 오래되어 녹슨 자전거를 정비하듯이 몸을 질질 끌고 병원에 가서 이것저것 지루한 검사를 해야 할 때가 있죠. 정기적으로 방문해서 검사를 받다 보니, 물론 대부분 신경과에 집중되어 있긴 하지만, 검사가 어떻게 돌아가는지 알아놓는 게 좋겠더군요. 물론 병원에서 전문가들이 하는 일은 고귀하고 존경 받을 만한 일이지만 조금 알아본 뒤에는 병원 시스템을 전부 신뢰하기는 힘들더라고요.

조사하는 동안에 환자 일지를 발견했어요. 실제로 국립 병원에서 의료 담당 비서가 쓴 내용이었죠. 모든 게 실제에요. 준비됐나요? 제가 발견한 걸 보고 흥미롭기도 하고 놀랍기도 할 거예요.

1. 환자는 평생 변비에 시달리다가 이혼 후 쾌변을 시작했다고 한다.
2. 환자의 병력이 놀라울 정도로 하찮다. 지난 3일 동안 체중이 18킬로그램 정도 늘어난 것뿐.
3. 오한이나 경련을 일으키진 않지만 남편이 말하길, 어젯밤에 침대에서는 매우 뜨거웠다고 한다.
4. 1년 넘게 왼쪽으로만 누워 잤다고 말한 게 거짓말이라면 환자가 심장 통증이 있는 게 맞는 듯.
5. 둘째 날 무릎이 나아졌고 셋째 날 무릎이 사라졌다.
6. 환자가 백혈구를 다른 병원에 두고 왔다.
7. 환자가 간헐적으로 눈물을 흘리며 운다. 우울증도 있는 듯하다.
8. 환자는 나를 처음 본 1993년 이래로 계속 우울하다.
9. 환자 상태: "살아 있음, 의사가 허락하진 않았음."
10. 환자가 아침으로 와플을 먹었고 점심에는 거식증에 걸렸다.
11. 발가락에 감각이 없다고 한다.
12. 환자가 초롱초롱한데 반응이 없었다.

으악, 나 패닉 상태야. 병원 가기 싫다, 진짜!

뭐 그렇게 암울한 건 아니야. 그냥 근본적으로 '부끄부끄'할 수밖에 없는 장소에 대한 불평이지. 흠… 지금부터 할 말은 좀 조심스러운데요. 만약 비위가 약한 편이라면, 특히… 그러니까… 소화불량과 관련된 아래쪽 이야기에 약하다면 주의하세요.

악, 악, 악! 내 인생이 갈수록 나빠질 줄이야!

남은 부분은 건너뛰길 바랄게. 너 자신을 위해서 그만 여기서 내리고 다음 장에 가 있으렴. 혹시 걱정되는 분들도 다음 장에서 만나요.

어린 미란다가 갔나 봐요. 좋아요. 이따금 장 검사를 할 때는 대장

내시경을 해야 하죠. 아주 단순한 거죠. 카메라를 엉덩이로 집어넣는 거니까요. 보통 관장을 하는데, 그러고 나면 가끔, 휴… 이걸 어떻게 말해야 하려나… 혼란스러운 흔적을 남기기도 하죠. 복부가 점점 팽창하면서 위험 영역까지 가죠. 그러다가 방귀를 뀌고 싶은 신호가 강력하게 오고요. 분명 '안전하게' 나올 녀석은 아닌 느낌이 들고 말이에요. 이런 상태를 안정시키려면 보통 몇 시간쯤은 필요하죠.

전 이 사실을 엄청나게 어렵게 깨달았어요. BBC에서 중요한 미팅이 있었는데 내시경을 한 후 2시간이나 갇혀있어야 했죠. '안전 상태'에 도달했다고 안심했는데. 미팅하는 동안 가스가 터질 것 같은 신호가 오는 거예요. 잠시 양해를 구하고 방을 나가서, 정말 제가 보증하건데, 인간 역사상 가장 크고 길게 내뿜어져 나오는 방귀를 방출했어요. 어떻게든 소리를 가려보려고 기침을 크게 했는데, 기침하느라 힘을 준 탓에 무슨 조치를 취하기도 전에 그만, '끝까지' 가고 말았어요. (최대한 순화한 표현이랍니다.)

얼른 화장실로 뛰어가서 아랫도리를 벗을 수밖에 없었어요. 그리고 뭐가 가릴 것을 찾았죠. 결국 큼직한 패이즐리 무늬의 숄을 교묘하게 두를 수 밖에 없었어요. 그날 숄을 가지고 가서 천만다행이죠. 하느님, 예수님, 부처님, 알라신, 하늘에 계신 모든 신들께 감사, 감사합니다.

이런 시나리오에선 다음에 어떻게 대처해야 할까요? 딱히 마땅한 방도가 없다는 걸 다들 공감할 거예요. 완전히 경로를 이탈한 상황이죠. 방안에 다시 돌아가서 뭐라고 말할지 BBC 화장실에 얼어붙은 채 잿빛 얼굴로 거울을 보며 머리를 굴리기 시작했어요. 여러 가지 생각이 떠올랐죠.

1. "패션 단속 경찰관한테 전화가 왔는데, 아까 입은 바지는 유행이

지난 지 오래라네요."

2. "갑자기 이타적인 욕구가 차오르더니 바지를 아동 연합에 기부하고 싶어져서요. 여러분은 오늘 하루 보람 있는 일을 했나요?[1]"

"도베르만이 제 바지를 물어 뜯어버렸어요. 제레미 팍스만[2]의 개가 아닐까요?"

"바지요? 무슨 바지요? 제 평생 바지 입은 적은 한 번도 없는데요? 아까 방 나갈 때요? 아니에요, 바지 안 입고 있었어요. 정신이 없는 건 그쪽 같은데요?"

만약 (그럴 일이 있으면 안 되겠지만) 비슷한 상황에 처하면 아무 거나 골라 쓰세요. 결국 패이즐리 무늬로 된 스카프를 두르고 방으로 들어갔는데 책임 프로듀서들 얼굴에 혼란스러운 빛이 서성이는 게 눈에 들어왔어요. 그래도 용감하게 맞서기로 했죠. 아랫도리를 야단스럽게 드러내며 이렇게 말했죠. "나체주의자가 될까 생각중이에요. 아직 마음을 못 먹어서 일단 반만 드러내 보았어요. 호호."

혼란스러운 표정이 경악스럽게 변하더군요. 저는 가능한 한 최대한 자신감 있는 모습으로 방을 나왔죠. 그게 최선의 대응이었는가는 잘 모르겠어요. 하지만 스카프가 꽤 비쳤던 덕분에 나체주의자 운운한 게 먹혔던 모양이에요. 여러 모로 참 잊지 못할 미팅이었어요.

완전 구역질 나! 너는 심기증 환자는 아닐지 몰라도 나는 맞거든. 지금 완전 정신 나갈 것 같아!

---

1 "What have you done today to make you feel proud~" 헤더 스몰의 〈Proud〉라는 노래. 시트콤 〈미란다〉에서 미란다의 친구 스티비가 자주 흥내내는 노래이다.
2 〈뉴스나이트〉 앵커. 정치인을 포함해 인터뷰이를 심문하는 듯한 인터뷰로 유명하다. 인터넷에서는 그를 도베르만에 비유한 유머가 떠돌고 있다.

걱정 마. 그렇게 나쁘진 않아. 요즘엔 건강하게 지낸다는 것에 꽤 긍정적으로 집착하고 있어. 사람들은 모두 믿고 의지할 약이나 사람을 필요로 해. 요즘 사람들은 문화적으로 죽음에 대해 너무 많이 걱정한다고 생각해. 주변에서 항상 듣는 얘기만 봐도…

"어머, 에키네시아[1]를 매일 끓여 마셨더니 5년 동안 감기에 한 번도 안 걸렸어."
"이 약이 불법이긴 하지만 면역 체계를 바로 강화시켜 준다고 유명해! 가끔은 눈앞에 구름이나 토끼가 보이긴 하지만… 기분이 확실히 좋아지더라니까."
"어머, 내가 아는 여자한테 가 봐요. 진짜 용해~ 침술하고 크리스털을 어떻게 해서 하는 건데, 정말 용해."
"어머, 제가 아는 남자한테 가 봐요. 진짜 용해~ 펜지에 있는 농장에서 영양제를 만드는데, 차로 우려서 먹는 거예요. 먹으면 숨 쉴 때마다 퇴비 냄새가 나긴 하지만 20년은 어려보인다니까요."

무슨 주변 사람들이 다 마녀 집단이야? 나보다 더 건강에 집착하는 것 같아.

어린 심기증 환자여, 그 말이 맞다네. 밤까지 취하는 것보다 필라테스를 하고 블루베리를 양껏 먹는 게 '쿨'하다고 여기는 시대거든. 물론 정말 어이없는 것 빼고는 대부분 건강에 좋은 게 맞긴 해. 나는 그다지 동의하지 않지만. '모든 건 적당하게'가 내 모토거든. 거품 낀 영양제 없이도 사람들의 수명은 기니까.

---
[1] 국화과의 여러해살이 허브.

그럼 지금은 노이로제가 없는 거야? 걱정은 털끝만큼도 없이 편하게 살고 있다고?

그렇게까진 아니고. 병에 대한 두려움은 없는 것 같아. 지금은 건강하고 안전한 닭대가리지. 살다 보면 워낙 위험한 일이 많이 벌어지기도 하고, 나이를 먹을수록 그런 두려움이 적어지는 것 같기도 하고.

저만 그런가요? 다른 사람도 서른다섯 살이 넘어가면 욕실에서 샤워하다가 갑자기 철퍼덕하고 미끄러져서 다칠 걱정을 하기 시작하나요? 저번에는 가파른 언덕길을 내려가고 있었는데 가속도가 붙어서 몸이 밑으로 제어할 수 없는 속도로 달려 내려갔어요. 살면서 그렇게 무서웠던 적은 처음이었어요. 내려가는 내내 비명을 질렀죠. 다 내려와서 간신히 멈춘 다음에는 스키 점프라도 하고 온 듯한 성취감이 느껴지더라고요. 대체 언제부터 무릎을 걱정하게 되었을까요? (항상 제 몸에 무릎이 있다는 건 알고 있었지만, 전에는 "대체 너네 언제부터 다리 중간에 있었던 거니?"라는 말이 입 밖으로 튀어나오진 않았거든요.)

당연스레 이제는 무릎 걱정을 하지 않고는 의자나 테이블이나 건초 더미를 뛰어넘을 수 없지요. 앞구르기나 물구나무서기 문제가 또 다시 반복되네요.

비극적이야! 모험을 즐기자는 정신은 어디로 간 거야? 어렸을 때부터 용감한 모험가가 되는 게 꿈이었는데, 산전수전을 겪는 해적 같이 말이야. (물론 온갖 질병이 창궐하는 열대지방에는 절대 가고 싶지 않지만.) 너 완전 겁쟁이구나.

너도 좀만 나이 먹어봐. 내가 한델 선생님 나이라는 걸 기억해.

여러분. 제가 중년이 되어갈수록 확실해지는 한 가지를 생각해냈어요. 어느 날 갑자기 공중 화장실에 대해 속속들이 알고 싶은 게 많아졌어요. "오, 손건조기가 신기해! 다이슨 에어 블래이드[1]인가봐." "어머, 어떡해. 라탄 바구니 휴지통이네! 고급스럽다!" "이 비누 향이 너무 좋다. 마음에 드는데?" "이것 봐! 한 번 쓰고 버리는 수건이라니, 엄청 사치스럽다!" 이런 수다가 점점 늘어난다니까요.

아, 정말 끔찍한 미래야. 중년의 모험 없는 머저리라니. 고모할머니도 아니고 화장실이 흥미로운 수다 주제라니!

나 내일모레면 마흔이거든? 나름대로 내 나이에 맞는 재미를 찾는 중이란다.

자, 여러분, 다음은 좀 더 재밌는 세상으로 떠나봅시다.

---

[1] 날개 없는 선풍기를 개발한 것으로 유명한 다이슨에서 나온 손 건조기. 손씻기와 건조가 한 번에 가능한 수도꼭지가 달려있는 제품이다.

11. 휴가지에서 생긴 비극

H O L I D A Y S

여기까지 도달한 여러분, 환영해요. 편하게 앉으세요.

여러분, 저 말이에요~ 저는 정말~ 정말~ 휴가가 좋아요. 저한테는 휴가가 너무나 중요하답니다. 그렇다고 제가 사치스러운 유흥을 좋아하는 놈팽이 타입은 아니에요. 오히려 그 반대거든요. 저는 소심쟁이에 집순이에 걱정쟁이에요. 항상 그래왔어요. 한밤중에 잠에서 깨서 말똥말똥해지면 아래층에 내려가지 않고는 못 배겨요. 부엌으로 내려가 냉장고 문에 붙어서 반짝거리는 '할 일 목록'을 확인해야 하죠. (각양각색 자석으로 붙여놓았답니다. 지금은 작은 브로콜리 꽃 모양 플라스틱이 달려있어요.) 이제 아침이 될 때까지 남은 시간 동안 '할 일 목록'에 있는 일을 하며 보내는 거예요. 아래층 찬장 청소하기, DVD 케이스에 짝이 맞는 DVD 찾아 넣기, 보험 약관 확인하기, 앞으로 8개월 동안 할 일을 스프레드시트로 정리하기. 요컨대, 이런저런 일들에 신경 끄기가 참 어렵더라고요. 내 안의 소심쟁이를 잠재우려면 딴 생각을 아예 차단할 수 있는 어딘가로 휴가를 가야 해요. 정신을 온통 뺏기고 마는 '할 일 목록'을 뒤로 하고, 포스트잇 메모에서 물러나서, 뒤죽박죽 어질러진 양말 서랍을 떠나야 한다는 거죠.

(저는 짝짝이 양말이 싫어요!)

　일상에서 벗어나 신선한 풍경을 보고 완전히 다른 곳에 가면 정말 마음 놓고 긴장을 풀 수 있어요. 그것을 위해서라면 머리를 자르거나 신발을 사거나 '완벽한' 집을 꾸미기 위한 돈은 기꺼이 포기할 수 있어요. 우리가 이 아름다운 행성에 그리 오래 있을 수 있는 것도 아니잖아요. 그러니 있는 동안 최대한 많이 보고 많이 즐겨야죠.

　어휴, 다행이다. '핸드 드라이어를 좋아하는 내리막길 겁쟁이' 씨, 그래도 일말의 모험심이 남아 있나봐? 건강과 안전에 대한 근심 걱정은 잠시 제쳐두고 용감해져 보라고! 우리의 삶은 무한도전이잖아! 그렇지?

뭐, 휴가는 가니까. 그렇지. 하지만 내가 말하는 휴가는 강렬하고 스릴 넘치는 모험 타입보단 누워있거나 빈둥대는 게으른 타입이거든.

　으악! 이런 게으름뱅이!

하드코어한 휴가는 사절이거든. 스카이다이빙 따위는 필요하지 않아. 살아있음을 느끼기 위해 하늘에서 뛰어내리는 짓을 하다니. 말도 안 되지! 아드레날린을 분비시키기 위해 내가 곧잘 하는 흥분되는 일들을 알려줄게. 잘 들어봐.

　뭔데, 뭔데?

가끔 토스터기를 가장 뜨거운 온도로 맞춰놓고 식빵이 타기 전에 후다닥 달려오는 놀이를 하곤 하지. 엄청 스릴 있어! 러시안 룰렛이 아닌 리치 티 룰렛도 있어. 차에 과자를 담갔다가 흐트러지지 않은 채로 건질 수 있을 때까지 최대한 오래 버티는 거야. 알지? 너무 오래 담구면 과자가 다 녹아서 바닥에 가라앉는 거?

(병찐 표정. 어이가 없어서 말이 안 나온다.)

특히 리얼리티 프로그램에서 누가 투표를 가장 많이 받는지 지켜볼 때 아드레날린 수치가 머리끝까지 치솟지. 최종 결과 발표 전에 심장 소리를 쿵쾅쿵쾅 배경에 깔잖아. 그리고 한참 동안 정적이 흐르다가 이름이 짠~ 하고 발표되는 그 순간! 정말 미친 듯이 흥분된다고!

리얼리티 프로그램?

텔레비전 프로그램인데 여러 명이 실제로 생활하는 걸 보여주는 거야. 일반인이 나올 때도 있고 가끔은 연예인이 나오기도 해. 노래 경연을 해서 매주 투표를 하거나 춤 경연(춤이 최고야)을 하기도 하고. 시청률이 잘 나오는 프로그램은 꼭 잘 먹히는 장면이 하나씩 있어. 보통 힙합 그룹이나 춤추는 강아지나 엄청 평범하게 생긴 나이든 사람이 나올 때가 있어. 사람들은 전~혀 기대하지 않는 분위기였는데, 갑자기 이 출연자가 예상 밖으로 엄청나게 노래를 잘 부르는 거야. 그러면 모두들 눈물을 흘리는 감동적인 장면이 연출되거든. 어떤 프로그램은 그냥 사람들이 떼로 한 집에 모여 살면서 수나 벼는 설 보고 사람들이 제일 보기 싫은 사람에게 투표를 해. 이게 다 사이먼 코웰[1]이라는 사람 때문이야. 토요일 밤 텔레비전 쇼의 왕이자 악마 같은 사람이거든.

---

1 영국의 TV, 음악 프로듀서이자 기업가. 〈아메리칸 아이돌〉〈더 엑스 팩터〉〈브리튼스 갓 탤런트〉 등 미국과 영국의 여러 유명 음악 오디션 프로그램의 심사위원으로 활동했다.

그래서, 리얼리티 프로그램 보면서 누가 올라가나 보는 게 아드레날린이 솟구치는 거라고?

그거 말고도 있지! 얼마 전에 소풍도 다녀왔지롱~

소풍이 무슨 모험이야!

어머, 서른여덟 살 먹은 키 186센티 인간에게는 소풍도 모험이야. 땅바닥에 다리를 구부리고 앉아서 밥을 먹는 게 얼마나 모험인지 알아? 플라스틱 칼이랑 포크로 종이 접시에 있는 음식을 무릎 위에 올려놓고 균형 맞추면서 먹기가 얼마나 어려운지 아니? 그것도 사람들이랑 모여서 먹는다고 생각해봐~ 고기 파이를 자르려고 했는데 칼이 부러지고, 달걀 튀김이 데굴데굴 굴러떨어져서 흙이 묻어버렸어. 그럼 어떻게 해야겠어? 흙을 털어내고 먹으라고? 더럽지. 바깥에 튀김옷 부분을 벗겨내고 안에 달걀만 먹는 거야. 깨끗하지? 한번은 해변가에 앉아서 피쉬앤칩스를 먹으려고 하는데 (엄밀히 말하자면 소풍은 아니었지만 어쨌든 야외 식사였어.) 갈매기가 날아와서 생선튀김을 통째로 가지고 날라버렸어. 얼마나 놀랐는지 몰라. 이러고도 소풍이 모험이 아니야?

좀 제대로 된 모험을 즐기고 싶었던 적은 없어? 팟지네 큰오빠 찰리는 오즈에서 번지점프를 했다고 하던데. 완전 재밌겠더라. 죽기 전에 꼭 해야 할 일 같은 거 있잖아.

그 얘기 나올 줄 알았어. 줄 하나 발목에 걸고 높디 높은 다리에서 뛰어 내리는 게 바로 네가 죽기 바로 직전에 하는 일이 될 것이야, 이 바보야. 땅바닥 위에서 얼굴을 달랑 달랑 흔들면서 마지막 순간을 맞이

하고 싶니? 그것도 남부에서 온 커플이 당나귀 보호구역 캠페인을 위한 기부금을 마련하기 위해 서로의 이름을 부르며 뛰어내리는 와중에 말이야. 나한테 번지점프를 하라고 하는 사람이 있다면 딱 세 마디만 해줄 거야. "됐!" "거!" "든!"
참, 그래도 돌고래랑 수영하러 간 적은 한번 있었어.

그건 꽤 재밌어 보이는데?

근데 돌고래를 못봤다는 게 문제지. 마침 내가 간 날에는 나오지 않기로 했던 모양이더라고. 물 밑 영화관에서 〈프리 윌리〉라도 틀어줬는지… 내가 탈 수 있는 거라곤 바다표범뿐이었어. '에이, 뭐, 바다표범도 없는 것보단 낫지'하고 생각했지. 귀엽기도 하고 통통하게 생겨서 물에서 잘도 돌아다니니까. 전화위복이 되어서 삶이 더 긍정적으로 변할지도 모르잖아? 그리고 그 생각은 잘 증명되었지. 첫 5분 동안만! 5분 후, 정신 차리고 보니 내가 바다표범 뒤에서 수영을 하고 있는 거야. 게다가 그 순간 바다표범이 똥을 방생하기로 했던 모양이더라고. 바다표범 똥이 내 입 쪽으로 오고 있었거든! 내 몸의 본능적인 반사작용이 그렇게 빠른지 그날 처음 알았단다…
그러니 이제 그만! 난 그냥 강변을 따라 걸으며 빠르게 흐르는 강물을 구경할 거야. 굳이 빠르게 흐르는 강물 '위에' 있을 필요는 없잖아. 산 꼭대기에 올라가서 경치를 볼 거야. 굳이 1000피트 하늘 위, 흔들거리는 기계 위에서 경치를 볼 필요는 없다고. '행글라이더'는 무슨! 즉석 죽음 배달 체험이지!
절대 사절이야. 스릴을 즐기는 스포츠를 하는 건 휴가가 아니야. 토스카나 같은 이탈리야 휴양지가 훨씬 내 스타일이야.

오, 맞다. 이탈리아 작은 마을에 리넨 드레스를 입고 커다란 모자를 쓰고 넋이 나갈 정도로 아름답게 꾸미고 우아하게 돌아다니는 게 꿈이었었는데. 거기에 주디 덴치나 매기 스미스나 페넬로페 키스나 앨리슨 스테드먼 같은 배우들과[1] 함께 휴가를 보낼 수 있다면 얼마나 좋을까!

음, 그건 여전히 내 꿈이야. 주디, 매기, 페니, 앨리슨[2], 그리고 에일린 앳킨스[3], 페넬로페 윌튼[4], 이멜다 스턴톤[5]…

프렌치와 손더스[6]… 프라이와 로리[7]… 마이클 J. 폭스… 그리고 엠마 톰슨[8]…

그렇지, 엠마 톰슨까지!

아, 엠마랑 나는 완전 쿵짝이 잘 맞을 텐데. 호수에 가서 수영도 하고 웃고 다이었빙하고 나면 엠마가 나한테 자기 연극에 내 역할을 만들다고 하면서 섭외하겠지. 나는 깔깔 웃을거야. 안소니 홉킨스[9]가 내 아름다운 웃음소리를 듣고 미친 듯이 사랑에 빠지겠지. 밀집 모자를

---

1 미란다가 좋아하는 여배우들 총출동. 30년대 혹은 40년대에 출생한 여배우들로 젊을 때부터 지금까지 왕성하게 활동하는 배우들이다.
2 어린 미란다가 언급한 배우들의 애칭.
3 70년대부터 〈에쿠우스〉 〈올리버 트위스트〉 등의 작품에 출연한 영국의 배우. 최근에 출연한 작품으로는 〈매직 인 더 문라이트〉가 있다.
4 〈다운튼 애비〉에서 매튜의 어머니인 이소벨 크로울리 역을 맡은 배우. 〈닥터후〉에서는 해리엇 존스 역을 맡아서 연기했다.
5 영화 〈해리포터와 불사조 기사단〉에서 돌로레스 엄브리지 교수를 연기한 배우.
6 1987부터 2007년까지 인기를 끌었던 코미디 쇼 〈프렌치&손더스〉의 여성 코미디 듀오 프렌치와 제니퍼 손더스를 말한다.
7 1980년대부터 1990년대까지 활약했던 영국의 코미디 듀오, 스티븐 프라이와 휴 로리를 말한다. 여기서 휴 로리는 미국 드라마 〈하우스 M.D.〉의 그 휴 로리가 맞다.
8 책에 여러 번 등장하는 만큼 미란다가 얼마나 좋아하는 배우인지 알 수 있다. 〈내니 맥피: 우리 유모는 마법사〉의 각본, 제작, 주연까지 도맡아 할 정도로 영화에 대한 열정이 큰 배우이며 '멋진 배우'라는 말이 어울리는 사람이기도 하다. 그녀에 대해 궁금하다면 골든 글로브 시상식에서 하이힐을 집어 던진 퍼포먼스 영상부터 찾아보기 시작하면 어떨까?
9 〈양들의 침묵〉(1991)에서 한니발 렉터로 각인된 영국 배우. 최근에는 〈토르: 천둥의 신〉(2011)에 오딘 역으로 출연하였다.

내게 씌워주면서…

거기까지, 그만!

미안.

네 말이 맞긴 해. 우리가 꿈꾸던 휴가는 〈무솔리니와 차 한 잔〉[10] 같겠지. 우리가 좋아하는 90년대 후반에 나온 영화 말이야. 탑 연극배우는 다 출연했었지. 셰어[11]까지!

와우! (셰어의 노래를 부른다.) "If I could turn back time~"

(따라 노래 부른다.) "If I could turn back time~"

내가 제일 좋아하는 셰어 노래 기억하는구나?

물론이지. 하지만 대학교 면접 때 부르기에는 적절치 않다는 걸 귀띔하고 넘어가야겠구나.

그래서, 우리 토스카나로 럭셔리한 휴가 보내러 가는 거야, 마는 거야? 어른이 되면 좋은 게 휴가를 마음대로 갈 수 있다는 거 아니겠어? 부모님 따라서 휴가 가는 건 끔찍해!

그게 그렇게 끔찍했어? 그래도 재밌을 때도 있었잖아.

---

10 1935년 이탈리아의 플로렌스를 배경으로 한 영화. 어수선한 정치적 상황에서 3명의 영국인 귀족여성들과 미국인 엘사가 겪는 갈등을 통해 역사적 사건을 더욱 깊은 관점으로 바라보게 해준다. 주디 덴치 매기 스미스, 셰어 등이 출연했다.
11 미국의 가수이자 배우이며 영화감독과 프로듀싱 등 다방면으로 활동했다. 대표곡으로 〈Believe〉 등이 있다. "두 유 빌리브~인 라이프 애프터 러브!"

열 살 때부터 열다섯 살 때까지 매년 캠핑용 차에 앉아서 일주일 내내 비가 쏟아붓는 고속도로를 달리는 게 대체 어디가 재밌어? 차에 처박혀서 1000피스짜리 군함 모양 퍼즐 맞추는 게? 5년 중에 어쩌다 딱 하루 해가 반짝 뜬 날에는 살면서 최악의 장면을 목격하고 말았잖아. 어떻게 해변가에서 있었던 그 순간을 잊을 수 있어?
엄마, 아빠가 모든 억압을 풀고 '나체주의자가 되기로' 한 순간 말이야. "우리 좀 봐라. 유럽인 같지? 아이고 재밌어!"하고 소리치며 벌거벗고 바다로 껑충껑충 뛰어가는 부모님의 뒷모습이란… 하아… 전혀 마음의 준비를 할 수 없는 장면 아니었어? 게다가 바다로 뛰어들어가는 데서 끝났으면 다행이게? 돌아오는 길에 경찰한테 붙잡혀서 그날 밤은 콘월 경찰서 유치장에서 보내야 했지. 가족이 다 함께. 뭐, 그건 그냥 휴가지에서 일어난 일탈 행위라고 쳐도, 해외로 나가면 더 끔찍했지. 레스토랑에 가서 메뉴판을 못 읽으면 엄마랑 아빠는 여행 회화책은 안 보고 굳이 영어로 물어봤잖아. "여기 시골 파이 없어요? 시골 파이 몰라요? 시골 파이! 시골 파이?!" 점점 더 큰 목소리로, 끝까지 영어로 말이야!

그래도 그때 십대의 로맨스가 있었던 적 있잖아. 그건 꽤 좋은 추억이지 않아?

전혀! 완전히 이상했거든? 스페인이었지. 완전 섹시한 스페인 남자애가 나한테 오더니 수영장 옆에서 음료수 같이 마시자고 했지. 그때 〈더티 댄싱〉에 나오는 제니퍼 그레이처럼 짝 달라붙는 청반바지 입고 있었거든. 빼빼 마르고 다리도 잘 빠졌었단 말이야. 너랑은 달리! 이 자이언트 뚱땡아!

어이, 말조심해!

여동생이 애프터선 로션을 다리에 치덕치덕 발라주면서 섹시해보여야 한다고 강조했지. 실크처럼 매끄럽고 광이 나야 한다고 말이야.

그렇게 반짝이는 다리로 의욕에 차서 남자애에게 다가갔지. 아무렇지 않게 도도한 표정으로 플라스틱으로 된 바 의자 위에 올라가려고 했는데… 로션을 너무 많이 발랐던지 쭐크덩~ 미끄러져버렸지 뭐야. 다시 한 번 유혹하는 눈빛으로 무알콜 칵테일을 홀짝 거리며 의자 위에 앉으려고 했는데, 또 주르륵 미끄러지고 말았어. 완전 엉망진창이었지. 악몽 같아!

의자를 꽉 잡았어야지~ 으이그. (키득거리며 웃는다.)

저기, 있잖아? 바로 얼마 전에 일어난 일이라 나 아직 트라우마에 시달리고 있거든? 공포와 동정에 찬 시선으로 날 보던 후안과 남자애들 눈빛이 아직도 생생하다고! 이러니 내 인생이 시트콤으로 만들어지는 것도 당연하지. 젠장.

여러분, 시트콤이 됐다는 걸 생각하면 의자 미끄덩 사건도 꽤 괜찮은 경험이었어요. 호호.

스페인이 최악이었으면 그랬게? 터키 여행은 기억하니?

아, 안 돼… 터키. 그걸 얘기해도 되려나 모르겠다.

왜~ 아주 얘기하는 게 즐거워 보이는구만. 다 까발려봐, 어디!

알았어. 일단 주의사항은 알리고 얘기해야지. 이번 이야기에도 똥이 연관되어 있거든요. 미리 죄송해요.

자, 간다. 터키로 학교 여행을 가서 캠핑하던 중이었지. 지리 수업을 듣는 아이들하고 다른 학교 남학생들도 같이 간 여행이었어. 야영지는 단순했지. 화장실은 나무로 칸막이를 쳐놓은 조그마한 공간이었고 볼일 본 후에는 '그것'들이 그냥 거기 남겨져 있었어. (참고로, 핸드 드라이어랑 라탄 바구니 휴지통은 없거든. 흥!) 마지막 날 사고는 일어났어. 배는 빵빵해지고 복부의 통증이 점점 참기 힘들어지던 참이었지.

밤에 화장실 앞에 서 있는데, 내 뒤에는 비포가 있었어. 내가 비포한테 관심 있었던 건 알지? 마침 클레어베어가 잘해보라고 귀띔까지 한 상황이었거든. 수구 게임할 때 비포가 날 쳐다보고 있었다고 하더라고.

화장실에 들어가서 엄청 큰 똥을 싸고 보니 내 잔해가 너무 화장실 위에 쌓여 있더라고. (더럽다고 말했잖아요.) 절대 비포가 와서 그걸 보게 할 순 없었어. 그걸 보고 날 좋아할 수 있겠어?

독자들에게 다시 한 번 사과할게요. 아마 저처럼 역겨울 테니까요. 계속 해봐.

그래서 생각해낸 게 그 잔해를 휴지로 돌돌 싸서 바깥으로 던져 버리는 방법이었지. 근데 그 순간 비포는 화장실 앞에서 줄을 섰다가 지쳐서 그냥 수풀로 가서 소변을 보고 있었던 거야. 날아가던 나의 잔해는 비포 바로 옆에 착륙했지. 비포는 소스라치게 놀라서 "누가 나한테 똥을 던졌어!!"라고 소리치며 뛰쳐나왔지. 다들 화장실 쪽으로 모여들어서 누가 그랬나 알아내기 위해 기웃거리기 시작했어. 하는 수 없이 나는 정체를 드러낼 수밖에 없었어.
이상하게도, 아무도 새가 내 똥을 훔쳐서 날아갔다고 해도 안 믿어주더라. 아악, 트라우마야. 작년에 후안이 지었던 표정과 다를 것 없이 비포도 그 표정을 짓더라고.
제발, 제발 언젠가는 나도 즐거운 휴가를 가게 된다고 좀 해줘. 행글라이딩이나 심장이 배 밖으로 튀쳐나올 만큼 짜릿한 경험은 안 해도 되니까, 그저 끔찍한 경험만 안 하면 된단 말이야!

종종 아주 기분 좋은 여행을 하기도 해. 항상 잔잔한 항해만 할 순 없지만 너무 두려워하지 마. 더 이상 똥 던지기나 감방에 가거나 의자에서 미끄덩하는 일은 없으니까. (아, 의자 미끄덩은 조금 있을 수도. **저만 그런가요?** 바 의자에 앉는 건 익숙해지지가 않아요.) 물론 휴가에는 골칫거리가 꼭 하나씩 있게 마련이야.

여러분, 혹시 공감하나요? 휴가 때 가장 먼저 떠오르는 골칫거리는 짐싸기예요. 돈도 정신도 축나는 과정이죠. 예를 들어볼까요? 휴가 가기 전에 세련된 왕골 가방도 새로 사야하고 해변에서 입을 비치 원피스도 사야하죠. 근데 왜 매년 휴가 때마다 이 짓을 반복하는 걸까요? 결국 서른다섯 살쯤 먹은 평균적인 영국 여성이라면 (저 말이에요) 비치 원피스는 적어도 23벌 정도, 그리고 왕골 가방은 14개 정도 가지고 있게 마련이지요. 그리고 **저만 그런가요?** 맨날 충전기를 빼먹어요. 그럼 또 공항에서 충전기를 17파운드 주고 사야 하죠. 그렇게 해서 집 서랍에 충전기가 56개는 쌓여있는 것 같아요.

여행 베개도 그렇죠. 공항에서 쇼핑하다가 "오오, 좋다, 이건 사야 해. 이걸 베고 자면 갓 태어난 신생아처럼 쿨쿨 잘 수 있을 거야."라는 생각에 지르고 말았죠. 비행기에 타서야 깨닫게 되죠. a) 북적거리는 기내에서 거대한 유방을 거느린 듯한 내 모습 b) 예상을 깨고 매우 불편한 베개 c) 베개를 잘 이용하는 사람은 66세 이상 어르신뿐이라는 불편한 사실.

결국 집에는 뜯지도 않은 여행용 베개 34개가 충전기 56개와 함께 행복한 동거를 하고 있답니다. 아, 비치 원피스 23벌과 왕골 가방 14개도 같이요.

그리고 비행 중 일어나는 일들은 또 어떤가요. 사람으로 가득 차서 바글바글한 비행기, 기차, 자동차는 정말이지 피하고 싶죠. 제가 비행기 여행을 할 때 가장 두려워하는 상황은 (그리고 항상 저에게 일어나는 상황이기도 하죠) 등치가 큰 남자 승객 사이 자리에 앉아서 가는 거예요. 옆자리 남자가 잠이라도 들면 화장실이 급할 때 어찌할 방도가 없다고요. 톡톡 건들여 봤자 깨지도 않고요. 이코노미 좌석에 갇혀 버린 거죠. 나갈 방법은 남자를 올라타서 넘어가는 수밖에 없어 보이죠. 지난번에 그렇게 하다가 남자가 잠에서 깨는 바람에 위에 올라탄 자세로 눈이 마주치고 말았어요. 살짝 어색해지는 순간이었죠. 그런 상황에서 뭘 어쩌겠어요? 활기차게 인사를 건네야죠, 뭐. "안녕하세요!" 그리고 계속 넘어갔죠. 물론, 화장실에 다녀오니 남자는 다시 잠들어 있더라고요. 또 넘어갈 수밖에 없었죠. 마침 난기류를 만났는지 비행기가 흔들리더군요. 균형을 잃고 머리 받침대를 잡고 있던 손을 놓치고 말았어요. 결국 남자의 무릎으로 넘어지고 말았죠. 더 기분 나쁜 건 남자가 별로 개의치 않아했다는 거예요.

 그래도, 일단 도착하고 나면 그 난리를 치른 보상을 받죠. 비행기에서 내려가는 순간 덮쳐오는 뜨거운 열기! 그때 기분이 참 좋아요. 그 순간, '할 일 목록'은 저 멀리 멀리 날아가 버리죠. 특히 호텔에 숙박하기로 했다면 기분은 한 단계 더 상승한답니다. 정말 정말 호텔 객실이 좋아요. 아, 너무 좋아. 방 안에서 모든 걸 해결할 수 있다니, 정말 멋지지 않나요? 자기 집 침실에 차 주전자를 데울 수 있는 패키지와 비스킷까지 갖춰져 있진 않잖아요. 그런 집은 별로 없죠? 게다가, 게다가, 아, 저 좀 흥분했어요. 조그마한 받침대 위에 조그마한 차 주전자 좀 보세요! 수도꼭지보다 주둥이가 작아서 물을 채우기는 힘들지만, 뭐 어때요? 그게 다 호텔의 묘미죠.

 룸서비스! 저는 자칭 룸서비스의 고급 숙련자랍니다. 처음 보는 사람이 내 방으로 어마어마하게 흥미진진한 음식을 가득 담은 쟁반을 가지고 온다고 생각해 보세요. 아마 이것저것 다 먹고 싶어서 과하게 주문을 하고 말겠죠. 돼지 같다고 하지 말고 호기심이 많다고 해두죠. 너무 욕심이 많아 보이는 걸 방지하기 위해 제가 쓰는 방법이 있어요. (혼자 여행다니는 분을 위한 특별한 팁이에요. 찡긋!) 문을 두드리는 소리가 나면 재빨리 욕실에 물을 틀고 문을 닫아두는 거예요. 웨이터가 음식이 담긴 쟁반을 들고 들어오면 (가끔은 쟁반이 두 개일 때도 있어요. 바퀴 달린 쟁반이 필요할 때도 있죠.) 욕실 쪽으로 소리를 치는 거죠. "자기야, 안에 있어. 내가 받아 놓을게!" 괜찮은 방법이죠? 호호. 웨이터에게 안에 먹성 좋은 남자가 있다는 걸 넌지시 알리고 제가 혼자 다 먹기 위해 주문한 게 아니라는 표시를 내는 거죠. 대신 불편한 점이 생기긴 해요. 남은 휴가 기간 내내 왜 우리 남편 혹은 애인이 같이 밖에 나오지 않는지 말도 안 되는 변명을 지어내야 하니까요. (남편 혹은 애인이 선천적 색소 결핍증에 걸린 광장공포증 환자인데 룸서비스만 받으러 휴가를 온다고 한다면? 대체 누가 그에게 아침부터 스테이크 샌드위치와 아이스크림 선데이를 먹는다고 비난할 수 있겠어요? 아무도 없겠죠? 이걸 생각해낸 저에게 하이파이브! 땡큐베리감사.)

아무리 호텔 방이 좋다고 해도 나가고 싶어질 때가 있어요. 바다가 보고 싶어질 때요. 바다! 저도 참 좋아하는데요. 파도 타면서 둥실둥실 노는 것도 좋고요. 해변에 누워서 넘실대는 물결을 마냥 바라보는 것도 좋죠. 시간이 지나도 그대로인 푸른 바다, 다가왔다 멀어졌다 보는 이의 숨을 느릿하게 만드는… 어머, 죄송해요. 너무 감상적이었네요. 어쨌거나, 해변가에도 우리를 힘들게 하는 삶의 장애물이 곳곳에 놓여 있답니다. 이쯤에서 제가 정리한 목록을 한번 소개해 볼까요? 다음 장으로 움직이세요!

해변가에서 몸과 마음을 힐링할 때
우아하고 섹시하게 보여야 한다는 강박 때문에
아주 사소하게 혼란스러울 수 있는 상황 다섯 가지
(최대한 간단명료하게 쓴 제목이랍니다.)

1. 타월

모래 위에 타월을 깔아야 자신만의 '해변가 자리'가 완성되죠. 하지만 타월을 탁탁 털어서 바닥에 내려놓으려는데 갑자기 세찬 바람이 휙 불어오더니 타월이 훼까닥 뒤집히고 말죠. 타월을 얼굴에 뒤집어 쓴 채 앞이 안 보여서 그만 옆에서 놀던 어린아이의 모래성을 발로 밟아 망가뜨리면, 타이밍 죽이게도 제가 일부러 모래성을 망가뜨렸다는 아이의 말을 믿는 아이의 부모가 등장해서 저를 몰아세우겠죠.

2. 수영

바다 속에서 우아하게 등장하는 제 모습을 상상하곤 해요. 섹시하게 뒤로 넘긴 머리, 탄탄하고 건강미 넘치는 몸(영화 〈007〉 1탄에 나왔던 본드걸 우슬라 안드레스처럼요! 아, 끔찍한 칼은 빼고요.) 실제로는 뾰족한 조개껍데기에 찔려서 절뚝거리며 모양 빠지게 "아야야, 발바닥 아파~ 물에서 나오니 너무 추워…"라고 궁시렁거리며 걸어 나오겠죠. 해변에 거의 다 와서는 갑자기 해파리를 본 것 같다며 호들갑을 떨며 후다닥 도망쳐 나오고요. (알고 보니 해파리가 아니라 비닐 봉지였다죠.) 수영한다고 들어갔다가 물살이 너무 세다고 덜덜 떨기도 하고요. 밀려오는 파도에 가슴을 부딪히며 놀다가 수심이 얕은 곳에 떠밀려 와서 머리카락이 알 수 없는 바다 생물 마냥 얼굴에 덕지덕지 붙어있다는 것도 알아차리지 못하고요. 밖으로 나와서 타월이 있는 곳으로 걸어가며 엉덩이에 낀 수영복을 빼다가 예상치 못한 곳에 끼어있는 해초를 발견하고 말았어요. 훠우! 섹~시하죠?

3. 아이스크림

아이스크림은 녹아요. 나이를 불문하고 누구에게나 너무나 슬픈 사실이죠. 남의 아이스크림이 녹는 걸 보며 "얼른 먹어! 빨리 입에 넣어 버려. 빨리! 다 녹잖아!"라는 표정을 짓나요? 아니면 그냥 내버려 두고 신경 쓰지 않나요? 저는 급한 표정을 짓는 편이에요. 아이스크림이 녹는 장면은 너무나 신경이 쓰이니까요! 지방에서 열리는 아이스크림 먹기 대회에 출전한 사람처럼 허겁지겁 먹어치워야죠. 우슬라 안드레스, 당신은 상대가 안 된다고! 하하!

4. 바람

아주 부드러운 바람일지라도 작은 모래 폭풍을 일으켜서 저의 '해변가 자리'를 덮칠 수 있어요. 그러면 분명 눈에 모래가 들어가겠죠. 또 어디 들어갈까요? 맞아요, 제 아이스크림에요! 모래 때문에 눈을 깜빡이느라 아이스크림에 모래 토핑이 흩뿌려지니 알아차리지 못할 수밖에요. 아무것도 모른 채 모래 묻은 아이스크림을 핥겠죠. 으엑~ 타월도 모래 범벅이 될 테고요 정말 정말 피하고 싶은 상황이에요. 뒤돌아서 선크림을 조심조심 다 발랐는데 모래가 온몸에 붙어 봐요. 으으, 그 거칠고 껄끄러운 느낌! 거기에 바람에 밀려서 말벌까지 날아오면… 그렇게 해서 몸은 모래로 도배를 하고 눈은 모래 때문에 멀고 아이스크림은 녹기 전에 먹어야 하고 한 손은 벌을 쫓기 위해 휘적대야 하는 성질 난 한 마리 야수가 탄생하는 거죠. 해변에서 후퇴, 후퇴합시다!

5. 저녁

항상 휴가 갔을 때의 제 모습이 가장 아름다웠다고 믿고 싶지만요, 실은 모기 물린 자국 때문에 온몸이 울긋불긋할 뿐이었죠. '해외 나간 영국인' 복장에도 불구하고 지난 휴가 때는 파티에 쳐들어 가보기로 했어요. 안티구아[1]였죠. 그죠? 무척 이국적이죠? 그 동네에서 파티가 벌어진다는 곳으로 갔어요. 스틸 드럼과, 어머나, 마라카스가 있는 곳이었죠. 마라카스요! 만약 우리가 전부 파티 카프탄을 걸쳐 입고 있다면 그곳이 바로 미란다 랜드 유토피아에요. 열정적으로 스틸 드럼에 맞춰서 '마라카스했'어요. ('마라카스하다'가 새로운 동사가 되면 좋을 텐데요!) 무척 자유로운 느낌이 들었죠. 술도 마시고~ 인생은 즐거워~ 스틸 드럼이 느린 템포로 바뀌었는데도 계속 마라카스하고 있었어요. 정신을 차리고 보니 자기 이름이 론이라고 소개했던 중년 남성과 저만 남아있었죠. 어머나, 아름답고 신비로운 마라카스 흔드는 여자가 바로 저였어요. 문제는, 너무나 정신 빠지게 마라카스를 흔들다 보니 마라카스 뚜껑이 풀려서 기타리스트쪽으로 날아가 버린 거예요. 더 끔찍하게도 기타 치던 손을 쳐버린 거 있죠. 음악이 멈췄어요. 술에 취해 있었지만 실수한 것을 알아차린 정신은 있었어요. 아이고, 범인은 저 아니면 론이었죠. 그리고 막대기만 남은 마라카스를 흔들고 있던 것은 저뿐이었죠. 기타리스트는 저에게 '스페인 남자 후안 표정'을 짓더군요. (혹시 잊었을까봐 상기시키자면 두려움과 동정이 담긴 표정이요.)

제발 신혼여행 전에는 해변가 에티켓이 좀 좋아졌기를 바랄게.

---

[1] 1773년까지 과테말라의 수도였던 옛도시. 18세기 건축물이 남아있는 도시이자 남미 여행자들이 즐겨찾는 여행지이기도 하다.

뭔 신혼여행?

왜?

아니야.

너… 신혼여행 갔지? 그렇지? 빨리 대답해!

알았어. 음… 어? 저기 제이슨 도노반 아니야? 학교 식당에 가서 스콘을 먹으려나봐!

뭣? 어디? (침 흘리며 달려간다.)

자, 잘 처리한 것 같아요. 휴가 때 일어나는 수치스러운 일도 휴가에 대한 갈망을 줄어들게 할 순 없죠. 휴가 때 찾아오는 사건, 사고를 잘 처리하려면 진짜로 노련한 여행가가 될 수밖에 없어요. 몇 달씩 휴가를 다니면서 근근이 먹고 사는 거예요. 9시부터 5시까지 일하는 직장인이여, 그냥 떠나세요!

전 히피가 된 제 모습이 좋더라고요. 그런 눈으로 보지 마세요. 나름 제 안에도 히피스러운 면이 있답니다. 배낭 여행자의 삶. 항상 이런 생각을 했죠. 태양과 바다와 여러 언어들에 적응할 시간이 있을 테죠. 어디에서든 편안하게 지내고 마음은 더욱 편안하겠죠. 골반 아래로 내려가는 배기 바지를 입고 머리에 비즈를 엮어야 할지도 몰라요. (지금 제가 그렇게 하면 첼시에서 온 중년의 패기 넘치는 래스터패리언[2]처럼 보일 거예요.) 사람들의 시선이나 압박도 없을 테고 우

---
2 에티오피아의 옛 황제 하일레 세라세(Haile Selassie)를 숭상하는 자메이카 종교 신자. 레게 음악가 밥 말리의 패션을 떠올리면 된다.

리를 종종 난처하게 만드는 관습도 필요 없겠죠. 자기만의 방식대로 삶을 살 수 있겠죠. 진짜 기인이 되는 거죠. 저는 괴짜나 기인이 좋거든요. 무한 경쟁하는 쳇바퀴 생활을 벗어나 마지막으로 한 번만 방랑벽을 해소하는 거예요

뭐 좀 말해도 될까? 절대 도노반과 스콘으로 거짓말하지 마. (내 인생의 몇 안되는 완벽 콤보라고!) 그건 그렇고, 히피스럽게 살고 싶으면 그렇게 살면 안 돼?

안타깝게도 우리는 지극히 영국적이고 실용적이란다.

그건 변명이야! 그냥 겁이 나서 그렇지?

아니야. 살면서 용기 있는 짓도 많이 했거든?

넌 소풍이 스릴 넘친다고 하잖아. 앞구르기도 못하고!

그냥 불안해 하는 게 많아서 그런 거야. 타고난 성격이라고.

변명 덩어리! 이번엔 내가 좀 가르쳐 줄게. 지금 나는 지금 열여덟 살이고 화학 선생님이 날 독살할 것 같아서 걱정돼 미치겠어. 하지만 내가 안티구아에 갈 기회가 있다면 절대 해변에만 있지 않을 거야. 오지에 있는 폭포를 보러 하이킹 갈 거야. 스키를 탈 기회가 있다면 꼭 탈거야. 무릎 걱정은 한치도 하지 않을 거야. 너는 걱정부터 하는 습관 때문에 자기가 원했던 삶을 살지 않는 것 같아. 나도 내가 마음 속으로 히피를 동경한다는 거 알아. 그게 나잖아. 나는 꼭 정기적으로 배낭여행을 갈 거야. 내년에는 오즈에 갈 계획이고.

알아. 넌 오즈에 갈 거야. 그리고 거기서 보낸 5개월이 네 인생 최고의 시간이 될 거야. 진짜 살아있다는 것이 무엇인지 실감하게 하는 자유를 맛볼 거야.

아냐, 난 그게 최고이길 바라지 않아. 최고의 순간 중 하나가 되길 바라지. 정말로 서른여덟이 늙었다고 생각하지 않는다면 (아직도 난 안 믿기지만) 호들갑 떨지 말고 당장 나가! 믿을 수가 없다. 서른여덟 먹는 동안 죽을 걱정에 시달리며 살았다니. 이제부턴 그만 걱정하고 자유로워질래. 너도 그렇게 해!

(울먹울먹) 뭐라 할 말이 없네…

아무 말도 안해도 돼. 그냥 이제부턴 도전하면서 살라고.

알았어. 정말로 그렇게 살 거야. 다음 번에 래프팅 할 기회가 생기면 정말로 할 거야.

호오오오오우!!!

오, 예~ 잘 봐봐.(바퀴 달린 의자를 뒤로 밀었다가 앞으로 확 튀어나간다, 카페트 끝드머리까지 여행한다. 우당탕!)

넘어졌구만.

다시 일어섰지롱. 아무렇지도 않아. 오뚜기처럼 벌떡 일어섰다고. 무릎도 괜찮아. 앞으로, 앞으로~!

지금 네 모습이 아닌 거라면 뭐든 해야지. 늙고 뚱뚱하고 항상 불안하고 문구에 집착하는 사무직원!

너무해!

12. 메리 크리스마스!

CHRISTMAS

단언컨대, 걱정 없이 열정적으로 놀 수 있는 휴가는 크리스마스뿐이에요. 신 나고 즐거운 기분을 아이들처럼 마음껏 표출해도 되니까요. 누가 저한테 "크리스마스 좋아하세요?"라고 묻는다면 지체 없이 "그냥 좋아하는 게 아니라 정말로 미친 듯이 좋아해요!"라고 답할 거예요. 저는 정말 크리스마스 광신도거든요. 겨울은 별로 좋아하지 않지만 반짝반짝 빛나는 크리스마스 덕분에 춥고 우중충한 겨울을 견딜 수 있죠.

크리스마스야, 내가 간다! (노래를 부른다) "피드 더 버어어얼드 (feed the bird)~ Let them know it's Christmas time~"

음… 저기, 그 노래에 대해서 내가 알려준 거 잊었어?

아아, 알아, 미안. 가사가 '버드'가 아니라 '월드'라고? (다시 노래한다.) "피드 더 워어어얼드~"
(이어서 다음 노래) "Ding dong merrily on high. In heaven the

bells are ringing[1]"

(덩달아 노래 부른다. 캐럴 메들리를 부를 준비는 항상 되어 있으니까요!) "Ding dong verily the sky, is riv'n with angels singing~"(숨을 크게 한 번 들이키고) "글로오오오오오오오오"(어우, 음이 너무 높아요. 항상 음을 높게 잡고 시작해서 이렇게 된단 말이죠. 제가 캐럴 가수였다면 아마 이 부분에서 기절했을 거예요.)

저만 느끼는지 모르겠지만, 크리스마스 때 집 앞에 찾아온 교회 성가대는 평소보다 10배는 더 크고 우렁차게 노래를 부르는 것 같아요. 저도 결혼식에 참석할 때는 최대한 얌전한 옷을 입고 소심하게 노래를 따라 부르는데, 크리스마스 트리만 들어서면 갑자기 해리 세콤브 경[2]이 된다니까요. 전 정말 캐럴이 좋아요.

크리스마스 덕분에 미리부터 기분이 좋아지지 않나요? 마치 마법 같아요. 적어도 11월, 음, 9월부터, 아니, 솔직히 말하자면, 5월부터! 저는 크리스마스를 기다린답니다. 크리스마스가 되면… 노래하고 **먹고** 장작불 켜고 **먹고** 마시고 노래하고 **먹고** 가족 모임을 하고 서로 힘을 보태주고 스케이트도 타고 노래하고 **먹고** 마시고 눈도 오고 목도리도 하고 노래하고 **먹고** 마시고 **먹고** 노래하고 **먹고**… 그래요! 저는 촛불의 반짝임과 장작불이 타면서 피어오르는 밤나무 타는 냄새와 사람들이 함께 모여 나누는 즐거움에 흠뻑 젖을 수 있는 크리스마스를 정말 온몸으로 사랑한답니다. "정말, 매일매일이 크리스마스였으면 좋겠어요!"

---

1 〈Ding dong merrily on high〉라는 제목의 캐럴.
2 가스펠을 많이 부른 영국의 코미디언이자 가수.

(또 노래 부른다.) "When the kids start singing and the la la la ne ne la ne la[3]…"

한해의 마지막에 다가오는…

"썰매를 타고~~"

어휴, 너 또 흥이 올랐구나.

우리가 아직 크리스마스를 좋아한다니… 휴, 다행이야.

무슨 소리야? 크리스마스가 싫어질 이유가 어디 있다고?

크리스마스가 되면 주변 사람들이 살짝 미치는 경향이 있잖아.

걱정 마. 여전히 크리스마스는 최고야.

다행이네. 난 그냥 점점 걱정이 돼서… 작년이랑 재작년 크리스마스 때 아주 성격 다 버렸잖아. 크리스마스만 되면 엄마랑 아빠가 너무 짜증나게 해. 동생까지 완전 짜증나게 군다니깐. 갈수록 심해져서 결국엔 크리스마스를 싫어하게 될 줄 알았지.

그래. 틀린 말은 아니야. 크리스마스 때면 찾아오는 '광기'랄까. 잘 극복하려면 아무래도 솔직하고 열린 태도로 토론을 해보는 게 좋겠지. 자, 여러분, 차를 새로 가져오세요. 아니면 따뜻하게 데운 와인도 괜찮겠네요. 민스파이[4] 한 조각도 먹고 싶다고요? (그렇다면 브랜디 버

---

[3] 〈I Wish It Could Be Christmas Everyday〉라는 제목의 캐럴.
[4] 영국의 대표적인 크리스마스 디저트.

터 넣는 것, 잊지 마세요. 우리 집에는 이런 말이 있답니다. "브랜디 버터 넣은 민스파이 먹을까?" 아, 듣기만 해도 정말 좋아요.) 크리스마스 토론을 시작해 봅시다.

크리스마스가 되면 아마 10명 중 9명은 제정신이 아닌 행동의 피해자가 될 거예요. 그리고 그 제정신 아닌 행동의 근원지는 십중팔구 이분에게서 시작되겠죠. 바로… The 엄마!

콕 집어서 여러분의 엄마가 그렇다고 할 순 없지만요. (물론 저희 엄마도 아니죠. 저희 엄마는 절제력의 제왕이거든요.) '모든 크리스마스 행사를 진두지휘하는 총 책임자'가 되는 순간 엄마는 변신을 해 버리거든요. 물론, 요즘엔 세상이 바뀌었으니, 여러분의 집에서는 'The 엄마'로 변신하는 사람이 아빠일 수도 있죠. 아니면 아빠가 두 명이라면 둘 다일수도? 혹은 청소년기 자녀가 'The 엄마'로 변할 수도 있답니다. 여기서는 편의를 위해 이 불길한 존재를 'The 엄마'라고 부를게요. 그리고 한 가지 질문에 대해 파헤쳐 봅시다. (잠깐! 이 질문을 던질 때면 분노의 감정이 폭발하니 주의하세요.) **크리스마스에 엄마들에게 대관절 무슨 일이 일어나는 걸까요?**

정말로요. 대체 무슨 조화일까요? 크리스마스는 원래 편하고 즐겁게 웃고 떠들어야 하는 날 아닌가요? 하지만 크리스마스 날, 아침 해가 밝아오는 순간부터 엄마는 카페인을 과다섭취한 늑대인간처럼 변한다니까요.

보통 크리스마스는 무척 조용한 분위기에서 시작된답니다. 아침에 일어나면 쉬는 날인데다가 날씨도 으스스하니 잠옷을 입은 채로 거실로 가죠. (불쌍한 사촌 빌리는 1년이 넘도록 일을 안 해서 평소에도 온종일 잠옷만 입고 있지만요.) 장작불 앞에 모여서 다같이 양말 속에 뭐가 들었는지 열어보기 시작하죠. 양말 속에는 하찮지만 웃기는 선물들이 채워져 있어요. 실없는 장난감, 조그마한 책상 청소기, 동전 모양 초콜릿, 고양이 연필깎이 등 가볍지만 유쾌한 선물들이죠. 마치… 마치… 이 책처럼요! (이 책을 양말 속에서 발견했다고요? 그랬다면 두 손을 모으고 감사 기도를 드립시다. 오예!)

이때까지는 'The 엄마'의 기분도 좋아 보여요. 크리스마스 아침에 입는 실크 가운을 입고 크리스마스 특별 컵에 얼그레이 차를 홀짝이고 있죠. 이 얼마나 한가로운 크리스마스 장면인가요! 고양이는 크리스마스 트리 밑가지에 달린 장식용 방울을 가지고 놀고 있고(이보다 더 귀여운 모습이 있을까요?), 아빠는 반짝이 장식이 달린 넥타이를 매고 있죠(매년 똑같아도 안 질려요). 어린 여동생은 방금 선물 받은 털복숭이 곰돌이 슬리퍼를 신고 돌아다니고 있죠(살면서 본 가장 웃기는 장면이죠. 크리스마스니까요!). 고모할머니는 드디어 어디를 눌러야 노래하는 양말이 '징글벨'을 연주하는지 알아냈고요. 노래에 맞춰 몸을 흔들고 있죠. 사촌 이베트는 선물로 받은 장미 모양 스티커가 머리에 붙어서 머리카락을 잘라야 했죠. 우리는 모일 때마다 그 일화를 얘기하곤 했어요. 그리고 누군가 양말 맨 밑에서 귤을 발견하면 다들 "오오오오, 규우우우우울~"하며 웃음을 터뜨리고요. (왜 웃냐고요? 글쎄요, 저도 모르겠어요. 크리스마스니까?)

엄마는 아직 너그러워 보여요. 우리와 함께 가벼운 농담도 즐기고요. 그러다가 잠시 모퉁이 뒤로 사라지더니 비밀스럽게 무언가를 만지작거리죠. "엄마, 뭐해?"라고 묻자 "아, 아무것도 아니야! 신경 쓰지 마!"라고 대답하죠. 그래서 무시하고 있는데, 5분 뒤, 엄마가 들어오더니 이렇게 말을 하는 거예요. "이것 봐! 손님이 왔어!" 엄마의 등 뒤로 전기 펌프로 공기가 주입된 산타클로스 풍선이 서서히 부풀어 오르고 있었어요. 다들 한바탕 웃어 넘겼죠. 'The 엄마'는 이렇게 떠들었어요. "내 친한 친구야. 잠깐 들렸대. 아이고, 재밌어!" 다들 한 번 더 키득키득 웃은 후 하던 얘기를 계속했죠. 문제는, 산타클로스 풍선이 너무 오래 되어서 반쯤 부푼 채로 쌕쌕거린다는 점이었죠. 정확히 6분 동안요. 6분 동안 한 가지 농담을 가지고 웃음을 지속할 순 없지 않겠어요? 그래서 산타클로스가 부푸는 동안 우리는 뒤돌아서 다시 선물을 풀기 시작했어요. 그때 'The 엄마'의 화가 부풀기 시작했죠. 꽉 다문 이 사이로 엄마가 말했죠. "안돼요! 다들, 다 부풀 때까지 지켜봐야죠. 다~ 부풀 때까지! 아니면 이 친구가 아주 토라질 거야. 아이고, 재밌어! 아이고, 재밌어! 아이고, 재밌어!" 이쯤 되면 '아이고, 재밌어!'가 단호한 명령(웃으라는 무언의 압박)으로 변하고 있죠.

바로 이때 다들 'The 엄마'가 크리스마스에 돌입했다는 사실을 깨달죠. 우리는 조용히 산타클로스가 부푸는 모습을 보면서 진지하게 박수를 쳤어요. 이제부터 시작인 거죠.

내가 말하는 게 바로 그거라니까! 작년엔 더 최악이었어. 릴리 이모가 마지팬[1]으로 순록을 만들었는데 우리를 줄세워 놓고 쓰다듬게 했다니까. 게다가 큰 소리로 이렇게 외쳐야 했지. "해피 크리스마스! 순록 아저씨!"

아이고, 재밌어! 그렇게 양말 개봉식이 지나가고 'The 엄마'는 부엌으로 들어갔죠. 엄마가 고기를 써는 전기 칼을 손에 드는 순간부터

---

1. 으깬 아몬드나 아몬드 반죽, 설탕, 달걀 흰자로 만든 말랑말랑한 과자.

우리의 고생길이 열리는 거죠. 야채에 집착하는 교관 모드로 돌입하거든요. 평소에 입던 웃기는 앞치마(슬로건: 나는 요리보다 키스를 더 잘해요? 웩!) 대신 파란색과 하얀색 줄무늬가 있는 앞치마를 입죠. 음식 목록과 순번표가 찬장에 붙어있고요. 무슨 일이 있어도 콩나물은 12시 5분까지 다듬어져 있어야 하죠. 정확히 1시에 점심을 먹어야 하니까요. 만약 1시에 점심을 먹지 않으면 칠면조가 건조해지니까요. 사실 최근 5년 동안 칠면조는 항상 건조했죠. **헨리 삼촌이 한 번도 콩나물을 제때 다듬어 놓지 않아서요.** 작년에 헨리 삼촌은 콩을 다듬다가 작년 일 때문에 자신이 콩나물과에서 정리해고되었다는 소식을 듣고는 이렇게 말했어요. "콩나물, 내가 할 수 있어! 이번에는 제대로 할게!"

"아니야, 헨리, 이번에는 콩만 잘하면 돼."

"아, 다들 나를 그렇게 생각하는 거야? 불쌍한 헨리, 멍청한 헨리… 콩밖에 못 다듬는 헨리… 이번엔 진짜 내 실력 좀 보여줘? 엉?"

"아니야, 헨리… 이럴 거면 그냥 차에 가서 앉아 있어." 이런 식의 대화가 이어지겠죠.

그리고 'The 엄마'가 새벽 4시 반에 일어나서 오븐에 집어넣은 칠면조에 생채기 하나라도 있는 날에는 정말 무시무시한 일이 벌어질 거예요. 1년에 364일 동안 10시쯤 일어나서 가운을 걸치고 털복숭이 강아지 슬리퍼를 신은 채 아침으로 에클레어를 먹으며 행복한 표정을 짓고 있던 사람과 동일인물이 맞는지… 다른 날에는 침착함의 여왕인 엄마가 크리스마스만 되면 8명의 손님(다른 날이었으면 엄마가 아무 말도 없이 재워줬을 손님들)까지 와서 집안이 북적거리니 이렇게 소리를 치는 거죠. "오늘 칠면조를 오븐에 넣기 위해서 새벽 4시 반에 일어났어. 4시 반! 만약 한 사람이라도 채소 다듬기를 늦게 하면 새벽 4시 반에 일어나게 해주겠어. 할 일이 하~나도 없는 새벽에 말이야! 자, 누가 브레드 소스[1] 담당이야? 늦었잖아! 내가 새벽 4시 반에 일어났다고 했어, 안 했어? 4시 반! 칠면조 구우려고! 4시 반! 들었지?"

그리고 시간이 갈수록, 'The 엄마'의 알림사항은 점점 불어나지요.

"여왕 국정 연설을 볼 때 어떻게 앉을지 자리 배치 계획을 지금 막 다 했어. 너희 아빠랑 나는 쭉 서 있을 거야. 내가 절을 하는 동안 너희 아빠는 거수경례를 하고 있을 거야."
"아래층 화장실 사용 순서를 완벽하게 정리해 놨단다."
"찐 채소를 식탁으로 가져올 때 음식 운반대를 어떤 동선으로 움직일지 다 짜놨단다."
"점심 때 어떤 주제로 대화를 나눌지도 항목별로 준비해 놨단다."
"크리스마스 다음 날 눈놀이 할 때 거리/경사면 비율이 최적인 곳도 다 계산해 놨단다."
"선물 풀어볼 때 사용할 재활용 상자에 이름표 붙여놨단다. 참, 선물은 내가 호각을 불었을 때 열어야 해."

"크리스마스 크래커[2]는 두 명씩 짝지어서 당기지 않을 거야. 식탁에 둘러 앉아서 팔을 꼬고 당겨야 한 사람도 빼놓지 않고 할 수 있으니까. 안 그러면 하.나.도 재미 없단다. 알겠니?"

---

1 칠면조 고기와 함께 먹는 소스.
2 사탕 모양으로 생긴 크리스마스 선물. 영국에서는 가족이 모두 식탁에 둘러 앉아 양 옆으로 손을 교차하고 크리스마스 크래커의 양끝을 잡아 당겨서 개봉하는 것이 크리스마스 전통이다.

열 번째 알림사항이 나올 때쯤에는 다들 불안 초조하게 신경을 곤두세우고 있게 되죠. 갑자기 아빠가 강아지를 데리고 산책을 나가고 (강아지는 한 마리뿐이고), 여동생은 기저귀가 다 떨어졌다면서 창고로 가고(애는 보지도 않으면서), 이베트는 폐렴이 도졌다면서 응급실로 도망치죠(건강한 거 빼면 시체면서).

그러니까! 내 말이… 정말 웃기지도 않는다니까.

아, 하지만 이건 알아둬, 어린 미란다. 세월이 흐르면서 점점 더 익숙해져서, 아마 이런 것들이 없으면 좀 슬퍼질 거야. 크리스마스 전통이 되어 버렸거든. 그래도 우리가 크리스마스 전통을 좋아하잖아? 뭐… 딱… 한 가지만 빼고… 게임!

설마! 아직도 게임을 한단 말이야? 안 좋은 예감이 든다. 그냥 내 방에 앉아서 토킹 헤즈를 들으면서 매니큐어 바르면 안 돼? 친척들하고 게임하기 정말 싫단 말이야.

크리스마스 게임은 피할 수 없어. 참, 여러분, 제가 말하는 건 흉내내서 맞추기 놀이나 추리게임이 아니라 이상하게 조합한 게임이에요. 집안사람끼리 옥신각신하면서 점점 진화해온 게임이랍니다. 아무도 게임의 법칙을 완벽하게 이해하는 사람이 없다는 게 흠이죠. 우리 가족이 마음대로 이름 붙인 '흉내내기 사전 찾기'나 '숨은 범인 찾아 해부하기' 따위 게임이에요. ('숨은 범인 찾아 해부하기'는 누군가 숨어서 죽은 척하고 있으면 찾아낸 사람이 숨겨진 인형이 울리지 않게 총알을 제거해서 추리를 완성하는 게임이에요. 꽤 재밌어요.) 그리고 결정적으로, 게임의 규칙을 고모할머니에게 설명해야 하는 스릴 넘치는 순간이 있죠. 고모할머니에게 게임 가르쳐드리기란 돌고래에게 크리켓 경기 규칙을 설명하는 거와 마찬가지라니까요.
작년 크리스마스를 예로 들자면, 'The 엄마'가 게임을 정할 때 나무 블록 쌓기 보드게임인 젠가를 소개했어요. (보란 듯이 거실 서랍장에서 불쑥 튀어나와 있었죠.)

"이게 뭐니, 애야?" 고모할머니가 나무 블록을 보고 깜짝 놀란 표정으로 물었어요.

"젠가라는 거예요. 고모할머니." 제가 씩씩하게 대답했죠. "탑에서 나무 블록 하나를 빼서 위에 쌓는 거예요. 탑을 높이 쌓아야 해요. 그러다가 무너뜨리는 사람이 있으면 지는 거예요."

"부루마블 같은 거니?"

"아니요, 그게 아니라…"

"누가 카드를 나눠주니?"

"카드는 필요 없어요."

"주사위는 어딨니?"

"주사위도 없어요!" 이쯤 되면 'The 엄마'의 광기가 'The 딸'에게도 전염되죠.

"그럼 누가 이긴지 어떻게 아니?"

"음… 모르죠."

"그게 어떻게 게임이니?"

"그게요…" 금방이라도 무엇인가가 터질 것 같은 긴장감. "사람들이랑 같이 노는 거예요. 그러니까…"

"요즘 한다는 컴퓨터 게임 같은 거니, 그럼?"

"아니요! 그게 아니죠! 컴퓨터가 여기 어딨어요?"

"나는 그 컴퓨터 게임인지 뭐시기는 잘 모르겠더라…"

"젠가는 컴퓨터 게임이 아니라고요!" 저는 크게 심호흡을 한 번 하고 침착하려고 애썼어요.

게임을 어떻게 하는지 보여드리기 위해서 젠가 탑에서 블록 하나를 빼냈어요. 빼자마자 탑이 무너져서 다들 와하하 하고 웃었죠.

"흠, 글쎄다. 별로 재밌어 보이지 않는구나. 계속 무너지잖아."

"그게 재미에요! 자기 차례에서 무너지지 않게 해야 하고 남들이 할 때는 무너지기를 아슬아슬하게 지켜보는 거예요."

"글쎄다. 그냥 안 움직이면 되잖니. 그럼 무너지지도 않을 텐데…"

땀이 쭉 나는 바람에 기분 좋게 입고 있던 크리스마스 점퍼를 벗어 던졌죠. "그럼 게임이 아니죠!!"

"내가 먼저 하마. 주사위는 어디 있니?"

"**주사위는 없다고요!**" 제가 소리쳤어요. "더 이상 못해! 나갈래!" 젠가 탑을 발로 차버리고 밖으로 문을 쾅 닫고 나가버렸어요. 자리에 남아있던 식구들은 젠가 탑이 쓰러지는 걸 보며 용케도 재밌어 하더군요. "젠가아아아아아, 하하하하~"

한번은 고모할머니와 '고요 속의 외침' 게임을 한 적이 있어요. 제가 고모할머니 바로 옆에 앉아있었고 다른 사람들은 쉬쉬 거리며 조용히 게임이 시작되기를 기다리고 있었어요. 아빠가 제 귀에 문장을 들려주었어요. 저는 회심의 미소를 짓고 고모할머니에게 몸을 돌린 다음 귓속말을 했어요.

말을 마치자 곧바로 고모할머니는 고개를 돌리더니 소리쳤어요. "뭐라고?"

다시 한 번 속삭였죠. 살짝 소리를 높여서요.

"뭐라고?" 고모할머니가 다시 소리쳤어요. 아주 화가 난 표정으로 저를 보면서요. "안 들린다, 얘야. 뭐라고 하는지 모르겠어. 내가 귀가 잘 안들리잖니!"

"**아! 정말 미치겠네!**" 저도 소리를 질렀어요. "생쥐가 매트 위의 고양이를 쳤다! 생쥐가 매트 위의 고양이를 쳤다!" 그러자 다들 뒤를 돌더니 저를 노려보았어요.

엄마가 실망한 목소리로 말했어요. "에이~ 우리가 다 들어버렸잖아. 게임 끝났네!"

"예~!" 게임을 즐기지 않고 있던 무리가 환호했어요. "게임 끝났다~ 미란다가 망쳤다~ 잘했어, 미란다! 참 잘했다~"

"나보고 뭘 어쩌라고! 귀 먹은 고모할머니가 어떻게 '고요 속의 외침'을 하냐고!" 저는 항의했죠.

"소리 지를 필욘 없잖아!" 갑자기 고모할머니가 소리를 질렀어요.

"아닌데요~ 소리 지를 필요가 있었거든요!! 고모할머니가 아무것도 안 들린다면서요!"

"왜 이렇게 성질을 내니? 얘야." 엄마가 'The 엄마 눈빛'을 쏘며 이렇게 말했어요.

"엄마 때문이에요. 귀 먹은 고모할머니랑 이런 게임을 하자고 해서……."

"엄마한테 소리 지르지 마라" 아빠가 끼어들었어요.

"난 초콜릿 동전이나 세야지~" 지금까지 조용하던 여동생이 선언했어요.

"그거 서른두 개거든?" 저는 심통이 나서 쏘아붙였어요.

"지가 하고 싶은 거 하게 냅두렴." 엄마가 또 저를 노려봤어요. "크리스마스잖니. 재밌는 시간을 보내야지. 자, 앉아. 크리스마스 점퍼 다시 입으렴."

"여보, 지금은 당신이 소리를 지르네요." 아빠가, 왠일로 용감하게, 말했어요.

"나한테 소리치지 말라고 하지 말아요!" 엄마가 'The 엄마 눈빛'을 아빠에게 쏘았어요. "칠면조 때문에 오늘 새벽 4시 반에 일어났다고요. 4시 반!"

여동생이 문 쪽으로 움직이더니 말했어요. "새로 생긴 책 읽으러 가야지~"

"여기 있어라." 아빠가 드물게 단호한 목소리로 말했어요. "크리스마스에 각자 따로 있는 걸 엄마가 싫어하는 거 알지? 다들 여기에 모여 있어야 해."

"여기 있는 게 싫으니?" 엄마가 섭섭하다는 표정을 지으며 협박하듯이 말했어요.

"그게 아니고…"

"누구 벽 위에 걸어놓은 호랑가시나무 발견한 사람 없어요? 아무도 못 알아챘어요?"

아빠가 모두를 구하기 위해 대담한 시도를 했어요. "다들 여기 봐! 내 반짝이 넥타이 봤어?"

그러나 무시당했죠.

"누가 내가 마시던 컵 가져갔어?" 엄마가 눈을 도끼 같이 뜨고 두리번거렸어요.

저는 제 앞에 있던 컵을 들고 "이건 내꺼야!"라고 말했죠.

"아니거든? 내 컵이거든?" 여동생에게 다시 뺏겼어요.

"내꺼야!" 제가 다시 소리쳤어요. 별로 보기 좋은 광경은 아니었죠.

"내꺼야!" 또 다시 여동생이 소리쳤어요.

"내 컵은 알아보기 쉬울 텐데…" 침착을 되찾은 엄마가 입을 열었어요. "내 컵에는 고무줄이 둘러져 있잖아. 다들 알지? 매년! 똑같이 망할 놈의 고무줄을 둘러놓는데! 그게 얼마나 알아보기 쉬운 방법이냐고! 게다가 올해는 고모할머니 컵에 스티커를 붙여놨다고!"

"소쿠리에 뭘 담았다고?" 대뜸 고모할머니가 끼어들었어요.

제 컵에 든 음료를 다 마신 저는 대답했어요. "소쿠리가 아니라 스티커요."

"아이고, 재밌어!" 엄마가 그 표정을 다시 지었어요.

"재미 하나도 없어!" 여동생은 울음을 터트렸어요.

"다들 진정 좀 할까?" 아빠가 힘 빠진 목소리로 중얼거렸어요.

"다 재밌는 거거든? 크리스마스잖아. 네가 게임만 망치지 않았으면 계속 재밌었을 거야!" 엄마가 저를 노려보았어요.

"하지만 고모할머니는 귀가 먹었잖아요!" 저는 고모할머니를 가리키며 소리를 쳤어요.

"누가 귀를 먹었다고?"

화가 머리끝까지 치솟은 저는 다시 한 번 극적으로 방문을 닫고 나가려고 했어요. 하지만 9인치짜리 산타클로스 풍선에 가로막히고 말았죠. 발로 차버리고 나가려 했지만 튕겨서 다시 돌아오는 바람에 얼굴을 부딪혀서 바닥에 쓰러지고 말았어요.

아이고, 재.밌.어!

다들 말이 안 통하는 멍청이들이야! 어찌나 답답한지! 완전 꽉꽉 막혔다니까. 이게 다 크리스마스라서 그렇다니까. 크리스마스만 되면 다들 미쳐버린다고!

이제 그만 하자. 사실은, 이제 크리스마스에 하는 헛짓거리도 다 받아들이고 즐기기로 했거든.

정말? 그 모든 극악무도한 일탈을 받아들이고 있다고?

아직도 거슬리는 게 좀 있긴 하지. 크리스마스 카드 보내기! 이것만은 여전히 좋아하지 않아.

그건 엄마랑 아빠가 하는 거잖아?

성인이 되면 직접 해야 돼. 진짜로 돈을 주고 카드를 사서 보내야 한다니까?

그냥 안 하면 안돼?

보내지 않을 수 있다면 참 좋겠지만… 불가능해. 12월 중순쯤에 반짝반짝 커다란 카드가 우리 집 우편함에 들이닥치지. '메리 크리스마스! 따끈따끈한 크리스마스 보내세요! 민디와 스페그로부터'라고 쓰여 있는 걸 보고 잠시 멍해지지. '대체 민디랑 스페그가 누구야?'하고 생각하다가 문득 휴가 때 란사로테 섬[1]에서 만난 이상한 커플 이름이라는 걸 떠올리지. 휴가 내내 따돌리려고 엄청 애를 썼던 바로 그 커플. 갑자기 죄책감이 몰려오기 시작하지. 재빨리 카드를 써서 민디와 스페그에게 보내고 일주일쯤 지났나? 또 다른 카드가 우편함에 꽂혀 있는 거야. 이번엔 1994년 어떤 파티에서 만났던 담당 세무사의 형이 보낸 카드지. 또 다시 답장을 하고. 그렇게 카드가 미친 듯이 쏟아져 들어오면 답장을 보내느라 정신이 없어지지. '이건 미친 짓이야! 앞으로 죽을 때까지 크리스마스 카드 쳇바퀴에서 빠져나갈 수 없을 거야. 좋은 마음은 없어지고 짜증만 담겨서 왔다 갔다 하면서 돈만 쓰고! 침을 바르는 우표 하나, 하나에 정이 뚝뚝 떨어진다고…'

사람들이 여진히 돌고 도는 크리스마스 카드를 보낸단 말이야? 아~ 끔찍해!

안타깝게도 그렇단다. 정말 무시무시한 사실이지.

---

[1] 스페인 카나리아 제도에 위치한 섬.

여러분, 저만 이런 편지들을 못 견디는 건가요? 왜, 그런 거 있잖아요. 크리스마스 카드를 열었다가 이런 내용일까봐 뒷골이 싸늘한…

와우! 얼마나 멋진 해였는지! 똑쟁이 탈룰라가 중등교육자격시험에서 A를 9개나 받았답니다. 12살이 그 정도면 꽤 했지요? 대체 누굴 닮아 그렇게 머리가 좋은지 모르겠어요. 호호호! 에이, 손 들고 고백 할께요! '엄마'인 저는 유명 의류 브랜드 보덴에서 모델을 했답니다. 호호호! 아직 쓸 만하죠? 참, 밀로도 꽤 멋진 해를 보냈어요. 먼저 국립 어린이 오케스트라에서 제1 플루트를 맡았대요. 다행히 럭비 경기랑은 겹치지 않았어요. 참, 이 말을 해야겠네. 마라는 밥차 봉사활동에서 짤렸어요. 밀라노에서 모델 일을 하느라 일주일에 두 번밖에 시간을 못 냈거든요. 그래도 최선을 다해서 자신의 인도주의적 열정을 뽐냈답니다. 대체 누굴 닮았는지 모르겠어요! 호호호호! 우리 집엔 조그만 애완견 빼고는 속썩을 일이 없네요.

사랑을 담아서
베로니카와 휴고로부터

아직도 엄마가 그집에서 온 편지 불태우면서 울어? "너는 왜 마라처럼 못하니?"하면서…? 아, 아니다. 알고 싶지 않아. 자, 선물은 어때? 여전히 쓸모없는 선물만 받아?

아니야. 조금 나아졌어. 음… 작년에 고모할머니가 계란 삶는 타이머를 주긴 했지만.

완전 구려! 그래도 카세트 플레이어 사건 같은 일은 없었지?

아, 맞다. 그때 얘기 좀 해봐.

어, 그럴까? 안녕하세요, 독자 여러분. 자, 들어 보세요. 16살 때였어

요. 엄마에게 카세트 플레이어를 사달라고 했죠. 세상에서 가장 멋진 물건이니까요. 특히 테이프를 두 개 넣을 수 있어서 한쪽으론 재생하고 한쪽에선 그걸 녹음할 수 있는 카세트 플레이어는 꿈의 물건이죠. 게다가 제가 갖고 싶었던 카세트 플레이어에는 씨디도 넣을 수 있어요. (사실 씨디는 하나도 없지만, 어쨌든 멋지죠?) 여동생이 귀띔해 줬는데 부모님이 저한테 카세트 플레이어를 사줄 것 같다는 거예요. 정말 정말 신 났죠. 방학 끝나고 학교에 가서 토킹 헤즈를 카세트 플레이어에 틀어놓고 다니면 애들이 다 저를 멋진 아이로 보겠죠? 정말 선물 개봉식이 너무너무 기다려졌어요. 그나저나 우리 집 선물 개봉식은 꽤 재밌어요. 먼저 동물들에게 온 작은 선물부터 풀고…

삼천포로 빠진다! 원래 하던 이야기나 해.

드디어 제 선물을 열어볼 차례가 왔어요. 근데 상자가 불안하게시리 작은 크기더라고요. 어쨌든 열어봤는데… 그건… 그건… 녹음기였어요. 엄마랑 아빠는 녹음기가 카세트 플레이어인줄 안 거예요. 녹.음.기를 어떻게 카세트 플레이어랑 헷갈리죠? 학교 친구들에게 카세트 플레이어를 받는다고 다 떠벌려 놓은 후라서 충격에 빠졌어요. 친구들한테 카세트 플레이어 대신 녹음기를 받았다고 어떻게 말해요? 벨라가 분명 1분만에 학교 전체에 이 창피한 사실을 소문낼 텐데…

진정해! 그래서 어떻게 했어?

음… 그러니까… 우리 가족이 이슬람교로 개종해서 크리스마스를 안 지내기로 했기 때문에 선물을 못 받았다고 말했을지도… 문제는, 학기가 끝날 때쯤 종교 수업 주제로 이슬람교가 나왔을 때였어요. 팟지가 매닝 선생님한테 내가 무슬림이라고 말해버렸어요. 얼떨결에 앞에 나가서 발표를 했고 남은 학기 내내 무슬림인 척 해야 했죠. 뭐, 나쁘진 않았어요. 채플 시간에 빠져도 됐거든요. 근데 안 좋은 점도 있었죠. 티타임에 나오는 소세지랑 베이컨을 먹을 수 없었거든요. 소세지랑 베이컨에 환장하는데 말이죠. 결국 거짓말한 걸 다시 되돌리려고 다음 다음 학기에 다시 개종을 해야 했어요. 매닝 선생님이 어찌나 좋아하던지. 채플 수업 내내 앞에 나가 있어야 했다니까요. 아우, 쪽팔려!

자, 이만하면 왜 그렇게 크리스마스가 항상 실망스러운지 알겠죠? 이번에는 제가 정리한 목록을 소개할게요.

어린 미란다의 크리스마스가 짜증나는 이유

1. 쓰레기 같은 선물들! 앞에서 보셨죠?
2. 나이 많은 친척들과 TV를 보는 것. 소리를 엄청 크게 틀어야 한다. 리모콘이 어떻게 작동하는지도 모르면서 아무 버튼이나 막 눌러댄다. 그러다가 비디오 버전으로 만들어서 다시 되돌리지 못하고 나를 부른다. 아우, 짜증나!
3. 친척들이 신문에서 크리스마스 라디오 편성표를 못 찾는다. 맨 위에 엄청 큰 글씨로 '크리스마스'라고 쓰여 있는데! 게다가 찾아볼 '날'이 얼마나 많다고? 크리스마스는 단 하루뿐인데! 왜 이딴 일이 해마다 반복되는 걸까?
4. 'The 엄마'가 포장지를 재활용하라고 잔소리한다. 엄마는 포장지를 다 모아서 다림질해서 다음 해에 재활용한다. 찢어지고 셀로판 테이프가 덕지덕지 붙어 있어도, 반짝이 풀로 엉덩이가 그려져 있어도.
5. 매년 어른들은 크리스마스에 뉴스가 몇 시쯤에 할지, 그리고 내용이 얼마나 짧을지를 두고 입씨름한다.
"10시 10분쯤? 10시 25분쯤?"
"10시 25분쯤에 하면 기다릴꺼야?"

"그럼 10시 40분쯤에 끝나겠지?"

"15분만 한다고? 이상한데…"

닥쳐요, 닥쳐요, 닥쳐요! 크리스마스에는 뉴스가 없거든요! 아무 일도 안 일어나요. 일어날 수가 없죠. 다들 집 안에 모여서 고모할머니랑 젠가를 하고 있는데 뭔 사건사고가 터지겠어요?

6. 중산층 여성들이 크리스마스를 얼마나 잘 준비했는가를 두고 이상스럽게 승부욕이 강해진다.

"나는 8월에 이미 민스파이를 만들어놨거든?"

"정말? 나는 8월에 케이크 만드느라 정신 없었거든!"

"어, 그러셔? 케이크 따위 나는 1985년도에 만들었지. 하하하!"

7. 크리스마스 TV 프로그램이 성의 없어진다는, 매년 되풀이되는 불평. "〈모어캠 앤 와이즈〉[1] 이후로 나아진 적이 없다니까!" 대체 〈하우스 파티〉[2]가 왜 재미없다는 건지! 정신 연령은 어른이 아니라니깐.

8. 고모할머니가 차를 마시고 싶어할 때를 준비하기 위해 계속 지켜보기. 정말 짜증나! 시도 때도 없이 차를 달라고 하신다니까.

(마지막은 너무 비중이 커서…)

9+10. 엄마, 아빠랑 다같이 TV를 보는데 야한 장면이 나올 때.

아, 걱정 마. 그건 잘 처리하는 방법을 찾아냈거든. 잘 봐!

비란다와 부모님이 함께 소파에 앉아서 TV를 보고 있다. TV에는 인기 있는 BBC 시대극 드라마가 하고 있는데, 갑자기 야한 장면이 나온다.

---

[1] 1968년에 BBC에서 방영되기 시작한 인기 코미디 쇼. 코미디언 에릭 모어캠과 어니 와이즈가 콤비로 출연했다. 1977년 크리스마스 저녁에는 2100만에서 2800만 정도의 시청자가 프로그램을 시청했다고 한다. (『모두에게 주고 슈퍼팬에게 팔아라』에서 참고.) 영국에서 가장 많은 시청자가 본 TV 프로그램의 순위에 들기도 했다.

[2] 1990년대 토요일 밤에 방영하던 TV 쇼. 영국의 유명 방송인 노엘 에드먼즈가 진행했다.

엄마 : 아하! 그렇지. (잠시 침묵) 참! 내일은 밖에 나가서 아주 재밌게 놀면 좋겠어.
나 : 그래요! 신 난다! 일정이 어떻게 돼죠?

엄마가 육지 측량부 지도를 쫙 펼친다. 미란다에게 외출 경로를 보여준다. TV에서는 거친 신음과 쿵떡거리는 소리가 흘러 나온다.

엄마 : 정말 좋겠지? 풍경이 진짜 좋아!
아빠 : 그러게, 정말 끝내주겠는걸!
나 : 와, 정말!

거친 신음과 쿵떡거리는 소리가 점점 커진다.

나 : 아~ 여기로 이렇게 올라가서 여기로 내려오는 거구나!
엄마 : 그렇지. 그리고 교회를 지나서 이쪽으로 돌아올 거야.
나 : 좋은데?

드디어 야한 장면이 다 지나갔다는 것을 모두 알아챈다.

엄마 : (지도를 내팽개치며) 자, 가는 길을 다시 확인하길 잘했지?

특별한 사건이 없는 한 엄마, 아빠, 미란다는 조용히 TV를 본다.

짠, 이렇게 상황을 수습하는 방법을 찾아냈다니까. 어린 미란다, 너는 아직 다른 사람들은 평범하고 즐겁고 화목하게 크리스마스를 보낸다고 생각하지? 우리 가족만 제정신이 아닌 것처럼 느껴지고 말이야. 하지만 결국은 다른 가족들도 다 비슷하다는 걸 깨닫게 될 거야. 어느 가족이나 'The 엄마'가 있고 고모할머니가 있어. 다들 자기 가족이 정말 짜증나는 사람들만 모여 있다고 생각하는 순간이 있고. 누구나 한번쯤 부모님이 리모콘을 '거시기'라고 부른다고 해서 나무란 적이 있고 말이야. 누구나 한번쯤 콩나물을 브랜디에 빠뜨렸다고 해서 꾸중을 들은 적이 있어. 이 사실을 받아들이고 나면 그때부터는 정말 가족과 함께 보내는 크리스마스를 좋아할 수 있을 거야.

중요한 건, 다 잊게 된다는 거야. 얼마나 화가 났었는지를 다 잊는다니까. 그리고 매년 크리스마스를 기다리겠지? '아, 크리스마스가 오면 며칠 동안 집에서 쉬면서 편안하고 즐거운 휴가를 보내야지!' 그러다가 10월에 접어드는 순간 '땅' 하고 시간은 속사포 같이 흘러가지. 정신을 차리고 보면 다 지나간 후야.

생각해봐. 크리스마스 없이 살 수 있겠어? 힘들겠지? 서른여덟 살 미란다는 크리스마스가 주는 모든 것을 포용했단다. 아참, 잠깐 나가 봐야겠어. 16인치짜리 크리스마스 푸딩 모양 풍선 인형을 차에서 꺼내와야 하거든.

아악! 우리가 결국 'The 엄마'가 되는 구나! 그럴 줄 알았어!

자, 여러분. 언제 어디서 이 책을 읽고 있나요? 8월, 해변가, 일광욕 의자에 앉아서? 2월, 침대 위, 이불에 돌돌 말린 채? 5월, 타는 듯이 더운 날, 친구네 집 뒷마당에서? 언제, 어디서든지 상관 없이 모두 이 격렬한 캐럴에 동참하세요. (숨을 깊게 들이마시고 맹렬한 기세로 시작!) "글로오오오~" 앗, 잠깐, 음을 너무 높게 잡았어요! 다시… (음을 낮춰서) "글로오오!" 좀 낫네요.

다들 메리 크리스마스!

휴식 시간

아, 저는 가득 찼어요. 정말 말 그대로 민스파이로 배가 꽉꽉 찼답니다. 그러니, 제 생각엔 이제 휴식 시간이 온 것 같아요. 마실 것도 다시 채울까요? 부엌으로 총총 들어가서 핫초코 봉지를 뜯으세요. 아니면 이건 어때요? 타먹는 수프! (다들 수프를 끼니 대신 먹는다고 하는데, 실은 아니라는 걸 다들 알잖아요! 그냥 마시는 것일 뿐. 그쵸? 봉지에 동결건조 시킨 음식으로 끼니를 떼우다니… 우리가 우주비행사도 아니고!)

지금까지 다들 잘 읽고 있나요? 저와 함께 하는 이 시간이 즐거웠으면 좋겠어요. 즐겁다고요? 그렇다면 두 팔을 하늘 위로 뻗고 이렇게 외치세요. "네, 즐거워요!" (어디에 있든지!) 좋아요. 다른 사람들이 다 쳐다본다고요? 더 좋아요! 이게 다 우리의 존재를 확인하는 아주 건강한 공공 선언이랍니다.

건강, 휴가, 크리스마스 같은 골치 아픈 주제들을 즐겁게 해치우고 머그 아저씨가 행복하도록 음료도 꽉 채웠으니, 체크 박스를 만나봅시다! 아래 사항에 해당된다면 자부심을 잔뜩 품고 삼각형에 체크하세요. (삼각형이 좀 더 재밌지 않나요?)

△ '할 일 목록'을 새로 쓴 적이 있다. (첫 목록으로 '할 일 목록 만들기' 적는 걸 잊지 마세요. 그래야 바로 체크를 할 수 있죠.)
△ 의사와 결혼하는 망상을 한 적이 있다.
△ 성능 좋은 핸드 드라이어와 고급스러운 화장실에 감탄한 적이 있다.
△ 서른다섯 살 넘어서 언덕을 달려 내려오는 걸 즐긴 적이 있다.
△ 돗자리에 우아하게 앉으려는 시도를 한 적이 있다.
△ 마라카스를 꺼낸 적이 있다.
△ 9인치짜리 풍선 산타와 주먹다짐을 한 적이 있다.
△ 아무도 때리지 않고 보드게임을 한 적이 있다.
△ 캐럴을 부르며 혼자 흥분한 적이 있다.

만약 하나 이상에 해당된다면 자기 자신과 하이파이브 합시다! 예압~ (그 모습을 상상해보니 그냥 박수를 치는 거네요.) 사소할지라도 자신이 성취한 것을 축하하는 건 매우 중요하답니다.

이번엔 '숙제 시간'이에요. 자기 자신에게 아름답다고 말해봤나요? 솔직히 고백하자면, 저는 하지 못했어요. 내뱉었다가 웃음보가 터져서 바로 얼굴에 매직으로 콧수염을 그리고 말았지요.

마음 속 히피를 꺼낸다.
안전지대를 뛰쳐나와서 모험을 즐기기.
행운이 있기를!

"미란다, 그래서 다음 주제는 뭔가요?"라고 묻는 분들이 있군요.

아~ 제발! 이제 그만 끈끈한 관계에 대해서 좀 얘기해주면 안 될까? 멋있는 남자랑 알콩달콩 연애질 같은 거 말이야. 계속 요리조리 피해왔잖아!

에휴, 알았어. 드디어 긴장되는 주제를 다룰 시간이 왔군. 사실 지금 아주 멋진 관계를 유지하고 있거든. 우리 삶에서 아주 중요한 관계지. 이제 말할 때가 된 것 같아.

오예~!

좋~아. 다들 준비하세요. 페이지를 넘기고, 넘기고, 넘기고!

13. 우쭈쭈 우리 강아지

WHO'S TOP DOG?

여러분, 아까 말했듯이 이번에는 아주 복잡하고도 진지하면서도 친밀한 관계에 대해 얘기할 거예요. 제 생각엔 이보다 더 긴장감 넘치는 관계는 아마 없을 거예요. 바로 여자와 개의 관계랍니다!

잠깐, 뭐라고? 개 얘기였어? 개?! 엄청나게 심각하고 진지한 관계라며? 고작 동물 얘기였던 거야?

굉장히 깊이 있고 진지한 관계라고. 연애 이야기가 아니니까 꿈 깨~

그만해! 완전 실망의 연속이야. 난 가야겠어. 내 귀한 시간을 이따위에 낭비하지 말아야지. 오늘 학교에서 사회 문제에 대해 토론하기로 했거든!

너 토론 수업 싫어하잖아.

남학교 학생들이랑 공화국과 군주제에 대해서 토론한다고 했거든. 남자애들이 온다고!! 말이 나와서 말인데, 이참에 가서 하나 골라잡아서 빨리 결혼해야겠어. 서른여덟 먹어서 동물과의 관계 타령 안 하려면 말이야. (폭풍 같이 문 밖으로 사라진다.)

휴, 잘 넘어갔어요. 이미 말했듯이 여자와 개의 관계만큼 흥미로운 관계가 또 없답니다. 뭐, 약간의 긴장감이 있는 관계는 몇 가지 있지만요. 세탁소 아저씨와의 관계라든가(여러분도 세탁소 아저씨가 오해할까봐 옷에 난 자국에 대해 오버해서 설명한 적 있나요?), 잘생겼지만 이상하리만치 시끄러운 아래층 사람과의 관계라든가(심각하게 잘생긴 사람과 싸우기가 참 힘들다는 걸 깨달은 적 있나요? 단호하게 시끄럽다고 불평을 늘어놓다가 그만 목소리가 점점 줄어들면서 여성스럽게 호호 거리며 코를 쿵쿵대며 웃다가 얼굴이 상기되어 총총걸음으로 돌아오곤 하죠.) 아니면 영원토록 충성스러운 음식 배달 청년과의 관계도(막 목욕탕에서 나왔을 때마다 먹을 걸 가져다주는 사람의 이름을 모른다는 게 이상하게 느껴진 적 없나요?) 흥미롭긴 하죠. 어쨌든 여자와 개의 관계는 무척 재밌으면서도 신비로운 영역이에요. 그러니 이 책에 포함시키지 않을 이유가 없죠!

저는 페기라는 강아지를 키우고 있답니다. 페기는 까만 털과 하얀 털이 섞인 시츄와 비숑프리제 믹스견이랍니다. (인기 많은 두 종이 합쳐져서 멋진 강아지가 되었답니다.) 저는 '시츄(Shih Tzu)'를 원래 발음대로 '쉿수(Shit Sue)'라고 표기하는 걸 선호해요. 쉿! 수! 듣기가 좀 그렇긴 하지만 페기는 별로 신경 쓰지 않더라고요. 유머 삼각노 좋고 이해심도 많은 강아지거든요. 비숑프리제와 쉿수 믹스견, 페기. 그러니까, 이런 강아지를 뭐라고 불러야 할지 잘 모르겠지만 제가 한번 정해 볼게요. '쉿 프리제' 어때요? (그나저나 왕실 가든 파티에 이 강아지를 데려가야 한다면 그냥 '비숑 수'라고 소개하는 게 좋겠어요. 앙증맞은 발음이라 왠지 프랑스어 같이 들리지 않나요? 여러분의 선택에 맡길게요.)

원래 강아지를 키울 계획은 없었어요. 항상 강아지를 키우고 싶어 하긴 했지만요. 어릴 때는 유기견 센터에서 자원봉사를 하기도 했죠. 제가 할 일은 개장에 들어가 앉아서 개가 사람과 관계를 맺을 수 있도록 놀아주는 일이었죠. 다 좋았는데 방문객들이 둘러보면서 저와 개를 둘 다 입양되어야 하는 동물처럼 쳐다볼 때는 기분이 좀 그렇더라고요. 그래서 이상한 농담을 하곤 했죠. "저는 카페트에 오줌을 안 싼답니다. 저를 데려가 주세요~" 아니면 "겉모습은 불독이지만 마음만은 푸들이랍니다"라고요. (사람들은 약간의 동정심과 업신여기는 표정으로 저를 쳐다보더군요. 그레이하운드를 좋아했던 여자 방문객의 크고 슬픈 눈이 여전히 기억나네요.) 어쨌든 제가 강아지를 키울 사람이라고는 생각해 본 적이 없거든요. 적어도 빠른 시일 내에는요. 은퇴해서 작은 텃밭이 딸린 시골집에서 살게 되면, 닭이랑 고양이랑 집토끼랑 개를 키울 수 있겠죠. 양도 기르고요. 재밌겠죠? 하지만 지금 당장은? 안 될거야!

실은, 꽤 오랫동안 개를 기르는 사람들에 대한 달갑지 않은 편견을 숨겨왔거든요. 제가 생각하기에, 개를 기르는 사람들은 두 부류로 나뉘진답니다. 첫 번째 부류는 주로 정원이 있는 단독 주택에 사는 사람들로, 자기 개들을 수키, 에밀리, 조지, 벨라, 재애애애애스퍼라는 이름으로 불러요. (여러분과 저는 '재스퍼'라고 발음하지만 전원주택에 사는 사람들은 'ㅐ'를 아주 길게 늘여서 발음하거든요. 그러니 재애애애애스퍼가 되죠. 한번 따라해 보세요.) 이 개주인들은 아주 엄하기 때문에 항상 공원을 돌아다니면서 개들에게 명령을 '짖어'대죠. (재밌는 말장난이죠? 제가 생각해도 꽤 괜찮았어요.) 아주 큰 소리로요. "수키, 여기로, 빨리" "조지, 하지마!" "벨라, 이리와, 벨라, 이리와, 벨라, 벨라, 이리와" "재애애애애스퍼, 앉아, 재애애애애스퍼, 앉아, 재애애애애스퍼, 내려놔, 내려놔! 어머, 죄송해요. 그쪽 강아지가 소고기 구이인줄 알았나 봐요." 이런 타입의 사람들은 아이들 이름도 수키, 에밀리, 조지, 벨라, 재애애애스퍼라는 이름으로 부르죠. 아이들에게도 이렇게 짖겠죠. "에밀리, 가서 자. 가서 자라, 에밀리" "야채 좀 먹어, 조지. 야채! 먹어!" "학교 가야지, 벨라. 학교! 벨라!"

그리고 두 번째 부류는요, 동물을 사랑하는 영국인 모임에서 찾아볼 수 있죠. 이 개주인들은 전통적인 이름을 선호해요. 피핀, 미스터, 트리클, 버튼스. 개에 옷을 입히기도 하고 개 사진으로 자신을 치장하기도 하죠. ('I ♡ 트리클' 티셔츠, 개 얼굴이 인쇄된 야구 모자나 개 얼굴 타투…) 크리스마스 카드에는 개와 함께 산타 모자를 쓰고 행복하게 웃는 모습을 새겨서 보내곤 하죠. 아이고, 재밌다! 카드에는 이렇게 써 있겠죠. "크리스와 피오나와 피핀네 집에서 사랑을 보냅니다." 참, 편지가 끝나는 부분에는 꼭 개 발자국 도장이 찍혀있죠.

이런 사람들은 자기가 기르는 개와 굉장히 닮아있어요. 어떻게 이런 일이? 처음부터 자기와 비슷하게 생긴 개를 고르는 걸까요? 아니면 정말 의도하지 않았는데 일어난 일일까요? 길고 붉은 털을 가진 개를 기르는 여자를 아는데, 정말 자기가 기르는 개랑 비슷하게 생겼어요. 긴 얼굴에 길쭉한 팔다리에 붉은 머리까지. 꼭 한 세트 같더라고요. 좀 충격적이었어요.

두 부류 모두 중요한 건 하나죠. "우리 개는 우리 가족이에요. 우리는 우리 개를 가족 구성원과 똑같이 대해요. 크리스마스나 생일 때 선물을 주고받기도 하죠. 개들도 특별한 날을 반기거든요. 우리 개가 누굴 더 좋아하는지를 두고 다투기도 하고 누구랑 놀 차례인지를 두고도 말다툼해요. 우리가 이렇게 지내는 방식에 뭐 이상할 게 있나요?"

'내가 보기엔 정말 이상해!'라고 저는 생각했죠. 혼자 공원에 다닐 때는 그렇게 생각했어요. 그러다가 페기와 함께 공원에 다니면서 페기는 제 친구가 되었어요. 페기가 강아지일 때 처음 만났는데, 까만 털과 하얀 털이 섞인 털뭉치 같았죠. 제 손에 쏙 들어왔어요. 가끔은 바들바들 떨기도 하고 운동화 속에 쏙 들어가 있기도 했죠. 이렇게 귀여운 생명체를 어떻게 거부하겠어요? 어떻게든 거리를 두려고도 해봤어요. 진짜에요! "안돼! 나는 제정신 박힌 사람이야. 개는 필요없다고! 결코 개를 사랑하는 그렇고 그런 사람 중 하나가 되지 않을 거야. 절대로!" 하지만 그 작고 귀여운 털뭉치의 얼굴을 보는 순간, 항복하고 말았죠. 결국 페기는 제 품에 들어왔답니다.

그 후, 페기와 함께하는 매일은 저를 시험에 들게 해요. 개에 집착하는 정신 나간 사람이 되지 않고도 개를 사랑하고 돌봐주고 밥 먹이고 치우고 할 수 있을까요?

저는 그럭저럭 해낸 것 같아요. 컴퓨터 바탕화면에 개 사진을 깔아놓지도 않았고(물론 책상 위에 액자 두 개는 빼고요) 가구 위를 돌아다니게 두지도 않고(특별한 경우에만 소파 위에 올라올 수 있어요) 제 침대 위에서 같이 데리고 자는 것도 아니니까요. (아니, 어제는 좀 특별한 경우였어요. 페기 생일이었거든요.) 음… 잠깐만요! 그래도 페기는 말썽을 부리거나 시끄러운 개가 아니거든요. (요즘 들어 자기가 무슨 보디가드라도 된 줄 알고 남자만 접근하면 미친 듯이 짖기 시작했어요. 여러 가지로 의미심장하죠?) 그리고 친구에게 얘기할 때 강아지를 대신해서 말을 하는 것도 아니고요. "미안, 우리가 오늘 좀 짜증이 나서… 그렇지?" ("응, 맞아, 맞아, 진짜 짜증났어~") 뭐, 개한테 이니셜이 새겨진 밥그릇에 밥을 주고 하는 것도 아니라고요. (30일 뒤에 쇼핑몰에서 배송될 예정이에요.)

"어이구, 어이구, 팔불출에 구제불능이구만." 하고 한숨 쉬는 게 들리네요. 실망하셨군요? 하지만 참 어렵단 말이에요. 혹시 책을 보는 여러분 중 침대 위에 귀여운 털복숭이와 함께 있는 분 없나요? 아니면 소파에서 무릎 위에 올려놓고요. 사랑을 갈구하는 그 신뢰에 가득 찬 눈동자에 빨려 들어간 사람 없나요? 동물이 무슨 생각을 하는지 알 수 있을 것 같을 때가 있지 않나요? 다른 살아있는 것에 느껴본 적 없는 사랑을 그 작은 동물에게 느껴본 적 없나요?

저랑 우리 가족뿐만이 아니라고 제발 말해주세요. 한번은 아빠가 집 뒷마당에서 토미(아빠가 가장 아끼는 고양이)에게 말하는 소리를 들었어요. "토미야~ 내가 뭐 사왔게? 그래, 그래. 맛난 참치 사왔지~ 뭐하고 놀고 있었어? 우리 새끼~ 사냥이라도 나갈 거니? 알아~ 문 앞에다 또 쥐를 가져다 놓을 거니? 알아~ 선물이라고 가져다 놓은 거 아는데, 그럴 필요 없어." 사랑스러운 고양이 앞에서는 아빠도 팔불출 같은 행동을 하지 않을 수가 없나 보더군요. 대체 우리 가족에게 뭔 일이 일어난 걸까요?

한번은 동물들끼리 어떻게 지내는지를 얘기하다가 부모님과 피 튀기는 말다툼을 한 적도 있어요.

"죄송해요, 아빠. 페기가 밀리를 쫓아가서 음식을 뺏어 먹었네요."

"아냐, 괜찮아. 밀리는 혼 좀 나야 돼."

"왜요? 아빠는… 토미한테는 안 그러시면서…"

"토미한테는 안 그러지~"

"아빠는 토미만 너무 편애해요. 밀리가 얼마나 섭섭하겠어요?"

"밀리가 뭘 알겠어~"

"아빠는~! 밀리도 다 알아요! 그리고 오늘 밀리 생일이잖아요. 분명 다 안다니까요."

"아, 맞다. 우리가 그 조그마한 선물 줬던가?"

"글쎄요. 선물을 줘야 할지 모르겠어요. 어제 밀리가 저한테 준 크리스마스 선물을 생각하면…"

"왜? 그 춤추는 엘프, 좋아하는 거 아니었어??"
"뭐, 녹음기보단 나았지만요…"
"뭐라고?"
"아니에요…"

네~ 네~ 무슨 말들을 할지 알아요, 알아. 맑은 공기 좀 마시고 정신 차려야겠죠? 이리 와, 페기, 산책 가자~ 페기! 이리 오라니까. 목걸이 하자. 목걸이 참 예쁘지? 어이구, 귀여워!

장면 : 화창한 오후의 공원.
날씨 좋은 날, 런던의 공원. 젊은 가족과 행복한 커플, 평화로워 보이는 할머니와 강아지로 북적거린다. 각양각색의 개들이 공원을 가로지르며 뛰어다닌다. 개들은 헌신적이고 주의 깊은 (어찌 보면 바보 같은) 인간들의 손에서 나온 끈에 위태롭게 연결되어 있다.
그 사이에 칙칙해 보이는 한 쌍의 커플이 나타난다. 키가 크고 근심에 찬 여자(미란다)가 다리 네 개 달린 건방진 털뭉치(페기)와 으스스한 분위기를 풍기며 걷고 있다.

페기 : 빨리 와, 미란다! 빨리 뛰어봐! 뛰어! 오, 저것 봐. 막대기다. 나무다! 나무 위에 올라갈래, 미란다. 빨리, 어, 저것 봐! 흙더미다. 나 배고파… 나…
미란다 : 조용히 해. 우린 이쪽으로 갈거야. 내 말 들어.
페기 : 네 마음대로만 한다고?
미란다 : 그래. 당연한 거 아니겠어?
페기 : 흥미롭군. 그렇게 생각한다니 참 흥미로워. (짧은 침묵) 미란다, 오늘 어디로 갈 거야? 대체 우리가 가는 비밀 장소가 어디야? 왠지 독자들에게 말하기가 부끄러워 보이는데?
미란다 : 아, 지금… (속삭인다) 개 훈련장에 갈 거야.
페기 : 어디?
미란다 : (큰 소리로) 개 훈련장!
페기 : 그렇구나! 오, 오리다! (오리를 쫓아 달려 나갔다가 돌아온다)

갔다 왔어. 아, 근데 왜 개 훈련장에 가는 거야?
미란다 : 네가 너무 말도 안 듣고 산만하고 소파를 다 어질러 놓으니까.
페기 : 잠깐만, 저기 저 여자, 소풍 왔나봐!
미란다 : 안돼, 안돼! 페기, 페기, 페기!! 어머, 죄송해요. 그 음식값 물어드릴까요? 괜찮으시다고요? 정말요? 죄송해요, 정말. 떼찌! 페기, 떼찌!
페기 : 맛있는 거 먹었다! 맛있어~
미란다 : 아, 정말 창피해! 페기, 이런 행동들 때문에 지금 가는 거야. 게다가 맨날 짖고 뛰고…
페기 : 그래, 그래, 내가 망나니다. 근데, 개 훈육사는 내가 왜 이렇게 말썽을 부리는 거래?
미란다 : 왜긴, 원래부터 그런 개라고 하지…
페기 : 그건 아닐 텐데. 너도 알잖아. 전문적인 훈련을 받은 개 훈육사가 내가 소파 위에서 뛰는 걸 좋아하고 사람들에게 짖고 음식 훔쳐 먹는 걸 좋아한다고 생각한다고? 오! 다람쥐다! 뛰어가는 내 모습 봐봐! 다람쥐 쫓아서 나무 위에 올라갈 거야. (후다닥 뛰어간다. 다시 돌아온다.) 휴, 갔다 왔어. 얼마나 빨랐어?
미란다 : 안 보고 있었는데?
페기 : 정말? 내가 빨리 달리면 웃고 좋아했었잖아. 내가 헥헥 거리면 엄청 귀여워하잖아. 개 훈육사는 내가 최고의 개라고 진심으로 믿고 있기 때문에 여러 가지 행동을 한다고 말할 거야. 너하고 나의 관계에서 말이야. 왜 너는 그걸 생각하지 않는 거야?
미란다 : 믿어. 나야 말로 말도 할 수 있고 돈도 버는 인간이잖아. 너는 그냥 사람에 의지하는 조그만 열혈 털뭉치잖아. 네가 최고의 개 아니면 누기 그렇겠니.

미란다와 페기가 엄숙하게 걸어간다. 갑자기 페기가 버려진 젤리를 주워 먹으려고 달려 나간다. 페기가 먹지 못하게 미란다는 목줄을 살짝 잡아당긴다.

페기 : 으윽! 방금 나 목하고 자존감에 상처 입었어.
미란다 : 네가 무슨 자존감이 있어?

페기 : 나도, 자존감, 있거든? 평점심과 품위도 있다고. 그리고 네가 부러워하는 소녀 같은 걸음걸이도 있고. 넌 인정하지 않겠지만.
미란다 : 그게 무슨 걷는 거야? 깡총거리는 거지.
페기 : 어쨌든 매우 예쁘지? (총총 뛰기 시작한다.) 저 좀 보세요! 귀엽고 예쁘죠? (노래 부른다.) "난 참 귀여워, 정말 귀여워~"
미란다 : 그래~ 근데 너 똥꼬 보인다!
페기 : 헉! 너 그렇게 낮게 엎드릴 수 있어?

페기는 화가 머리끝까지 났다. 기분 좋을 때 올라가는 짧다란 꼬리 때문에, 소녀 같은 걸음걸이 때문에, 애석하게도 공공장소에서 똥꼬를 노출하고 말았기 때문이다.

페기 : 아, 아주 매력적이다. 매력적이야!
미란다 : 그것 봐. 최고의 개가 공공장소에서 똥고를 내보이겠어?
페기 : 그래도 난 귀엽다고!

미란다가 한숨을 내쉰다.

미란다 : 너 정말 오만하구나. 그거 아니? 내가 아니었으면 넌 아직도 개 보호소에 있을 거야.
페기 : 그래서 날 데려온 거야? 불쌍해 보여서? 내가 그렇게 골치 아픈 짐이니?
미란다 : 아이구, 아냐, 침착해. 아니라는 건 너도 알잖아. 마음속 깊은 곳에서는… 나도… 너에게 애정을 느끼고 있다고… 그러니까…

미란다와 페기 사이에 긴장감이 흐르는 동안 개 훈련장이 가까워졌다.

페기 : 으이그, 너 날 사랑하지? 마음속 깊은 곳에서 날 사랑한다는 거 알아. 내가 여기 없었으면 아마 날 무척 보고 싶어 했을 거야. 그렇지? 집에 돌아왔을 때 내가 반갑게 반기는 모습을 그리워했을 거구. 내가 작게 내는 소리도 좋아하잖아. (페기가 시범을 보이기 위해 낑낑 거리는 소리를 낸다. 마치 쥐가 말 흉내를 내는 모습 같다. 미란

다가 미소 짓는다.)

페기 : 이렇게 하자, 미란다. 네가 말한 '정신 나간 애완동물 주인'들이 안 되려고 노력했음에도 불구하고, 나는 네 삶에 아주 큰 영향을 끼쳤잖아. 나 덕분에 다른 생명체를 완전히 받아들이고 수용하는 법을 배웠지? 그리고 서로 완전히 기대고 의지하는 삶에 대해서도 배웠지? 난 너 없이 살 수 없어, 알지? 나는 너를 사랑하고 너를 위해서 뭐든지 할 거야. 네가 복부 운동할 때 내가 달려가서 널 핥는 거 알지? 네가 죽을 것 같기 때문이야. 어찌나 끔찍한 신음을 내뱉는지, 걱정돼서 뛰어가서 살리려고 한 거였어. 아침에 알람이 울릴 때 침대에서 방방 뛰어다니는 건 시끄럽게 하려고 한 게 아니라 너랑 같이 보낼 하루가 또 밝았다는 게 너무 기뻐서 그런 거였어. 너도 나 없는 삶은 원하지 않지? 네 옆에서 달리면서 좋은 경치를 볼 때 네 품에 안기는 내가 없으면 산책하는 것도 무슨 의미가 있겠어? 우린 서로 껴안는 것도 좋아하지. 음, 실은, 내가 너에게 사랑하는 방법을 알려준 것 같아. 그게 바로 내가 최고의 개라는 증거 아닐까? 어떻게 생각해?
(정적)
미란다?

미란다에게 아무 반응이 없다. 페기는 미란다가 목이 멘 채 눈물이 흘리고 있을 거라 기대하며 돌아본다.

페기 : 미란다?

미란다는 스마트폰으로 이메일을 보내고 있다.

미란다 : 뭐? 미안, 안 듣고 있었어. 그나저나 우리 다 온 것 같다.

개 훈련소 앞에 도착한 미란다는 페기의 목줄을 푼다.

미란다 : (서두르며) 들어가, 어서.

페기가 날랜 걸음으로 들어간다. 미란다는 그 뒷모습을 바라본다. 눈에서 눈물이 흘러내린다.

미란다 : (속삭이며) 다 들었어. 사랑해, 쪼꼬미야.

자, 저는 항복하고 말았어요. 이번 장은 이렇게 끝맺을게요. 사랑을 보냅니다.

- 미란다와 페기로부터, 쪽쪽!

14. 어쨌거나 아이들은 자란다

MOTHERS AND CHILDREN

미란다? 이 강아지에 미친 자···

오, 너 듣고 있었구나?

토론 수업에 결국 안 갔어. 벨라가 내 수염을 염색해준다고 해서··· 요즘엔 다들 수염을 염색한대. 수염이 있든 없든 말이야. 근데 실수로 헤나 염색약을 쓴 거야. 그래서 완전 제대로 된 수염이 생겨 버렸어.

(고래 등에서 물이 뿜어져 나오듯이 입에서 물을 뿜는다.) 푸하하~ 물 마시고 있을 때는 웃기는 애기 좀 히지 말아줄래? 노트북에 물을 뿜어버렸잖아.

하나도 안 웃기거든? 이거 수염 어떡하지? 지워지려면 얼마나 걸릴까? 까만색 염색약이란 말이야.

내가 미용 용품을 사용해봤자 크게 달라질 것 없다고 했잖니.

난 그냥 조금이라도 예뻐져서 남자친구 좀 만들어 보려고 했지. 지금 다들 나를 히틀러 하트라고 부른다고!

찰리 채플린 흉내를 내면서 농담을 던져봐. 센스 있다고 인기가 올라갈지도 몰라.

오, 괜찮은 생각인데? 고마워. 해볼게. 그나저나 강아지 말고 사람을 사랑한 적은 없어?

당연히 있지. 엄마, 아빠, 친구들, 그리고…

아이들도 있어? 아기 낳았지? 그치?

음, 드디어 때가 왔군. 세상에서 가장 다루기 힘든 주제를 탐험할 시간이 되었구나. 자, 앉아봐, 히틀러 하트.

여러분 중에 혹시 아이가 있거나 아이를 가질까 고민 중이거나 임신 중인 사람이 있는지 모르겠네요. (임신 중이라면 제발 이 책을 내려놓으세요. 조산사의 말을 잘 듣고 힘 주라고 할 때 힘 주고요.) 아니면 자신이 아직도 아이라고 생각하는 사람도 있겠군요. 자신의 핏줄을 가지는 게 아직은 필요하지 않다고 생각하겠지요. 닉 혼비[1]의 소설에 나오는 서른여덟 먹은 '어른 아이' 같아서 스님 같은 삶을 추구할 수도 있겠네요. 책임감은 싫고 컴퓨터 게임이나 맥주와 카레만 있으면 괜찮다고 생각하겠죠. 그렇다면, 조금 성숙해질 필요가 있겠어요. 혹은 영적으로 미숙하다고 생각한 나머지 최근에 '내 안의 어린

---

1 같은 제목의 영화로도 제작된 〈어바웃 어 보이〉를 집필한 영국 소설가.

아이를 풀어주세요'라는 일주일짜리 워크샵에 다녀왔다면요, 여러분 안의 어린아이는 풀려났으니 레고 매트를 사정없이 파괴하세요. (저도 '내 안의 어린아이를 풀어주세요' 워크샵에 가려고 한 적이 있어요. 이리저리 돌아다니고 밀치고 침 뱉고 다른 사람 얼굴에 낙서를 하고 벽에 그림을 그리고 오줌을 싸거나 구석에서 하리보 곰젤리를 먹으려고요. 관계자가 뭐라고 하면, 아무것도 모른다는 표정으로 "왜요? 말씀하신 대로 제 속의 어린아이를 풀어주는 중인데요…? 피우던 향이나 흔드시죠."라고 말하면 되니까요.)

아니면 여러분은 끔찍이도 현대적이고 자신만만한 타입인가요? 필립 스탁이 디자인한 사무용 의자에 뒤로 기대고 앉아서 위풍당당한 표정을 짓고 있나요? 개인 비서에게 차이라떼를 시키고(차이라떼라니, 무시무시한 격투기 이름 같지 않나요?) 날씬한 허리를 벨트로 조여 메고 요가매트를 옆으로 팽개친 후 혼잣말을 하겠죠. "그래, 난 그냥 아이들이 싫어. 내 인생에 아이를 생각해 본 적이 아예 없다고. 난 아이가 없어도 괜찮아."

어떤 쪽에 속하든 다 괜찮다고 말하고 싶어요. 다양한 사람들이 세상을 돌아가게 하는 거죠.

하지만 이번만은 엄마라는 복잡다단한 주제를 다룰 거예요. 왜냐하면, **저만 그런가요**? 요즘은 다들, 제가 이름 붙이기로 '극성스러운 모성애'라는 전염병을 겪고 있는 것 같아요. 무슨 말이냐고요? 요즘 어떤 엄마들은 인간이 아주 오래 전부터 단순하고도 성공적으로 번식해 왔다는 사실을 잊은 것 같거든요. 원시인이 아이를 키워왔다는 사실을 까먹은 거죠. 아주 최소한으로 들볶아도, 호들갑을 떨지 않아도 아이들은 괜찮은 어른으로 자라잖아요. 하지만 이 사실이 무시당하는 것 같아요. '어떻게 아이/갓난아기/십대 청소년을 기르는가'라는 주제로 서점은 매일 북적거리죠. 사야하는 물건 목록과 아이가 자랄 때마다 해야 하는 일들의 목록은 날이 갈수록 길어져만 가고요. 매일 매일 탄생하는 새로운 엄마들은 불안감에 쫓겨 아이를 기르는 러닝머신 위에 올라탄 것만 같아요.

최근에 클레어베어와 클레어베어의 네 살짜리 아이를 만난 적이 있어요. 세, 네 살짜리 어린아이를 둔 엄마들에게 인기 절정이라는, 듣기만 해도 끔찍한 장소가 있어요. 키즈 카페라는 곳이죠. 가보니 역시나 끔찍하더군요. 거기에서 엿들은 대화가 있어요. 준비 됐나요?

"어머, 어쩜 좋아! 너네 애는 밤에 그렇게 자주 깬다고? 테오는 일일 드라마 틀기 시작하면 바로 골아떨어지던데… 퀴노아를 먹여서 그런 것 같아!"
"어머나, 어쩜 좋아! 여보, 피오나네 애가 '트랙터'라고 말했대요. 로미오는 아직 '삽'도 못하는데, 선생님을 붙일까요? 그래요, 그래야겠어요. 옥스퍼드나 캠브릿지 대학을 나온 사람으로요."
"하지만 4개월쯤 되면 적어도 고대 북유럽 신화에 관심을 보여야 하는 거 아니니? 그래서 신화를 그려놓은 포스터를 구했다니까! 아이고, 내 새끼, 이리 와서 북유럽 신화 좀 보렴."

이런 식이었죠. 듣다 보니 마음속으로 이렇게 소리치게 되었어요. '작작 좀 할 수 없나?'

종종 초등학교 앞을 지나면서 제 생각을 확신하곤 해요. 창문을 내리고 아이들을 바라보며 즐겁게 외치죠. "다들 잘 자랄 거예요. 대학 입학 자격시험을 치를 때까지 북유럽 대성당 투어를 경험하지 않아도 상관 없어요. 저를 보세요. 어릴 때 전 콩 통조림만 주구장창 먹었고, 기다란 막대기만 가지고 놀았는데도 잘 자랐잖아요."

글쎄, 그건 잘 모르겠는데? 하긴, 엄마가 뭘 더 어떻게 할 수 있었겠어?

그 당시엔 그랬지. 지금 세상은 엄마들이 극성이 되도록 부추기는 온갖 것들을 쏟아내고 있거든. 유기농 야채니, 슈퍼푸드니, 방과후 수업이니, '자기계발'이니, '우리 아이가 달라졌어요' 훈육법이니, 체벌 금지니, '자기주도권 기르기' 이론 같은…

    우리 엄마가 했던 일이라곤 학교에 데려다 주는 일뿐이었는데… 주말에는 가게에 떨구어 놓고… 집에 있을 때는 숙제하거나 알아서 놀거나 했지. 말 안 들으면 찰싹 찰싹 맞곤 했고 말을 잘 들으면 군것질을 할 수 있었지. 끝!

이제 군것질은 절대 안 돼. 특히 땅콩이 든 것들은 절대로 안 되지. 알러지 있는 아이들이 많거든. 세심하게 키워져서 땅콩이나 밀이나 글루텐에 알러지가 있는 아이들이 에피펜 주사를 맞고 운동장을 뛰어다니고 있지.

    점심으로 먹던 생선 튀김도 못 먹어? 간식 시간에 먹던 플랩잭은? 주말에 먹던 아크틱 롤[1]은? 엄청 맛있는데.

요즘에 아크틱 롤은 절대로 노노야.

    무어어어어어어엇? 아크틱 롤을 못 먹는다고? 와, 그건 진짜 극성이다!

안전벨트 하라고. 더 심각해질 테니까. 신사 숙녀 여러분, 제가 아주 과학적으로 육아에 대해 치밀하게 연구를 진행해 봤답니다. 그 결과, 요즘 자주 볼 수 있는 '극성 엄마' 타입을 네 가지로 분류했어요.

---

1 바닐라 아이스크림을 스폰지 케이크로 둘러싼 영국의 디저트 브랜드.

극성 엄마 1

극성 엄마 1은 세상에서 자신이 가장 우월하다고 여기는 타입이에요. 주어진 환경을 더욱 발전시킨 타입으로 아주 확고하게 자신이 모든 인간, 특히 미혼에 아이 없는 여성보다 훨씬 우월하다고 믿지요. 게다가 자신을 따르는 엄마들 중에 '제대로 하지' 않는 사람에게는 극도로 경멸스러운 눈빛을 보내고요.

극성 엄마 1은 보통 아이를 3명 내지 4명을 낳는데, 여자 아이 이름은 브루스케타(Bruschetta), 비네그레트(Vinaigrette), 포카치아(Focaccia)라고 붙이고, 남자 아이 이름은 마르마두크(Marmaduke), 프라푸치노(Frappuccino), 아스피날(Aspinal) 같은 이름을 붙이는 경향이 있어요. 이런 이름들은 줄여서 케타, 그레티, 카치, 맘, 프라페스, 아스프 등으로 불리겠죠. 그러니 극성 엄마 1이 아이들을 부를 때 꼭 이탈리아 축구팀을 결집시키는 모습처럼 보일 수밖에요.

극성 엄마 1의 남편들은 엄마들과 공동 전선을 펼치는 타입으로, 주말이면 아들과 보덴[1] 셔츠를 맞춰 입고 나타나곤 해요. 아니면 자신의 삶과 변해버린 아내 모습에 충격을 받고 굴욕감을 느끼며 살아가는 타입으로 어딜 가든지 사과하느라 허리를 펼 날이 없죠. 아내가 학교 행사를 습격해 꽃무늬 입은 독재자마냥 행동하는 동안 "죄송합니다, 죄송합니다, 죄송해요, 죄송해서 어쩌죠, 죄송합니다."라는 말을 되풀이해야 하니까요.

극성 엄마 1은 두 가지 일에 자부심과 보람을 느끼죠. 첫 번째, 시중에 나온 것 중에 가장 크다는 사륜구동차를 소유하고 있다는 점. 워낙 커서 고급 유모차 부가부 14대와 고급 피크닉 세트까지 문제없이 실을 수 있다고 하죠.

두 번째, 출산 후 찐 살을 싹 뺐다는 점. 애를 낳을 때마다 아주 '빡

---

1 영국의 고급 의류 상표.

쎈' 다이어트 운동 프로그램 덕분에 출산한 지 6주 만에 날씬한 몸매로 돌아왔다고 자랑하곤 하죠.

극성 엄마 1은 극성 엄마 중에서도 극도로 극성스러운 타입이랍니다.

극성 엄마 2

극성 엄마 2는 미미한 차이지만 극성 엄마 1보다는 덜 해요. 모성애를 덜 심각하게 발휘하긴 하지만 절대적인 화목함과 통제라는 환상 속에 남기로 결정한 타입이죠. 아이들에게 극성 엄마 2보다 좋은 엄마는 있을 수 없어요. 음, 적어도 공공장소에서는요. 유모차는 명품 유모차 매클라렌 제품이고요. 아기 매트는 캐스키드슨이고, 천가방도 역시 캐스키드슨이겠죠. 가방 안에는 가지런하게 라벨이 붙어 있는 값비싼 타파웨어 이유식통이 가득하겠죠. 이유식통 안에는 영양학적으로 균형 잡힌 맘마가 들어있고요. 그리고 역시 캐스키드슨 집게로 유기농 쌀 과자 봉지를 집어놓았겠죠. 머리 끝부터 발 끝까지 캐스키드슨 스타일이죠. 게다가 아이가 셋이나 있는데도 자동차가 이상하리만치 깨끗할 거예요. 이 부분이 바로 극성 엄마 2가 다른 엄마들과 경쟁할 때 조용히 승점을 올리는 포인트죠. 혹은 조기에 발견한 아이의 재능으로 경쟁하기도 하죠. "우리 아이가 박수를 쳤어요! 원숭이 음악이 나오니까, 글쎄! 박수를 치더라니까요! 여보, 이베이 쇼핑몰에서 실로폰 주문해요. 우리 아이가 모차르트가 되려나 봐요!"

이들은 자기 집에 편안하게 있을 때는 다시 두 가지 부류로 나뉘는데요. 수학적으로 정밀하게 표현하자는 정신에 입각하여 2A와 2B로 구분합시다.

2A 엄마들은 현관문을 들어설 때까지 완벽한 모습을 유지하죠. 집에 들어오면 피로를 노래로 풀거나 캐스키드슨 쿠키 병에 들어있는,

허리 라인을 망가뜨리지 않는 설탕으로 만든 홈메이드 간식을 자신에게 선물하겠죠.

반면에, 2B에 속하는 엄마들은 현관문을 열고 들어가자마자 하루 종일 참고 있던 눈물을 쏟아내겠죠. 질질 짜고 통곡하다가 냉동식품을 튀기며 소리를 지르겠죠. 그러다가 음료 진열대 앞으로 비척거리며 다가가서 (바닥에 쌓여있던 젠가 타워를 발로 차며) 와인 한 병을 따고 아이패드로 캐스키드슨 쇼핑몰로 들어가 폭풍 쇼핑을 하겠죠. 만약 누군가 현관문 앞에 나타나면 2B 엄마는 순식간에 정신을 차리고 조 말론 향수를 칙칙 뿌린 다음 오븐에서 가지 구이를 꺼내 오겠죠. 손님에게 음식을 내오면서 다정한 목소리로 '엄마가 되어서 아이에게 얼마나 많은 것을 돌려받는지'에 대해 떠들겠죠.

조심하세요. 2B 엄마는 아주 복잡한 생명체랍니다.

극성 엄마 3

극성 엄마 3은 다른 극성 엄마들과 전혀 다른 방향으로 극단적이죠. 어떤 사람들은 게으르고 지저분하다고 표현하고, 어떤 사람들은 극성 엄마 3이 너무 '있는 그대로' 말을 한다고 해요. 공원에서 극성 엄마 3은 극성 엄마 1에게 자신감 있는 태도로 접근한 다음 이렇게 말하죠. "어머나, 어쩨요. 그쪽 옷에 애가 토를 했네요. 죄송해요. 안 지워지겠네. 호호. 또 토하는 수밖에 없겠네요. 호호" 극성 엄마 1은 신경질적으로 자기 아이들을 더러워진 극성 엄마 3에게서 멀찍이 떨어지도록 하죠. "포카치아, 이리 와. 발레 배우러 가야겠다. 발레 배운 뒤에는 저녁에 먹을 무사카[1]를 같이 만들자꾸나." 극성 엄마 3은 전혀 개의치 않고 호주머니에서 젤리를 꺼내서 허겁지겁 입으로 밀어 넣겠죠. (극성 엄마 3은 몸매 관리에 별로 신경을 쓰지 않거든요.)

---

1 야채와 고기를 볶아 화이트소스를 뿌려서 구운 그리스 전통요리.

이 모습을 지켜보던 극성 엄마 2는 극성 엄마 3과 같이 있다는 사실에 치를 떨고 황급히 자리를 뜨겠죠. 극성 엄마 3이 타는 자동차는 젖은 비스킷과 장난감 트럭, 초콜렛 포장지, 2년 지난 주스 박스 등이 굴러다니는 난장판이죠. 주로 아이가 없는 친구들과 어울려 다니며 수다를 떠는 걸 좋아하고요. 아이들이 하루 종일 텔레비전을 보면 삶의 질이 떨어진다는 기사 따위는 읽지도 않는답니다. 극성 엄마 3은 텔레비전 앞에 멍 하니 앉아 있다가 무심코 이렇게 내뱉곤 하죠. "어머, 그리고 보니 목욕 안 한 지가 3일이 넘었네."

극성 엄마 4

우리의 마지막 극성 엄마는 매우 특별한 부류에요. '너무 많은 정보를 나불대는' 엄마죠. 매일 아침 놀이방 앞에 도착하면 다른 엄마들에게 가슴이 얼마나 쑤시는지, 작은 아이가 얼마나 물어댔는지, 지난밤에 섹스를 하는데 애가 얼마나 자주 깼는지, 거기다 출산 후 처음으로 가진 잠자리가 어땠는지… 그 면전에 대고 "으으으으으, 제발 그만!!"이라고 소리치고 싶어지죠. 하지만 어쩔 수 없이 다들 교양 있는 중산층 미소를 유지하고 있죠. 극성 엄마4가 임신 중일 때는 어떻게든 피해다녀야 해요. 우연히 마주쳤더니 제 손을 덥썩 잡고 자기 배를 쓰다듬게 하는 바람에 튀어나온 배꼽을 만지고 움찔하고야 말았거든요. 태아가 배를 찰 때 배 위를 만져보고 싶지 않은 사람은 저뿐인가요!? 이렇게까지 말해도 되나 싶지만, **정말 소름끼치거든요!** 하지만 극성 엄마 4는 이런 불쾌감을 알아차리지 못하고 출산하는 과정을 낱낱이 떠벌리겠죠.

마지막으로 극성 엄마 4는 다른 엄마들과 친구가 되기 위해 여러 활동 그룹을 만들어내는 데 시간을 쏟을 거예요. "저한테 아주 멋진 생각이 있어요! 부모를 위한 타악기! 첫째 주에는 캐스터네츠에요.

어른들이 캐스터네츠를 흔들고 아가들이 춤을 추는 거죠. 에스파냐 집시 가족처럼요!"

자, 제가 너무 암울한 설명을 해서 여러분을 질리게 했을지도 모르겠어요. 그렇다면 용서하세요. 저는 그저 관찰자일 뿐이니까요. 엄마들의 깊고 가늠할 수 없는 사랑을 저는 진심으로 존경한답니다. 여러분이 부모의 세계로 가는 길을 충분히 택할 수 있다고 생각해요. 저는 가늠조차 할 수 없는 세계지만, 그래서 출산을 장려하는 사회적인 압박도 인정하거든요. 지금까지 그런 경외감과 공포심 때문에 부모가 된다는 것을 피하고 있고, 그런 고로 아마 영원히 부모라는 존재에 경외감을 느낄 것 같아요.

모든 부모가 두려워할 순간이 하나 있죠. 바로 이 질문이 나올 때요. "엄마, 아기는 어떻게 생겨?" 이 질문에 대한 정답은 아마 없을 것 같아요.

"아기는 남자와 여자가 사랑을 하면 나오는 거야. 불이 꺼지고 다들 기분이 좋을 때 일어나는 일이지." (이 어린이는 어둠을 무서워할 가능성이 크겠군요.)

"옷을 안 입고 특별한 방식으로 결혼을 할 때 아기가 생긴단다." (이 어린이는 사람들이 결혼할 때 왜 옷을 입는지 궁금해 하며 자라겠군요.)

"음, 기니피그가 화가 날 때 토끼에게 하는 행동 봤지? 엄마, 아빠가 하는 것도 그거랑 비슷해. 대신 둘 다 하고 싶어할 때, 그리고 서로 사랑할 때 해야 하고, 우리에 갇혔다는 이유로 비몽사몽 헷갈려서 하면 안 돼." (이 아이는 몇 년 간 심리치료를 하며 트라우마를 풀어내야 하겠군요.)

아, 저는 정말로 부모님들을 존경해요. 부모님이 없었다면 저도 이 세상에 없겠죠. (엄청난 비극이겠죠!) 정말 깊고 깊은 존경심을 부모님들께 보내요. 제가 만약 아이를 가지겠다고 결정한다 해도 얼마나 훌륭하게 수행할 수 있을지 자신이 없어요. 이참에 열여덟 살 미란다에게 지금 아이가 없다는 걸 고백해야겠어요. 행운을 빌어주세요…

에헴…

(어린 미란다가 달콤하고 깊은 아크틱 롤 식후 낮잠에 빠져 있다가 깨어난다.) 누구야? 아, 너구나. 무슨 일이야? 귀찮게!

나한테 틱틱 대지마. 아가씨!

여보세요! 넌 우리 엄마가 아니잖아. 당신네 애한테나 가서 엄마 노릇 하라구. 난 좀 내버려 둬.

타이밍 죽이네. 어린 미란다, 우리가 서른여덟 살에도 아이가 없다는 걸 말해야겠구나.

뭐? 그건… 말도 안돼! 내 인생 계획은 어쩌라고? 팟지, 밀리, 클레어베어랑 3년 전에 신발끈으로 실뜨기 하면서 계획을 다 세워놨단 말이야. 직업 상담 선생님한테도 아주 명확하고 구체적으로 설명까지 다 했는데? 스물세 살에 남자를 만나서 사업을 시작하고 스물다섯 살에 결혼한 다음 1, 2년 동안 승승장구 하다가 자리를 잡고 아이를 셋 낳고 제이슨, 카일리, 도노반이라고 이름 붙이기로 했다고!

14. 어쨌거나 아이들은 자란다

그랬구나, 음, 그런데 말이야…

"그랬구나"라니! 다 계획했던 거, 기억 안 나?

그만 좀 끼어들래? 오늘따라 엄청 끼들척 거려!

끼들척은 없는 말이거든? 내가 영어 중등교육자격시험을 겨우 통과 했을지라도 그게 없는 말이란 건 알거든?

그러니까, 실은, 음… 지난 20년 간은, 뭐랄까, 안젤라 리폰[1] 같은 삶이었어.

정말로?

그래. 연륜 있는 지혜를 좀 선보여도 될까? 우리가 아이가 없는 게 다행이라는 말을 하고 싶거든. 지금 행복해!

어떻게 행복할 수가 있어? 다들 아이가 있다고. 그건 규칙이잖아. 참, 남편은 아이 없는 게 괜찮대?

아, 그거? 아직 남편도 없어.

혹시 감옥 갔었니? 지난 20년을 감옥에서 보낸 거야? 그렇지 않고서야 지금 그렇게 살리가 없잖아!

아니, 그런 게 아니야. 내가 얼마나 밝고 사회성 있고 박식한 사람

---

[1] 여성 최초로 〈BBC 9시 뉴스〉 정규 진행자.

인데! (여러분, 쉿!) 밝고 사회성 있고 박식한 여자로서 (다시 한 번, 쉿!) 친구들을 아주 많이 사귀게 된단다. 게다가 친구들이 아이들을 가지면서 대모가 되는 영광과 기쁨을 누리게 되었지. 나는 세 번이나 대모가 되었어.

대체 누가 너한테 대모가 되어달라고 한 거야?

나한테 적절한 이론이 하나 있지. 평균적으로 대모로 뽑히는 사람은 세 부류가 있어. 돈 많은 사람, 현명한 사람, 마지막 남은 한 명은… '불쌍한 사람'이지. 뭔가 불쌍해서 나라도 대모가 되어 달라고 하지 않으면 삶이 굉장히 의미 없을 것 같은 사람이지.

너, 설마…?

현명한 사람이지! 당연한 거 아니야?

그럼 현명한 말 좀 해봐, 아무 거라도.

음… 뭐가 있지… 잠깐만, '깊게 흐르는 강이… 좋은 강이다.'

음…….

아니다, 잠깐만. '계란을 한 바구니에 담지 말아라. 왜냐하면… 우유를 엎지를지도 모르니까…?' 아니다, 잠깐, 잠깐! '닭을 세기 전에… 선물로 주는 말을 먼저 살펴봐라…?' 아, 맞다! 알겠어, 잠깐만… '배고플 때는 슈퍼마켓에 가지 마라!' 어때? 엄청 현명한 명언 아니야? 맞지?

역시 '불쌍한 사람'이라서 대모로 뽑힌 거잖아!

현명한 사람이라니까. 믿어, 쫌!

넌 속은 거야. 네가 세례단 앞에 도날드 트럼프랑 달라이 라마 사이에 서 있다고 쳐봐. 그래도 네가 현명한 사람이야? 그나저나 대모가 되는 게 뭐가 그렇게 좋아? 재미없어 보이는데.

엄청 많지! 일단 가장 중요한 건 아이를 다시 돌려줄 수 있다는 거지. 무슨 말인지 알겠어? 애가 울기 시작하면 바로 엄마에게 돌려줄 수 있는 거야. 럭비공을 패스하듯이 말이야. (물론 애를 공처럼 공중에 띄우면 안 되겠지. 그렇게 되는 순간 전혀 웃기지 않은 상황이 될 테니까.) 대모가 되는 것은 귀찮은 일 없이 아이의 부모가 느낄 수 있는 좋은 점을 누릴 수 있다는 뜻이지. 물론, 내가 애들을 좋아하긴 하지만 같이 있는 건 정말 참기가 힘들거든. 에이, 다들 솔직한 마음으로는 다 똑같을 거야. 아이들을 생각해 보라고. 뛰어 다니고 소리 지르고 이가 흔들린다고 귀찮게 하고 여기 저기 낙서에…….
물론 나를 대모로 둔 아이들과 노는 게 좋아. 내가 가지고 놀고 싶은 걸 선물로 사주고 같이 놀 수 있거든. 요상한 해적 옷이나 트랙카, 테이블 축구 선수 피규어라든지 말이야. 장난감 우체국은 서른여덟 살에게도 참 잘 맞는 장난감이란 말이지. (물론 안타깝게도 지붕은 떼어내고 들어가야 하지만.) 그렇다고 놀기만 하는 건 아니야. 한번은 영국 여왕과 로마 교황에게 가짜 편지를 쓰기도 했어. 참, 내가 좋아하는 뮤지컬 여배우에게도 썼지. (참고로 아이가 진짜 우표를 붙이지 못하게 할 것. 루시에 헨셸[1]이 최근에 편지를 받고 어리둥절 했을지

---

[1] 〈빌리 엘리어트〉 등에 출연한 뮤지컬 배우.

도 몰라요.) 대모가 되는 게 나쁘지만은 않지? 어때?

그러게. 아주 조금?

한 가지 더. 애 봐주기도 할 수 있다! 애 보는 거 참 재밌어. 물론 내가 말하는 상황은, 그 집에 도착했을 때 아이가 침대에 잠 들어 있고 실제로 할 일은 텔레비전을 보는 것뿐일 때를 말해. 남의 집이다 보니 뭔가 금기를 어기는 듯한 스릴을 맛볼 수 있지. 게다가 애를 봐줄 때 듣는 신성한 말이 있지… 한 박자 쉬고… "냉장고에 있는 거 아무거나 꺼내 먹어도 돼"(노래 부른다.) 할렐루야, 할렐루야, 할렐루야! 부모가 차를 타고 나가는 걸 확인한 뒤에 제일 먼저 할 일은? 냉장고 안에 뭐가 있는지 확인하기! 나만 그런 거 아니잖아, 그치? 다들 독수리마냥 냉장고를 습격한 적이 있을 걸? 여기서 질문 하나! 대체 얼만큼 먹는 게 정적한 선일까? 내 대답은, 전부 다! '아무거나' 먹으라고 했으니까. '아무거나'는 하나만 먹으란 뜻이 아니잖아. 아무거나 다 먹을 수 있는 거지. 라자냐 한 냄비, 사과 크럼블 12인분, 베이비벨 치즈 9개는 나중에… 아이 좋아~

그치만 애가 좀 크면 어떻게 해? 말도 할 줄 아는 나이가 되면 정신적으로 상담도 해주고 해야 하는 거 아냐?

전혀! 절대 그럴 일은 없어. 애들이 나이를 먹으면 더 좋다니까. 내가 뭐 하는 사람인지 알게 될 정도로 크면 나를 마치 락스타로 여기거든. 하리보 젤리 열 봉지와 오리지널 캐스팅 버전 슈렉 뮤지컬을 들고 지루한 일상에 쳐들어와 활기를 주는 근사한 사람이 될 수 있지.

그래서, 그게 다야? 선물 들고 나타났다 사라졌다?

응. 참, 특이한 소풍도 같이 가지. 소풍도 끝내주지! 평소에 가고 싶었지만 갈 수 없었던 곳에 갈 수 있거든. 삼십대 초반에 동물원에 혼자 간 적이 있거든. 처음엔 신 나게 뛰어다녔는데… 어느 순간 캥거루 울타리에 서 있는데 내가 너무 초라한 여자 같이 보이는 거야. (힙쌕을 차고 안내 책자를 들고 있는데도 별 소용이 없더라고요.) 놀이동산에 가는 건 아무리 커플이라도 뭔가 와선 안 될 장소에 온 것만 같거든. 사람들이 쳐다보면 특별한 날 누굴 데리고 나온 걸까 궁금해하니까. 하지만 아이를 옆에 데리고 다니면 후룸라이드를 타면서 비명을 지르는 것도 아이를 즐겁게 하기 위한 것으로 위장할 수 있지.

흠, 그것 참…

완벽하지! 걱정 마. 앞으로도 어린애 같이 보낼 나날이 한참 남았으니까. 밤새 놀기, 떼쓰기, 단 것 중독, 작은 장난감 우체국, 페이스 페인팅, 장난 노래, 게임… 어린애들이 하는 게 아니란다. 바로 네가 할 거야. 멋진, 서른 몇 살 미란다가!

그건 진짜 괜찮게 들리는 걸?

정말 괜찮아. 잠시 생각해봐. 지금 당장, 내가 이 글을 쓰는 시간은 새벽 3시야. 잠이 안 와서 책상 앞에 앉아있지. 잠옷을 입고 앞치마를 두르고 있어. 고무장갑까지 끼고 있지. 왜냐고? 손으로 젤리를 먹으면 재밌겠다는 생각이 문득 들어서. 그래! 난 지금 새벽 3시에 젤리를 먹고 있어. 이번 장을 다 쓰면 거실에서 빌리 조엘의 〈업타운 걸〉에 맞춰서 춤을 출 예정이야. 춤추다가 과격해져서 분명 뭔가를 쓰러뜨리겠지. 근데 그거 알아? 아무도 나보고 그걸 치우라고 안 할거야. 그냥 그대로 침대로 뛰어들 수도 있지. 젤리가 묻은 앞치마를 입은 채로 내일 10시까지 잘 수 있어. 그리고 내일은 또 무슨 신선한 참사가 기다리고 있을지 궁금해하며 밖으로 나가겠지. 인생은 즐거워~ 땡큐 베리감사!

좋아, 나 설득 당했어. 이제 그만 〈네이버스〉 보러 가도 돼?

그래. 나중에 봐~

자, 여러분, 이번 주제에 대한 제 결론을 말할 시간이네요. 먼저 자신의 아이를 낳기 전에, 혹은 자신의 아이를 갖지 않는 대신 대모가 된다는 것은 굉장히 멋진 선물을 받는 것과 마찬가지예요. 재미는 다 챙기고 힘든 일은 하나도 없죠.

두 번째 결론은 좋은 마음에서 비롯된 극성 엄마 타입들은 조금 자중할 필요가 있어요. 제가 이 주제에 대해 왈가왈부할 자격이나 지위가 안 된다는 사실은 잘 알아요. 하지만 여러분도 다 알다시피 이 책에서 저는 쥐뿔도 모르는 이런저런 주제들에 대해 지껄이고 있죠.

처음에 제가 말했듯이 어른이 된 후에 우리는 다른 사람들이 어떻게 생각할지 걱정하느라 너무 많은 시간을 보내요. 말썽 없이 하루하루를 조용히 지나가기 위해 혹은 바보처럼 보이지 않기 위해 애를 쓰고요. 하지만 아이들은 그딴 걸 신경 쓰지 않아요. 아이들은 자유롭죠. 아이들은 어른이 되기 전 축복 받은 그 시간 동안 모든 사회적 제약이나 스트레스로부터 자유롭죠. 그러니, 제발, 제발, 제발 아이들에게 옳은 것을 입으라고, 옳은 것을 먹으라고, 옳은 것을 배우고 행하라고 강요하지 마세요. 어떤 부모도 모든 것을 옳게 할 수 없어요. 그보다 중요한 건, 만약 여러분이 친절하고 괜찮은 사람이라면 특별히 잘못할 가능성은 거의 없어요. 우리 모두 괜찮게 자랐잖아요. 그러니 아이들을 놀게 하세요. 어지르게 냅두세요. 콩 한 캔과 커다란 막대기 하나만 주고 아크틱 롤과 함께 뒷마당에 풀어놓으세요.

왜냐하면, 생각해 보세요. 아이 같이 사는 삶은 얼마나 멋지겠어요? **저만 그런가요**? 마음속 깊은 곳에서는 그네를 타고 비밀기지를 만들고 오래된 놀이터를 헤매거나 비슷한 무게가 나가는 시소 친구 찾기를 갈망하지 않나요? 아이들의 규칙대로 노는 걸 한번 상상해 보세요. 파티에 가서 마음에 드는 사람이 있다면 그냥 가서 손을 잡아버리는 거예요. 만약 누군가 키스하려고 했는데 마음에 들지 않는다면 그냥 밀어버리면 되고요. 고모할머니가 준 크리스마스 선물이 마음에 들지 않는다면 그냥 던져버리고 눈물을 왕 터뜨려도 되고요. 말 달리기도 아무 때나 할 수 있죠. 깡총깡총 뛰어다녀도 되고요. 아이들은 이 모든 걸 해도 돼요. 비극은 이 모든 것들이 어른이 되는 순간 금기가 된다는 거죠. 아, 한 가지만은 할 수 있군요. (다들 알겠죠?) 그래, 맞아요. 말달리기요! 아이구 재밌어!

이번 장도 마칠 때가 됐군요. 이제 젤리를 다 먹고 빌리 조엘 음악에 맞춰 몸을 흔들 시간이라는 뜻이죠. 대체 누가 어른이 되면 아이처럼 자유로울 수 없다고 했던가!

(어린 미란다가 뛰어들어온다.) 잠깐만! 아이는 제쳐놓고라도 '남편도 없고 진지한 관계도 없다'는 것에 관해 설명을 좀 들어야겠어. 네가 좋아하는 독자들도 알고 싶어 할걸?

(깊은 한숨) 하아~ 어쩔 수 없지. 이제 때가 된 건가. 안전벨트 매세요. 여러분. 손잡이를 단단히 잡고요. 이제 출발합니다. 험난하고도 굴곡진 데이트의 세계로! 아마 아주 거친 길이 될 거예요.

15. 아무도 모르는 데이트의 법칙

D A T I N G

 (목청을 가다듬는다.) 에헴. 여러분, 이번 장을 넘어오기 전에 한 말 기억하나요? (중간에 청소를 하거나 타르트 한 판을 먹어치우고 왔다고요?) 아까 이번 장이 험난한 여정이 될 거라고 예고했잖아요~ 안전벨트 단단히 매라고 충고했죠? 마음 단단히 먹고 자리에 편하게 앉으세요. (아, 자리에 먼저 앉은 다음 안전벨트를 매야겠군요. 안 그러면 안전벨트를 맬 수 없을 테니까요… 네? 비유가 너무 멀리 갔다니? 무슨 말이에요?) 자, 이제부터 이상하고 아름답고 거칠며 울퉁불퉁한 데이트의 세계를 탐험해 보자고요.

 여러분의 캐리 브래드쇼[1], 제가 한번 해볼까 해요. 여자와 남자와 구두와 연애 규칙과 섹시함과 농담들, 흥미진진한 데이트 세계를 망나니처럼 뛰어다니며 수집한 저만의 재밌고 독특하고 괴상한 이야기를 풀어볼까요? 그렇고 말고요. (마놀로 블라닉을 신은 척, 코스모폴리탄 칵테일을 홀짝거리는 척, 원더브라를 고쳐 입는 척하며) 첫 데이트, 두 번째 데이트, 첫 키스, 그리고 뒤따라오는 후폭풍까지… 다

---

1 30대 싱글 뉴욕커들의 생활을 다룬 미국 드라마 〈섹스 앤 더 시티〉의 여주인공. 극중에서 캐리 브래드쇼는 연애와 섹스에 대해 글을 쓰는 섹스 칼럼리스트로 나온다.

만… 그런 건 꿈에서나 가능한 일이죠. 실은 안전벨트를 꽉 맬 필요가 없답니다. (지금 운전 중인 게 아니라면요. 만약 운전 중이라면 제발 책은 내려놓고 **운전에 집중하세요!**)

솔직히 고백할게요. 아마 어안이 벙벙할 만큼 놀랍겠지만, 저는 경험 많은 연애 박사가 아니랍니다. 연애를 많이 해본 사람을 알지도 못해요. 적어도 이 나라에서는요. 제가 만든 이론이 하나 있는데요. (오밤중에 불면증에 시달리다가 초콜릿 파우더를 퍼먹으며 양말 짝을 맞추던 날 탄생한 아주 탄탄한 이론이랍니다.) 데이트 따위는 전부 미국 텔레비전 프로그램을 만든 자들이 사람들을 속이기 위해 지어낸 정교한 속임수라는 거죠. 왜냐고요? 아니, 진짜로 데이트라는 걸 하는 사람이 존재하나요?

여러분은 데이트 경험이 많나요? 주말 저녁에 고상하게 바 의자에 앉아서 칵테일을 홀짝이며 키 크고 잘생긴 남자를 기다려본 적이 있나요? 참, 그나저나 칵테일이란 말이 나와서 말인데, 잠시 칵테일에 꽂힌 우산에 대해서 따져보고 넘어갈까요? 여러분은 칵테일이 꽂혀있는 우산을 빼서 탁자 위에 올려놓나요? 혹시 탁자 위에 올려놓는 게 바텐더에게는 불쾌한 일인가요? 만약 그렇다면 우산을 꽂은 채 마셔야 하는데 뾰족한 부분에 눈을 찔릴 위험을 감수하고 마셔야 하는 건가요? 대체 어떻게 마시는 게 맞는 방식인가요? 어떨 때는 우산이 너무 많은 면적을 차지하고 있어서 괴상한 각도로 입을 대야 마실 수 있을 때도 있어요. 당연히 전혀 섹시한 각도가 아니죠. 용기를 내서 외쳐 볼게요. 음료 위에는 우산이 필요 없어요! 이미 물 천지인데 우산을 씌워서 뭐하나요? 잠시 삼천포로 빠졌었네요. 그치만 〈섹스 앤 더 시티〉에서 대체 왜 칵테일/우산에 대한 주제를 다루지 않았는지 참 무책임하다고 생각해요. 저라도 다뤄야지요. 고맙긴요, 뭘.

그래서, 데이트라는 게 정말 흔한가요? 로맨틱 코미디에 나오는 데

이트 장면을 실제로 현실에서 겪은 적이 있나요? 밤이 끝나갈 무렵, 좋아하는 남자와 시간을 보내다가 문득 이런 생각이 드는 거죠. '뭔가 섹시한 모습을 보여 줘야겠어. 영화 속에 나오는 장면처럼 말이야.' 줄리아 로버츠처럼 머리를 휙 날리며 활짝 미소를 날려야겠다고 생각한 거죠. 하지만 급작스레 불어온 바람에 머리가 얼굴을 덮쳐서 원시인 꼴 되기가 십상이죠. 저도 한 번 해봤는데요, 그저 경련을 일으키는 줄 알더라고요. 키스는 못 받았지만 응급구조원들의 들것을 받았죠.

  데이트를 즐기다가 밥을 먹고 로맨틱한 산책을 한 적이 있나요? 하이힐을 신고 갸우뚱거리다 하수구 뚜껑에 걸려서 신발이 벗겨지는 바람에 절뚝거리게 될까봐 신경을 곤두세우고 걸어본 적 있나요? 아니면 저처럼 밤공기가 차다고 말해본 적 있나요? 사실 춥지도 않은데 여성스럽고 연약한 면을 보여주기 위해서요. 괜히 역효과로 남자에게 받은 외투를 입다가 너무 작다는 걸 깨달아서 괴상한 볼거리만 주게 됐죠. 팔뚝에 들어가질 않는 거예요. 그 상황에서 뭘 어떻게 할 수 있겠어요? 저는 그냥 "실은, 갑자기 덥네요. 괜찮아요."라고 말했죠.

갱년기 전조 증상도 아니고⋯ 전혀 매력적이지 않죠.

솔직해져 볼까요? 대체 이런 식의 데이트 시나리오를 완성시켜 본 사람이 존재하긴 하나요? 세련된 삶을 살다가 멋들어진 남자를 만나고야 마는 그런 시나리오요. 아마 뉴욕에 사는 특정한 종류의 여성, 아마도 가공의 인물에게만 가능한 시나리오라고 생각하는 건 저뿐인가요?

제가 봐온 바로는, 영국에서 사람들은 그냥, 뭐랄까, 서로 마주칠 뿐이에요. 펍이나 회사나 도서관이 될 수도 있겠죠. 마주친 사람들은 바/책상/선반 너머로 서로를 은근하게 쳐다보며 상대와 연애하는 판타지를 5분에서 18개월 동안 마음에 품고 있다가 마침내 우연히 사람들이 모인 곳에서 마주치게 되고 드디어 판타지를 실현시키게 되죠. 모임 내내 둘은 아주 확고하고도 분명하게 "**이건 데이트가 아니야. 우리는 데이트하는 중이 아니야. 하하하! 우리가 데이트를 하면 어떻게 되겠어? 완전 끔찍할 거야.**"라고 못 박겠죠. 그리고 술에 취해서 키스를 하다가 가끔씩 입을 떼고 상대방에게 이건 '아이러니한' 키스라고 안심시키곤 하겠죠. 그리고 4년 뒤, 어쩌다가 영화 한 번 보고 집에서 〈엑스 팩터〉[1]를 몇 번 보고 서로의 친구들과 바비큐 파티를 한 번씩 하고 난 뒤, 결혼을 하겠죠. 이게 바로, 저의 수준급 관찰에 의하면, 영국에서 데이트가 돌아가는 방식이에요.

아마 이렇게 생각할지도 몰라요. '흠, 좀 우울한데요, 미란다. 너무 로맨틱하지가 않잖아요.' 그래도 저는 영국인들이 정식 데이트 코스를 통해 만들어진 관계와는 잘 맞지 않는다고 생각해요. 데이트라면 마땅히 어느 정도 쑥쓰러움이 동반되기 마련이잖아요. 그렇죠? 뭔가 단계별로 진행되어야 하고요. 대체 누가 조용한 레스토랑에 마주

---

1 사이먼 코웰의 주도로 2004년 9월부터 방송중인 리얼리티 음악 오디션 프로그램으로, 영국에서 시작되어 호주, 덴마크, 네덜란드 등 여러 나라에서 같은 포맷으로 제작되었다.

보고 앉아 있는데, 너무나 조용해서 내가 하는 얘기가 앞, 뒤, 옆에 있는 테이블에 다 들리게 되는 상황이 편하겠어요? (대체 이런 레스토랑에서는 왜 아무도 말을 안 하는 거죠?) 그리고 데이트가 끝날 무렵, 곧 작별 인사를 하고 입술이나 볼 위에 아주 어색하게 가벼운 충돌이 일어날 예상을 하기 시작하죠. 아니면 누가 자기 집에 들렀다 가라고 나설지에 대해서도 머리가 돌아가기 시작하죠. 아니, 대체, 이게 뭐에요. 우리가 이탈리아인도 아니고 말이에요.

그러니 데이트에 관해서라면 제가 충고할 것이 별로 없다는 점을 잘 알겠죠? 아주 미련 없이 상쾌하게 데이트 영역에서 손을 떼겠어요.

(평소답지 않게 얌전하게 등장) 어, 안녕.

아니, 어린 미란다. 대체 꼴이 왜 그래? 몰골이 끔찍해. 중요한 라크로스 경기라도 하고 온 거야?

그랬으면 얼마나 좋겠어. 라크로스는 쉽지. 그냥 사람들에게 달려들어서 커다란 막대기로 이를 쳐버리기만 하면 되는데… 아니, 지금 더 끔찍하고도 끔찍한 상황이 있었어. 그러니까, 내가, 데이트를 갔다 왔거든… 남자애랑!!

아이고, 이 불쌍하고 어린 양 같으니…

다른 남학교에 다니는 앤데, 학교 합창단 자선행사에서 만났어.

노래하는 남자라니, 섹시해…

음악 선생님이 다음번에 레퀴엠을 부를 사람을 물었는데, 나랑 그 아이만 손을 들었어. 우리는 눈을 마주치고 씩 웃었지. 게다가 나보다 키도 커. 〈베이워치〉[1]에 나오는 데이비드 하셀호프처럼 눈빛도 섹시하고. 또 내가 여자 중에 유일하게 혼자 테너인데도 신경 쓰지 않았거든.

마지막 말은 못 들은 걸로 해요, 여러분.

그 애가 가게 앞에서 만나자고 했어. 환타하고 하얀 쥐를 사준다며…

아마 군것질거리를 사준다고 한 거지. 진짜 동물 쥐가 아니라… 진짜 쥐를 사준다고 한 거면 이상하잖아. (자기 농담에 자기 혼자 웃는다.)

웃기지도 않는 농담은 집어치워! 팻지에게 전해 들었는데, 벨라가 클레어베어에게 말하기를, 친구의 친한 친구의 사촌이 그 남자애를 아는데 이렇게 말했대. 그 애가 아직 키스해본 적이 없어서 아마 이번에 시도하려고 달려들 거라고. 어쩌면 좋아! 나도 키스를 많이 안 해봤단 말이야. 그 애가 달려들면 어떻게 해야 할지 모르겠어. 어제 밤에 베개를 끌어안고 연습하는데, 벨라가 오렌지로 가짜 입술을 만들어줬거든. 그런데 너무 배고파서 그냥 삼켜 버렸어.

잠깐만, 키스하기 싫으면 그냥 안 해도 돼. 달려들려는 낌새가 느껴지면 재빨리 고개를 숙여서 신발 끈을 묶는 척해.

오, 괜찮은 방법이네!

---

[1] 1989년일부터 2001년까지 방영되어 인기를 끌었던 미국의 TV 드라마이다. 해상 구조대의 이야기를 다뤘는데 작품 내용보다 배우들의 몸매가 더욱 큰 인기 비결이었다고 한다.

내가 누구니? 훗.

난 지금 진지하다고! 걱정돼 죽겠어. 그 애가 내 입에 혀를 집어넣으면 어떻게 해?

글쎄, 실제로 일어나는 일이긴 하지.

절대 안돼! 벨라가 그러는데, 첫 번째 데이트부터 혀를 넣어서 키스를 하면 '헤픈' 여자로 찍혀서 절대 영국 국교회에서 결혼 못한대.

(너무 크게 웃어서 다이어트 콜라를 콧구멍으로 들이마신다.) 벨라가 그렇게 말했다고? 하긴 그때는 벨라가 가장 잘나가는 아이였으니까. 벨라네 오빠들이 세상 모든 걸 다 안다고 생각했지.

아, 끔찍해. 체육 용품 벽장에라도 숨어있어야겠어.

그렇게 해. 얘기 나눌 준비가 되면 다시 튀어나오라고.

여러분, 아마 열여덟 살 먹은 미란다가 충격적으로 순진하고 사랑에 대해 아는 게 없어서 걱정이 많이 되죠? 네, 제가 좀 늦게 배우는 타입이었어요. 특히나 그런 쪽으로는 말이죠. 친구들도 마찬가지였죠.
여학교에 다니면 (안타깝게도 기숙사이기까지 하면) 이성에 대해 건강한 생각을 가지기가 참 어렵죠. 살아있는 진짜 남자에 굶주려서 소문으로 배를 채우며 근근이 살아가죠. 1980년대에 기숙학교에 다녔다면 아마 학교에서 가장 발작적인/악의적인/창의적인 여자아이가 어느 늦은 밤에 퍼뜨린 소문을 들어봤을 거예요.

이런 장면을 떠올려 보세요. 한밤중에 로라 애슐리 잠옷을 입은 여자아이 8명이 침대 위에 다리를 꼬고 앉아 있고, 판도라 역할을 맡은 학생회장의 여동생이 사랑에 대한 10가지 진실을 설파하는 모습을요. 분명 그 이야기는 300명이 넘는 여러 학년의 각양각색의 히스테리한 여자아이들을 거쳐서 만들어졌겠죠. '듣고 전달하기' 게임의 잘못된 버전처럼 이야기는 점점 이상하게 변질되었겠죠. 이런 식이었던 것 같아요.

1. 혀를 넣어서 키스하면 법적으로 프랑스인이 된다.
2. 남자애가 앉은 지 얼마 안 지난 럭비공 위에 앉으면 임신한다.
3. 교회 묘지에서 남자애와 키스하면 죽은 사람들이 무덤에서 뛰쳐나와 소리를 지른다.
4. 손을 잡았을 때 둘 다 손에 상처가 있으면 임신한다.
5. 부모님 침대에서 잠을 자면 부모님과 섹스를 하는 거와 마찬가지다.
6. 화장실 변기 때문에 임신할 수도 있다.
7. 남자애가 변성기가 지나도 성가대에서 소프라노를 부를 수 있다면 고자이기 때문에 하인으로 부릴 수 있다.
8. 노동절에 손을 잡고 강으로 뛰어 내리면 법적으로 결혼이 성사된다.
9. 둘의 손이 모두 땀에 젖어 있으면 악수를 하면서 성병이 옮을 수 있다.
10. 영국 사람은 독일에서 절대로 임신할 수 없다. (이건 교환 방문으로 독일에 갔던 누군가가 젊은 남자를 유혹하려고 만든 말 아닐까요?)

그다지 양질의 기초 교육은 아니었죠. 또 다른 경로라고 해봤자 매닝 선생님처럼 '트렌디한' 괴짜 선생님으로부터였죠. 수업 시간에 갑자기 비밀스런 음모라도 짜는 듯이 목소리를 낮추더니 이렇게 말했죠. "내가 그쪽 방면에서는 꽤나 잘나갔었지. 남자 얘기는 시작하면 끝도 없어." 우리는 기대감에 찬 얼굴로 몸을 앞으로 기울였죠. 뭔가 특별한 통찰을 얻을 수 있기를 바라면서요. "딱 하나만 알려주자면,

잘 들어…" 우리는 "와우! 이 선생님이 사람 숨넘어가게 하는 방법을 아네."하고 생각했죠. 〈섹스 앤 더 시티〉 식으로 말하자면 그녀가 바로 우리의 사만다[1]였어요. '대체 뭘 알려주려는 걸까?' 갑자기 선생님이 먼 곳으로 시선을 두더니, 이렇게 내뱉었죠. "너한테 중고 냉장고를 팔려는 남자를 절대 믿지 말아라. 일단 냉장고를 팔고 나면 연락이 뚝 끊길 거야." 뭔가 음습하고 문제적인 발언을 들었다고 느낀 우리는 몸을 뒤로 기대고 말았어요. 대체 무슨 뜻이죠? 돌려 말한 걸까요? 우리가 냉장고라는 걸까요? 아니면 남자가? 벨라는 냉장고가 19세기 프랑스에서 주지육림에서만 행해지던 변태적인 섹스 방법이라고 소문을 퍼프렸죠. 요즘도 저는 가전제품 카달로그를 보면 움찔하게 된다니까요.

몇 년 후, 우리는 선생님의 실체를 알게 되었죠. 그녀는 사만다가 아니었어요. 매닝 선생님은 젠비 선생님과 방이 세 개인 집에서 같이 살고 있었어요. 고양이 세 마리와 함께요. 매닝 선생님은 종교 수업을 했었고 젠비 선생님은 체육 수업을 했었죠.

물론 학교에서 성교육 수업도 했었죠. 지금처럼 진보한 사회에서는 성교육이 꽤나 철저하게 진행된다고 하더군요. 바나나에 콘돔 씌우기, 어린 학생에게 섹스가 끼칠 수 있는 감정적 충격에 대한 장황한 토론 등등. 하지만 1987년 매우 보수적인 여자 기숙학교에서의 성교육은 무섭다기보다는 난처한 무엇이었죠.

아침 일찍 대강당에 14살에서 16살 여학생 200명이 집합한 날이면, 4학년인 밀리로부터 오늘은 '완전 야시꾸리한' 교육을 할 예정이라는 소식을 접하겠죠.

여자 교장선생님인 블랙 선생님이 낯 뜨겁다는 표정으로 들어섰죠. 생물을 가르치는 웹 선생님은 절망스러운 표정으로 그 뒤를 졸졸 따

---

1 〈섹스 앤 더 시티〉에서 사만다는 가장 자유분방한 성생활을 즐기는 캐릭터이다.

라 들어왔고요. 그러더니 대충 만든 인체 그림을 칠판에 걸어놓았어요. 여학생들은 모두 머리를 한쪽으로 기울이고 곁눈질을 했죠.

블랙 선생님이 강단으로 걸어 나오는 뒤로 물결치듯 펄럭이는 드레스 자락이 강단을 휩쓸어버릴 기세였어요. 선생님은 잠시 정신을 추스르더니 목청을 가다듬었어요.

"흠, 에헴, 좋은 아침입니다. 오늘은 여러분이…" 이 지점에서 블랙 선생님은 목소리를 낮췄어요. "성교육을 받는 날입니다." 다시 원래 목소리로 돌아가더니 "여기 이 그림을 봐주세요." 긴 막대로 그림을 가리키더니 "이 그림은 기본적인 인체의…" 다시 한 번, 선생님의 목소리가 낮아지더니 "생식기를 나타냅니다." 다시 원래 목소리로 돌아왔어요. "다들 알다시피 여러분도 이런 부위를 몸에 지니고 있습니다. 성행위를 할 때는 남성과 여성의 생식기가 접촉합니다. TV에서 재밌는 프로가 하지 않는 날 저녁에 하기에 무척 사랑스럽고 즐거운 행위지요. 하지만 알아 두세요, 여러분." 여기까지 말하고 선생님은 어깨를 펴더니 매우 권위적인 자세를 취했어요. 올 것이 왔구나, 하고 우리는 생각했죠. "만약 TV에서 재밌는 게 한다면, 그리고 별로 하고 싶지 않다면 분명히 '싫다'고 말할 권리가 있어요. 알아듣겠어요? 그냥 싫다고 말하세요. 그냥. 싫다고. 말하세요."

블랙 선생님은 부끄러워하며 멈추더니 뭐라고 웅얼거렸어요. "아주 좋아, 그거면 됐어요." 이런 식의 말이었던 것 같아요. 그러더니 부랴부랴 강당을 빠져나갔어요. 블랙 선생님이 매닝 선생님과 젠비 선생님 집의 세 번째 방을 차지했다는 소식은 나중에야 알게 됐죠. 무척 힘든 이혼 과정을 겪었다는 사실도요.

어느 날 자율 학습이 끝난 뒤, 밀리가 여는 댄스 파티 초대장을 받은 몇몇은 밀리에게 꼬리치는 방법을 전수 받기로 했어요. 가슴을 부풀릴 대로 부풀린 밀리가 말했어요. "얘들아, 아주 간단해. 가슴이면 게임 끝이야. 최대한 가슴을 끌어 모아야 해. 어깨를 확 젖히고 깊게 파인 옷을 입어. 뭐가 됐든 젤리 같이 말캉한 뽕을 넣어야 해. 가슴만 준비되면 모든 건 일사천리라고."

그때 당시엔 꽤나 흥미진진한 폭로였어요. (트위그에게만 빼고요. 트위그는 AA컵이라 브라를 할 필요가 없었거든요.) 문제는 그게 우리가 직접적으로 들은 유일한 충고라는 데 있었죠. 우리는 그 충고를 너무나 열성적으로 실천하려고 했거든요. 아마도 너무 너무 열성적으로요.

시간이 흘러 추수 감사절 축제가 되었어요. 헛간 댄스 파티에서 라인댄스를 추던 남자애를 훔쳐보다가 지금이야말로 저번에 배운 스킬을 발휘할 때라고 생각했죠. 제 가슴을 드디어 쓸모 있게 사용할 거리가 생긴 거예요. 이건 바로 가슴을 위한 순간이야.

춤을 추는 중인 남자애에게 다가가서 숨을 깊이 들이 마시고 가슴에 흥미를 보이게 하려면 무슨 말을 해야 할까 고민했죠. 여러분이 시트콤을 봤다면 아마 익숙할 말을 던지면서 다가갔어요. "안녕! 내가 벌거 벗고 침대에 누워 있다가 반대쪽으로 몸을 돌리면 내 가슴은 박수를 쳐! 짝!"

남자애는 잠시 저를 쳐다보더니 줄을 바꾸며 조심스럽게 멀어져 갔어요. 성교육이 또 한 번 실패하는 순간이었죠.

이 모양이니 지금 어린 미란다가 저렇게 겁에 질려 있는 것도 무리가 아니죠. 생애 첫 데이트를 눈앞에 두고 있으니까요. 뭔 일이 벌어질지 아마 짐작도 못할 거예요. 이미 다 겪어 본 제가 이렇게 귀띔을 해줄 수도 있겠죠. 미란다는 4시 반에 가게 앞에서 남자애를 만날 거예요. 너무 긴장해서 말을 못하고 눈도 못 마주치겠죠. 미션을 수행 중인 스파이처럼 그저 고개만 주억거릴 거예요. 미란다를 칭찬해주고 싶은 마음에 남자애는 "키가 정말 크구나?"라고 말하겠죠. 미란다는 부끄러움에 볼이 발개져서 이렇게 대답하겠죠. "응, 열라 커." 그러고 나서 둘은 가게에 들어가서 하얀 쥐와 환타를 사서 가게 앞 길가에 앉아 말없이 먹고 마시겠죠. 설탕 기운이 솟아난 남자애가 하얀 쥐를 입에 먹고 있던 미란다에게 몸을 기울이겠죠. 미란다가 '신발 끈을 묶을' 타이밍을 놓치는 바람에 남자애는 미란다의 뒷목을 잡고 둘의 입술이 닿을 때까지 얼굴을 밀착시킬 거예요. 그러고 둘은 바로 분리되겠죠. 남자애는 자신의 입에 걸쳐 있던 하얀 쥐를 미란다에게 다시 건네주겠죠. 미란다는 건네받은 걸 어깨 너머로 던져 버리는데, 지나가던 행인을 맞추고 말죠. 그러고 둘은 쑥스러운 작별 인사를 하고 각자 제각기 학교로 돌아가겠죠. 미란다는 일주일 내내 붉게 물든 얼굴로 충격 속에서 지내겠죠. 친구들이 집요하고도 끈질기게 그날의 일을 자세히 말해달라고 안달복달해도 절대 자신의 경험을 말하지 못한 채로요. 반면에 남자애는 기숙사에 있는 모든 친구들에게 미란다와 끝까지 갔다고 떠벌릴 거예요. '끝내줬다'면서요. 그 다음 주 총학생회 디스코 파티에서 미란다는 사람들의 관심을 받고 깜짝 놀랐지만 한편으로 즐거워하겠죠. 미란다가 '딱지를 뗐다'는 소문이 쫙 퍼져 있었거든요. 그 말을 들은 어린 미란다는 어젯밤에 집 앞에 붙은 광고 딱지를 뗐다는 걸 떠올리고는 집안일을 도와주는 효녀로 소문이 난 줄 알고 기뻐하겠죠. 하루 종일 주변에 쑥덕대는 사람들에게 광고지를 떼는 요령에 대해 떠들고 다닐 테고요.

하지만 이런 얘기는 어린 미란다에게 하지 않기로 했어요. 곧 직접 알게 될 테니 잠자코 있으려고요. (체육 용품 벽장을 두드린다.) 어린 미란다? 4시 20분이야. 나가야지. 약속에 늦겠어!

안 갈래. 너무 무서워. 무슨 얘기를 해야 할지도 모르겠는데… 얼마 전에 축구 규칙을 배웠는데, 그 얘기를 할까…

15. 아무도 모르는 데이트의 법칙

음… 글쎄, 어차피 얘기를 많이 하지도 않을 것 같은데…

뭐? 무슨 뜻이야? 설마 우리가 독일에서는 임신이 안 된다고 하는 그런 일을 한다는 뜻이야?

아, 그게 말이지… 네가 겪을 일을 미리 말하기 싫은데… 그건 아니니까 걱정 하지 마.

알았어. 하지만, 지금 하려는 게 내키지 않는단 말이야. 자존심 버리고 조언 좀 구할게. 그러니까… 대체 무슨 일이 생기는 거야? 다른 사람들은 데이트에서 뭘 하는 거냐고?

음… 글쎄… 사람들은 음식을 먹기도 하고 대화를 나누기도 하고… 이런저런 것들을… 그리고… 음…

아, 쫌! 나 늦겠어!

음… 아, 맞다! 그렇지! 생각났어. 데이트 팁! "어려운 남자와 밀고 당기기를 하지 말아라." 어때?

너한테 어울리는 충고는 아닌 것 같은데… 다른 데서 주워들은 거 아니야?

〈섹스 앤 더 시티〉에서 본 거야.

네가 직접 겪고 얻은 교훈은 없어? 결혼도 안 했으니 맨날 데이트 할 거 아니야. 그치? 맞지? 제발 내가 맞다고 해줘.

음…

아이고, 미치겠네. 절망이다. 너 아는 게 하나도 없구나? 넌 완전 괴짜 처녀 수녀 루저야.

아니야! 막말 하지 마. 나도 연애해 봤지. 그렇지만 어떤… 정식 데이트 코스를 통해 만난 적이 없어서 그래.

그래? 그럼 어떤 식으로 만났는데?

한 명은 수영장에서 만났지. 알다시피 우리가 수영을 좀 좋아하잖아. 그래서 거의 수영장에서 살다시피 했지. 염소 냄새가 지겨워질 때까지 한 5년을 매일 같이 수영장을 다녔지. 그리고 다른 한 명은 빵집에서 일하던 사람이었는데 내가 맨날 크럼핏[1]을 사러 가던 빵집이었지. 그래서 어쩌다 보니 그렇게 된 거야.

둘 다 '어쩌다' 그렇게 된 거라고? 그게 다야?

뭐, 그러고 나서 또 한 명 더 있었어. 연애 비스무리한 걸 했는데. 그 남자가 오다 가다 하다가 같이 밥을 한 번 먹었지. 그 후엔 자주 우리 집에 와서 잠옷 입은 내 모습을 보기도 했고. 좀 수수께끼 같은 사람이었어. 대화는 별로 안 했거든…

우와, 대체 뭐 하는 사람이었어?

뭐랄까, 일종의 일적인 관계였지. 남자는 음식을 가져다 줬었고 우리

---

[1] 위에 작은 구멍들이 있는 둥글납작한 빵.

는 이따금 인도 음식을 나눠 먹곤 했지. 내가 너무 많이 시켰을 때 말이야.

뭐야, 설마… 배달하는 사람? 배달부랑 연애를 했다고?

음… 연애라고 하긴 뭐하고… 일주일에 몇 번씩 음식을 가져다 줬거든. 나는 먹고, 돈을 주고, 남자는 떠났지.

에휴, 대체 그게 무슨 관계냐고. 그냥 '한 군데에서 음식을 엄청 많이 주문한 것'뿐이잖아.

꽤나 친밀한 관계였다고! 나한테 생일 카드도 준 적 있어.

얼마나 많이 시켜 먹었으면 음식점에서 네 생일을 챙기니? 어휴, 창피해. 내가 원하는 얘기가 아니잖아. 누가 밥 사준다고 데이트 신청한 적은 없어? 로맨틱한 저녁 말이야. 레스토랑에서 와인도 마시고?

어, 레스토랑에서 와인이야 많이 마셨지.

너 혼자 마신 건 안 치거든? 말해 봐, 어른 미란다. 내가 지금 나가는 게 처음이자 마지막 데이트는 아니겠지? 응?

응, 실은… 아, 아니다. 공식적으로 데이트를 한 번 더 하긴 해. 사실 따지고 들면 '내' 데이트는 아니었지. 요즘에는 '인터넷 데이트'라는 게 있거든. 많이들 해. 자신에 대한 정보를 이것저것 컴퓨터에 입력하면 마음에 드는 사람들이 연락을 하는 거지. 직접 만나서 서로 더 알아갈 수도 있고.

근데 만약에 사람들이 거짓말 하면 어떻게 해?

어쩔 수 없지. 그게 단점이자 묘미이기도 해. 그것뿐만이 아니야. 데이트를 할지 말지 결정하기 전에 얼굴을 보고 싶다면 '스피드 데이트'라는 것도 있어.

스피드 데이트?

그거 알지? 경찰들이 범죄자 잡으려고 용의자들을 한 줄로 세워 놓는 거 말이야. 그거랑 비슷해. 범죄자를 고르는 게 아니라 남자친구를 고르는 거라는 점만 빼고. 그냥 보기만 하는 게 아니라 직접 말도 할 수 있어. 딱 3분 동안. 참, 멀쩡한 정신이 아니라 술에 취해서 선택한다는 것도 다른 점이구나.

으악! 소돔과 고모라다! 그런 식으로 사람을 만난다고? 인터넷에 거짓말을 쓰고 술에 취해서 3분 동안 용의자 색출 방식으로? 차라리 젠비 선생님 생각이 맞는지도 모르겠어. 주말용 운동복하고 고양이나 구하러 가야겠어…

아니야! 잠깐만. 내가 잘못된 인상을 줬구나. 인터넷 데이트나 스피드 데이트를 꼭 할 필요는 없다고. 한 번 한 것도 어쩌다 한 것뿐이야. 어떤 남자가 인터넷 데이트 상대를 기다리고 있더라고. 나도 그 레스토랑에서 친구를 만나려고 했거든. 근데 친구가 전화해서 약속을 취소하지 뭐야. 그래서 기분이 좀 꿀꿀해졌지. 근데 그 남자가 갑자기 뛰어오더니 "안녕하세요!"라고 하면서 꽃 한 송이를 건네는 거야. 너무 깜짝 놀라서 얼떨결에 꽃을 받아 버렸어. 남자가 나를 자리에 앉히더니 와인을 시켜주는 거야. 그 상황에서 뭘 어떻게 하겠어? 남자가 이렇게 말하더라고. "프로필 사진이랑은 전혀 다르게 생기셨네요." 그때서야 깨달았지. 남자가 나를 인터넷 데이트 상대로 착각했다는 사실을 말이야. 그치만 그걸 실토하기엔 너무 늦은 듯했어. 이미 빵 바구니를 반쯤 해치웠거든. 그래서 그냥 맞춰서 연기를 하기로 했지. 동종 요법과 밀랍 염색을 좋아하며 잉카 트레일 여행을 다녀온 여자를 연기해야 했지. 뭐, 꽤 괜찮은 시간이었어. 진짜 데이트 상대 여자가 나타나서 나한테 와인을 끼얹기 전까지는…

그럼 다른 사람 데이트를 훔친 거였어?

훔쳤다는 표현은 좀 그렇고… 차라리 '빌렸다'고 하자. 아무도 모르는 거잖아. 그 만남이 세기의 사랑으로 발전할지는…

그렇게 됐어?

아니.

정말 말이 안 나오게 처참하네. 작업 거는 건? 작업의 기술을 갈고 닦았다고 좀 해줘.

아니, 나도 작업을 걸어보려고 한 적이 있었지. 어떤 파티에서 한 남자가 나에게 분명 '키스하고 싶다'는 눈빛을 보내는 거야. 나도 그 남자에게 섹시한 목소리로 속삭였지. "숨바꼭질 좋아하세요? 이따 5시에 저 벽장에서 봐요." 윙크를 하고 아무도 안 볼 때 슬쩍 벽장 속으로 들어갔어. 꽤나 대담한 행동을 한 자신에게 놀랐지. 솔직히 말해서, 꽤 괜찮은 대사였지?

오~ 좀 하는데?

호호, 고마워. 하지만 더 이상은 칭찬하지 마.

왜? 또 뭔 일이 벌어진 거야?

벽장 속에서 홀로 30분을 보내고 나니 그 남자가 오지 않겠다는 생각이 들었어. 그래서 그냥 어둠 속에서 코트 사이에 주저앉았지. 사람들이 말하는 소리가 들려왔어. "미란다 어디 갔지?" 하지만 벽장문을 열고 싶지 않았어. 엄청 이상해 보일 거 아니야. 시간이 흐를수록 더욱 더 나갈 수가 없어졌지. 그래서 그냥 눌러 앉아서 파티가 끝나고 사람들이 모두 떠나고 집주인이 자러 갈 때까지 잠들었어. 새벽 4시쯤 됐을까? 드디어 탈출했는데, 때마침 집주인 데이브가 화장실을 가던 중이었던 거야. 딱 마주친 우리는 잠시 멍하니 서로를 쳐다봤지. 그런 상황에서 대체 뭘 어쩌겠어? 다시 한 번 말하지만, 대체 이런 상황에 대한 인생 매뉴얼은 어디 있냐? 내가 이렇게 말했지. "벽장이 참 아늑하네요. 그럼 이만." 그러곤 바로 밖으로 나왔어.

(얼굴을 손에 파묻고) 너 정말 쓸모없다. 나 이제 어떡해!

뭐, 어쩌겠어. 어차피 다 쓸모없는 거야.

아니야, 쓸모 있거든! 사랑, 섹스, 관계는 세상에서 가장 중요한 것들이라고. 다들 아는 사실이야. 한델 선생님조차 아는 거라고!

그게 맞는지는, 글쎄, 잘 모르겠다.

네가 뭘 알아?

공교롭게도 꽤 많이 알지. 난 꽤 오랜 시간 동안 어디에 얽매이지 않고 살아왔어. 20대를 지나 30대까지도. 그리고 지금까지 괜찮았어. 나 자신에 대해 더 잘 알게 됐지. 멋진 친구들도 사귀었고 일도 하고 재미도 보고 내게 주어진 동반자들과 함께 하는 법도 배웠지. 가장 중요한 건, 언제나 '불가사리' 자세로 누울 수 있는 나만의 침대가 있다는 점이지. 지금 나는 내가 살고 싶던 삶을 살고 있어. 매우 만족스럽다고.

페기가 총총 거리며 들어온다. 꼬리가 살랑살랑 흔들린다.

페기 : 그리고 나도 있잖아!

아이고, 페기야. 뭐하고 있었어?

페기 : 네 베개에 나중에 먹을 뼈다귀 묻어 놓았지~ 지금은 쿠션 중에 제일 좋은 거 위에 자리 잡고 눈 좀 붙이려고 해. 잠들기 전에 어린 미란다에게 말하고 싶은 게 있어서 잠깐 왔어. 어른 미란다가 사귈 수 있는 어떤 인간 남자보다 내가 훨씬 낫다는 걸 말이야. 나는 토

요일 밤에 미란다가 TV를 볼 때 꼭 끌어안아 주지, 그리고 얼굴에 생긴 주름살을 사랑스럽고 따뜻한 눈으로 바라봐 주지. 나는 아주 적당하고 오래된 동반자계의 절세미인이라고. 잠깐 생각한 거야. 어쨌거나, 그럼 이만 자야겠어. 굿 나잇.

페기, 총총거리며 사라진다.

네가 진정으로 행복하다면 나 그냥 데이트에 안 갈까봐.

아니야, 가야 해. 삶이 주는 모든 것을 누려야지. 인생에 차려진 뷔페를 충분히 즐기라고. 그냥… 너무 큰 기대는 하지 말고.

(농구공 위에 앉는다. 그렇다고 절대로 임신하는 거 아님.) 나는 내가 데이트나 연애 같은 거랑 엮이지 않았으면 했거든. 나랑은 절대 어울리지 않을 거라고 생각했어. 그냥 어느 날 누군가와 마주치는 순간 그 즉시 서로가 함께할 운명이란 걸 알아챘으면 했어. 상대는 아마 유명한 사람이면 좋겠다고 생각했지. 내가 꽂힌 사람들 중에 하나로. 웸[1]의 콘서트에서 맨 앞줄에 있다가 조지 마이클이 나와 눈을 마주치고…

아, 참. 조지에 대해 말해줄 게 하나 있어. 한 마디로, 게이야. 새겨둬. 앞으로 낭비할 시간을 한참 줄여주는 거야.

아냐!!!!! 그럴 리 없어! 정말 생각도 못했던 일인데… 하… 알았어, 그럼 우연히 무대 뒤로 들어갈 수 있게 되는 거야. 그리고 엘튼 존이 무대에서 내려와서 나를 보더니…

---

[1] 1981년 결성된 영국의 음악 그룹이다. 조지 마이클과 앤드루 리즐리를 중심으로 구성된 그룹으로, 대표곡으로 〈Wake Me Up Before You Go-Go〉 〈Careless Whisper〉 〈Last Christmas〉 등이 있다. "라스트 크리스마스~"

아, 그쪽도 안 될 텐데…

조용히 좀 해봐. 아, 그럼. '프라이 앤 로리'가 레코딩을 하는 스튜디오로 가서…

둘 중 누구를 좋아하는데? 휴 로리? 스티븐 프라이?

스티븐 프라이.

안 돼.

아…

괴짜 예술가들에게 마음을 주지 않는 게 좋을 거야. 언젠간 자연스레 깨닫게 되겠지만.

그럼 배우나 뮤지션은 됐고, 음…

오, 물론이지. 말해봐.

테니스 선수 고란 이바니세비치는? 괜찮아?

괜찮지. 좋은 선택이야!

누가 됐든, 난 그냥 자연스러운 만남을 원해. 파티장이나 버스에서 우연히 만나서 서로의 눈을 지그시 바라보다가 같이 차를 마신 다음… 결국엔 함께 하게 되는 거지. 그런 만남에는 쑥스러움이나 창피함도 없을 거야. 쉽고 자연스럽고 옳다는 느낌이 들지 않을까. 스트레스도 없을 거고.

그런 경우가 존재한다니깐. 내 친구들도 그랬고. 우리한테도 일어날 수 있는 일이지.

정말로 그렇게 믿어?

전적으로 확고하게 믿는다니까. (어린 미란다의 손을 잡고 함께 앞을 바라본다.) 우주가 우릴 위해 더 좋은 것들을 준비해놨거든. 자, 이제 가야지! 데이비드 하셀도프의 눈을 닮았지만 미치도록 어색한 남자애와의 끔찍한 데이트에 늦겠어.

알았어, 가 볼게. 숨 좀 들이쉬고. 안녀어엉!

안녕~ 재밌게 놀아. 그리고 걔가 럭비공을 가져왔으면, **제발 그 위에 앉지 좀 마!**

휴. 일단 잘 마무리한 것 같네요. 그렇죠?

다들 기분이 어때요? 피곤한가요? 감성적이 됐나요? 아니면 다음 장으로 얼른 전진하고픈 마음인가요? 일난 에너지를 재울 시긴인 것 같아요. 이렇게 하면 어떨까요? 여러분이 유부녀/유부남/솔로/미혼/비혼/갈등 상태/외로운 상태/행복한 상태/흥분한 상태/지겨운 상태/순수하게 발정난 상태 중에서 어떤 상태에 있든지, 지금 당장 세상에서 가장 로맨틱한 음악을 트세요. (개인적으로 리오넬 리치의 〈헬로〉를 좋아해요.) 자기 자신의 몸을 잡고, 아니면 연인, 개, 쿠션, 빗자루를 잡고 춤을 추세요. 사랑을 갈구하는 바보처럼 굴어 보세요.

그리고, TV에서 재밌는 프로가 하지 않는 다면 그냥 '싫다'고 말하세요.

16. 미치거나 더 미치거나, 결혼

W E D D I N G

글 쓰는 의자에 앉아 샌드위치를 포식하며(샌드위치 '한 조각'이요. 제가 쓴 다이어트 책 기억하죠?) 고민을 거듭하다 보니 하마터면 결혼을 하면 피곤한 데이트 세계와 작별할 수 있겠다는 결론을 내릴 뻔했어요. (저 때문에 결혼 생각이 들었다고는 하지 마세요!)

대부분의 나라에서 데이트의 결말은 결혼이니까요. 결혼은 숭고한 협약이죠. 결혼을 하면 집, 가족, 평생의 동반자 같이 멋진 것들을 얻게 되니까요. 맞아요. 저는 결혼 지지자랍니다. 뭐, 저 자신은 아직 하지 못했지만요.

남편이 생기고 아내가 되어 사는 삶은 어떨지 생각해보면 참 행복하겠다는 생각도 들고, 좀 더 절없게 보자면, 참 로맨틱하겠다는 생각도 들어요. 하지만 전 아직 준비가 안 된 것 같아요. 아마 저뿐만이 아닐 거예요. 지금도 혼자 되뇌이는 사람들이 있겠죠. '난 아직 준비가 안 됐어.' 대체 뭐에 대한 준비가 안 됐다는 걸까요? 제가 준비가 덜 됐다고 여기는 세 가지를 생각해봤어요.

첫 번째, 결혼 생활을 하면 으레 하게 되는 대화에 대한 준비가 안 됐죠.

"여보, 열쇠 어디 있어?"

"항상 두는 데 있지."

"그게 어딘데?"

"왜 몰라~ 모르면 말 안 해줄래."

"됐어, 그럼. 백화점 세일에 못 가는 거지 뭐."

"그래? 홍, 안 가도 돼. 나도 필요 없거든!"

"됐거든!"

"됐거든!"

"됐거든!"

두 번째, '공동 장식장'에 무엇을 놓을 것인지에 대해 준비가 안 되어 있죠.

세 번째, 꽤 심각한 논쟁인 'SUV를 샀을 때의 장점과 단점'에 대해 얘기할 준비가 안 되어 있죠.

이런 기초적인 것에 대해 답할 준비가 되지 않은 사람이라면 결혼 생활에 대한 준비도 덜 된 게 아닐까요? 이런 질문으로 어른이 될 준비가 된 것인지 아닌지도 테스트할 수 있죠. 저는 이런 식으로 등급 시스템을 만들어서 배지나 스티커를 부여해야 한다고 생각해요. 그러면 사람들을 만날 때 무척 좋지 않겠어요? 한쪽이 '나는 어른이고 결혼에 대한 준비도 되어 있다' 배지를 가지고 있는데 상대방은 아니라면 미리 피할 수 있는 거죠. 어차피 절대로 이루어지지 않을 테니까요. 흠, 물론 이렇게 되면 칵테일 바에 삼십대 여성들이 화려한 배지를 단 채 줄줄이 앉아있는 진풍경을 보게 될지도 모르겠어요. 아, 화려한 배지를 단 괴짜 게이 노신사도 한 명 추가해야겠군요. 뭐, 그래도 아직 어른이 되지 않은 채 포장만 그럴 듯한 남자에게 5년을 낭비하는 짓은 하지 않아도 되겠죠. 상대가 배지가 없었다는 걸 깨닫는

데 그렇게 오랜 시간이 걸리기도 하니까요. (잔인하다고요? 제가요?)

뭐, 어쨌든 저도 배지를 달지 못할 거예요. 아직 덜 된 인간이거든요. (다시 말해 '아직 애'라는 뜻.) 하긴, 위(Wii) 게임기로 스키 점프 경기를 하는 것보다 스코다 자동차와 볼보 자동차의 가격을 비교하는 것을 더 좋아할 사람이 어디 있겠어요.

하지만 요즘 들어 결혼에 대해 진지하게 생각해 보게 되었어요. 여러분도 동감할 거예요. 제 나이쯤 되면 주말마다 거추장스러운 모자를 쓰고 차에 몸을 밀어 넣은 후 친구들의 결혼식을 보기 위해 찾아가기 힘든 교회/등기소/불교 사원/들판을 향해 바쁘게 움직여야 하거든요. 물론, 친구들을 축하해주러 가는 건 좋은 일이지만… 저뿐인가요? 최근 3년 간 한 해에만 13번씩 결혼식에 불려 다니면서 이런 생각이 든 건요. 또 다른 성대한 결혼식을 가느니 차라리 남은 인생은 제드워드[1]와 함께 이동식 주택에 갇혀 사는 게 낫겠다고요. 저뿐만은 아닐 거예요, 그죠? 제가 미친 게 아니라고 좀 해주세요. 저만 옹졸한 늙은이가 아니라고요.

저를 옹졸한 할망구라고 생각하는 사람이 있다면 제가 이 부분에 대해 꽤나 깊게 생각해 왔다는 걸 알아줬으면 해요. 생각 끝에 정리한 것들을 아래에 정리해 봤답니다. 제가 왜 결혼식이, 뭐라고 표현할까요, 약간의 노력이 필요한 일인지 그 이유를 말이에요.

1. 모자

네, 일단 모자부터 시작하죠. 뭐라고요? "미란다, 모자가 뭐가 어때서요? 왜 첫 번째로 까이는 거죠?" 물론 그 말도 맞아요. 멀쩡한 사람이라면 모자를 싫어할 이유가 없죠. 하지만 자기들 결혼식이 '너무나~' 중요하다는 이유로, 남을 1940년대 미망인 공작부인처럼 입도록

---

[1] 아일랜드 출신 쌍둥이 듀오로 십대에게 큰 인기를 끌고 잇는 영국의 아이돌.

강요하는 행위를 당연하게 생각하는 게 꼴 보기 싫을 뿐이에요[1]. 물론 이렇게 말하는 사람도 있겠죠. "좀 더 괜찮은 모자는 없어? 모자 쇼핑 잘 못하는 구나?" 물론이죠. 대체 제가 왜 모자 쇼핑을 잘 해야 하는 거죠? 모자 쇼핑을 잘해야 하는 사람은 직업적으로 모자를 쓰는 사람들이어야죠. 런던탑 수호병이나 자전거 경주 선수나 왕년의 귀족 부인이라면 몰라도요. '팩트'는 이거예요. 결혼식에서 쓰는 모자는 대부분 일반적인, 지극히 평범한 21세기 일상에는 도무지 어울리지 않는답니다.

결혼식에서 모자를 대체할 수 있는 건 레이스 장식뿐이겠죠. 기본적으로 모자나 마찬가지지만 너무 약하고 흐물거려서 제대로 된 모자 기능을 하지도 못하죠. 전체적으로 허섭스러운데다가 특히 가격이 제대로 된 모자값과 맞먹는다는 점이 더욱 짜증나죠. 모자나 레이스 장식이나 다 저는 싫어요. 그러니까, 모자여 물러가라!

2. 선물

일단, 친구에게 선물 주는 걸 제가 아까워하는 건 아니에요. 정말로, 전 스크루지가 아니거든요. 오히려 선물 사는 걸 얼마나 좋아하는데요. 아끼는 사람을 생각하며 심사숙고 해서 선물을 고르고 관계의 깊이와 기쁨을 나타내는 물건을 선물하는 건 참 행복한 일이죠. 하지만 결혼식 때는 그럴 수가 없어요. 바로 빌어먹을 '선물 목록' 때문이죠. 값비싼 물건만 파는 웹사이트에서 정확히 특정한 선물을 사달라고 요구하다니요. 차라리 산타클로스를 부르는 게 낫지 않겠어요?

보통 적당히 가격을 감당할 수 있는 선물은 (싫어. 절대로 350 파운드짜리 커피 머신을 사주지 않을 거야!) 소스 그릇 정도죠. 오래된 친

---

[1] 영국에서 여성들이 결혼식에 갈 때 챙겨야 할 하객 패션으로는 모자를 꼽을 수 있다. 결혼식 외에도 격식을 중요시하게 생각하는 행사일 때 착용해주어야 하는 필수 아이템이기 때문에 각양각색의 모자와 머리 장식을 판매한다. (궁금하다면 인터넷에 '영국 왕실 결혼식 모자'라는 키워드로 사진을 찾아보자.)

구에게 결혼 선물로 소스 그릇이라니! 대체 소스 그릇으로 뭘 하려고 그러지? 혼자 살 때는 냉동 피자도 못 해먹고 통조림에 든 연유나 마시면서 살았으면서. 한순간 친구는 '신부'가 되고, '신부'는 남들이 필요하다고 하는 소스 그릇이 필요하다고 결정해 버린 거죠. 선물 목록이여 물러가라!

3. 처녀 파티

그래요, 처녀 파티요. 단 하루 동안 고추가 얼마나 우스꽝스러운지 알게 되는 파티죠. 이 날만큼은 초콜릿 고추, 막대기 고추, 모자에 달린 (이상하게도 가슴까지 달린) 고추까지. 실 없는 장난감들을 보며 꺄악거리면서 박장대소를 터뜨려야 해요. 근데, 정말로, 일상생활에서 고추를 보면서 그렇게까지 재밌다고 여기는 사람이 있을까요? 만약 있다면 심각한 병 아닐까요? 프로이드조차 깜짝 놀라서 배를 부여잡을 만큼 뿌리 깊은 욕구불만의 증상이 아닐까요? 처녀파티만 되면 남성의 생식기와 술의 조합이 세상에서 가장 웃긴 콤비가 되죠.

그래도 뭐, 소리 지르며 포복절도하기 위해 필요한 건 장난감과 술뿐이니 저렴하게 해결할 수 있죠. 근데 요즘에는 훨씬 극악무도한 현상이 일어나고 있답니다. 처녀 파티의 최종 목적지에 대해 들어봤나요? 800파운드를 내고 한두 번 얼굴 본 게 다인 여자 무리와 스페인에 가는 거죠. 대학교 신입생 환영회 때나 한 번 말을 섞어봤던 여자애와 갑작스레 동맹을 맺으며 흥청망청 광란의 밤에 대한 죄책감을 공유하게 되는 거죠. "대학교 때는 아무도 날 이해하지 못했어. 근데 넌 항상 뭔가 다른 것 같았어. 무슨 말인지 알지?" 처녀파티여 물러가라!

4. 운전

결혼식은 왜 항상 서퍽 주, 데번 주, 노섬벌랜드, 프랑스에서 열릴까요? '결혼식 주말'에는 (과학자들이 밝힌 바로는) 장거리 트럭 운전기사가 1년을 돌아다니는 거리보다 약 4배는 더 운전을 해야 한다고 하더군요. (이 책에서 말하는 과학자나 과학적 증거는 모두 제가 지어낸 거랍니다.) 런더너로서 선언하노니, 외곽 순환 고속도로 밖에서 하는 결혼식이여 물러가라!

5. 신부 들러리

똑같이 드레스를 맞춰 입은 참혹한 광경이라니. 도대체 신부는 무슨 생각일까요? 모자를 쓰라는 고집에, 극단적인 결혼식장 위치에, 광기의 선물 목록… 게다가 대체 무슨 생각으로 서른다섯 넘은 사람한테 신부 들러리를 해달라고 하는 걸까요? 대체 왜! 세 살짜리, 아홉 살짜리, 열네 살짜리 아이와 함께 똑같은 옷을 입고 나란히 서 있는 건 절대 영광이 아니라고요. 우리는, 아니지, 저는 아주 우스꽝스러워 보인단 말이죠. 펑퍼짐한 핑크색 망사 드레스가 뭔 말이냐고요~ 대체 자기 옷 고를 때의 감각은 어디 갔죠? 물론, 3살짜리 아이는 핑크색 드레스를 입어도 귀엽겠죠. 제 몸에 드레스를 입히는 사람은 아마 작은 오두막을 둘러 싸매는 기분이 들 거예요. 나이 많은 들러리여 물러가라! 결국 저는 그 자리에 잘 어울리는 들러리들을 심하게 부러워하게 되고 말죠. 바로 귀엽고 사랑스러운 소녀 들러리 말이에요. 모든 재밌는 부분은 다 차지하니까요.

자, 목록 속의 목록 코너에요.

어른 들러리가 저지르고 싶지만
절대 저지를 수 없는 어린 들러리의 특권 다섯 가지

1) 신랑, 신부가 절을 하는 동안 높은 소프라노 목소리로 노래를 부르며 교회 통로를 오르락 내리락 뛰어다니기.
2) 신랑, 신부가 제단 위에서 뽀뽀할 때 이렇게 소리치기. "아침에는 그렇게 안 하던데!!"
3) 결혼식 케이크 위로 얼굴 푸욱 담그기. 그리고 나서 "…너무 맛있어 보여서요…"라고 말하며 사랑스러운 표정 짓기.
4) 신부의 아버지가 축사를 하고 있을 때 "지루해!"라고 소리 지르기. 그러고는 "나 좀 보세요!"라고 외치며 예식홀 중앙에서 엉덩이를 빙그르르 돌리기.
5) 스코틀랜드 전통 치마인 킬트를 입은 남자가 있으면 다가가서 치마 속에 바지를 입었는지 안 입었는지 슬쩍 들춰서 확인하기.

나이를 먹으면 들러리도 어렸을 때 같지 않다니까요. 다만 전 아직도 종종 5번 항목을 실천한답니다. 다시 원래 목록으로 돌아갈까요?

6. 친척 아저씨와 춤추는 구역에 갇히는 상황

제 인생이 왜 항상 그렇게 흘러가는지 설명할 순 없지만, DJ가 노래를 틀기만 하면 저는 인간 자석마냥 술을 좋아하는 친척 아저씨들을 다 끌어들인답니다. 아저씨들의 목표는 저를 데리고 스코틀랜드 춤을 추면서 노래 〈Agadoo〉에 맞춰 댄스홀을 가로지르는 것이죠. 친척 아저씨들이여 물러가라!

7. 야외 천막

천막에서 잘못했다가 아주 끔찍한 사태가 일어날 수도 있다는 걸 알려주는 사례가 있답니다. 한번은 결혼식 피로연이 열리는 천막 아래에 서 있었는데 (따뜻한 와인, 햄 샌드위치, 술 취한 친척 아저씨들이 사고 안 치는지 지켜보기) 조금 추워진 느낌이 들었어요. '천막을 내려서 찬바람이 안 들어오게 하면 좋겠는데…'하는 생각이 들었어요. 음악 소리가 좀 커서 큰 소리로 천막 가까이 있던 사람을 불렀어요. "저기요~!" 갑자기 '천막'이라는 단어가 생각이 안나서 "그것 좀 내려주세요!"라고 소리쳤죠. 하지만 제 목소리를 못 듣더군요. 그래서 다시 더 크게 소리 질렀죠. "그것 좀 내려달라고요! 그거…" 마침 음악 소리가 멎었어요. 사람들로 둘러싸인 결혼식 피로연 한 가운데에서 성난 목소리로 이렇게 소리치는 저만 덩그러니 남았죠. **"거시기 좀 요!"** 술 취한 친척 아저씨는 기다렸다는 듯이 사람들에게 저를 '거시기 걸'이라고 소개하기 시작했어요.

8. 'The 엄마'

운이 안 좋아서… 아, 그게 아니라, 영광스럽게도 결혼식 전 날을 신부와 같이 보내게 된다면 우리가 크리스마스에 익히 경험한 'The 엄마'가 상황을 진두지휘하고 있을 거예요. 하객은 절대 알 수 없었던 은밀한 세계가 펼쳐지죠. 아침 식사를 위한 자리 배치(결혼식에서 차지하는 비중에 따라), 정확히 언제 사람들이 꽃다발을 주울지, 케이크는 언제 배달될지, 어린 들러리들을 데려올 시간, 아빠는 언제쯤 준비를 다 할지, 메이크업 아티스트는 언제쯤 도착할지, 결혼식 비디오를 촬영할 시간은 얼마나 배정할지… 마음에 준비 없이 비디오나 사진이 찍히는 일은 하늘이 두 쪽 나도 있을 수 없는 일이거든요. 일정표에 적혀 있지 않은 시간에는 엄격하게 금지되어 있어요.

뭔가 하나라도 잘못된 것이 있으면 결혼식 전날에는 다음과 같은 풍경이 펼쳐지겠죠. (물론 다음 날 결혼식 때는 모두 고요하고 행복한 표정을 짓고 있겠지만요.)

엄마 : 아이고, 아이고, 립스틱 색이 꽃 색이랑 안 어울리잖아.
신부 : (비명)
엄마 : 아이고, 이건 아니지. 큰일 났네. 여보, 당신 딸 결혼식 큰일 났어요. 립스틱 색이 꽃 색이랑 안 맞는다니까요.
아빠 : 그냥 다른 립스틱을 바르면 안 돼?
신부 : (비명)
엄마 : 다른 립스틱? 여보, 지난 13년간 주말이면 주말마다 화장을 하면서 이날만 준비했단 거 몰라요? 저 립스틱 색이야 말로 쟤한테 딱 맞는 색이란 말이에요. 유일하게 저 블러셔랑 완벽하게 어울리고, 눈동자 색이랑도 잘 맞죠. 가장 결정적으로 윗입술에 있는 사마귀로부터 시선도 분산시켜 준다고요!
아빠 : 설마 사람들이 그렇게까지 알아보겠어?
엄마 : 장장 6개월 동안 저 리본, 식탁보, 청첩장, 그리고 립스틱에 어울리는 꽃을 찾느라 얼마나 힘들었는지 알아요? 모든 게 딱딱 맞는다고요. 당연히 사람들이 알아보지요! 눈에 딱 띈다고요!
고모할머니 : 누가 딱풀을 잃어버렸다고?
엄마/아빠/신부 : (비명)
미란다(나이 많은 들러리) : 여러분, 제 말 좀 들어보세요. 중요한 건 신부와 신랑이 사랑하고 이제 막 사람들 앞에서 사랑의 맹세를 하려한다는 사실 아니겠어요? 조금 다른 색 립스틱을 바른다고 해서 크게 달라지나요? 여전히 아주 행복한 날이 될 거예요.

모두 뒤를 돌아 미란다를 빤히 쳐다본다. 잠시 정적.

신부 : (비명)
엄마 : 저 여자 내보내! 결혼식에서 아예 내쫓아 버리라고!
신부 : (눈물)
엄마 : (비명)

자, 여기까지 살짝 과장을 보태서 대부분의 결혼식을 묘사해 봤어요. 하지만 아직도 풀리지 않는 궁금증이 있어요. 대체 결혼할 때만 되면 신부들은 왜 그러는 걸까요? 대체 왜? 정말 돌아버리겠어요. 솔직히, 신부들도 물러가라!

이렇게 결혼식에 대한 비합리적인 이야기들은 술에 취한 친척 어른의 즉흥적인 결혼식 축사처럼 밤새도록 늘어놓을 수도 있답니다. 혼자 싱글이라고 해서 아이들 테이블에 껴서 앉는 굴욕에 대해서도 얘기할 꺼리가 많죠. 아니면 한 달 뒤에 결혼식 비디오를 보며 또 다시 결혼식을 봐야 하는 악몽도 있죠. (아니, 나 그 결혼식에 있었다고! 왜 또 보여주는 거야!)

(어린 미란다가 뛰어 들어온다. 생애 첫 데이트가 끝난 모양) 으, 으, 으, 걔가 달려 들었어! 달려 들었다고! 으아! 키스는 역겨워! 내 하얀 쥐만 뺏겼다고. 연애 집어치워! 절대로 결혼 안 할거야!

다행이네. 방금 결혼식에 대한 불편한 목록을 다 끝냈거든. 걱정 마. 결혼이 인생의 전부이자 존재의 목적인 건 아니니까. 그냥 자신만의 삶만 살아도 충분해.

난 뭔가 나 자신을 위해 살고 싶어. 나만을 위해서. 내 힘으로!

좋은 생각이야. 하지만 '절대'라는 말은 절대로 쓰지 마. 요즘은 준비가 됐다는 배지를 곧 얻을 것 같다는 기분이 들거든. 하지만 결혼을 하더라도 난 정말 다르게 할 거야. 사치스러운 처녀 파티나 격식 차린 결혼식 따위는 없을 거라고. 벌써 다 생각해놨어. 난 세상에서 가장 마음 편하고 느긋하고 게으른 신부가 될 테야. 난 딱 네 명의 증인만 데리고 등기소에서 결혼을 할 거야. 누구든 입고 싶은 옷을 입게 하고 수영장에서 하와이안식 바베큐를 뜯어 먹을 거야.

장면 : 거대한 꽃주름 천막이 야외에 펼쳐져 있다.

커다란 천을 뒤집어 쓴 미란다가 서른여덟 살 먹은 들러리들에 둘러싸여서 상석에 앉아 있다. 바로 뒤에는 소스 그릇이 700개 정도 쌓여 있다. 미란다는 마이크 앞에 서서 역사상 가장 성대한 파티를 즐기고 있다.

미란다 : 아이고 재밌어! 아이고 재밌어! 아이고 재밌어!

정말 불가사의해요! 대체 신부들에게 무슨 일이 일어나는 걸까요? 도대체 무슨 일이!

17. 교양 있는 여자

CULTURE

자, 여러분. 혹시 집에 커피 테이블이 있나요? 그렇다면 지금 커피 테이블 앞에 앉아있는 분도 있겠군요. 발을 테이블 위에 걸쳐놨나요? 보조 테이블은 아마도 아슬아슬하게 쌓인… 뭐가 있을까요? 세익스피어 전집? 바그너 CD? 조너선 프랜즌[1] 작가의 책? 부커상 수상작들? 말랑말랑하고 푹신한 시사 잡지 더미 따위로 받쳐져 있겠죠. (잡지들은 그다지 전문적인 느낌이 나지 않겠죠. 그나저나 젊은 남자 더미 위에 발을 올려 놓고 있다고요? 와우, 참 잘했어요!)

제 커피 테이블 위에 뭐가 있냐고요? 음… 주로 따뜻한 음료(와 다 마신 머그컵 4개)와 『라디오 타임즈』 잡지와 오래 전에 나온 테이크 댓[2]의 앨범, 〈모어캠 앤 와이즈〉 DVD 세트, 다이제스티브 과자 한 무더기, 연예인 가십지인 『히트 매거진』…

앗, 안돼. 설마 너 웃기는 글이 새겨진 머그컵이나 보면서 농담 따먹

---

1 미국의 소설가. 〈인생 수정〉〈자유〉 등의 책을 집필했다.
2 잉글랜드 맨체스터에서 결성된 팝 음악 그룹. 1990년 데뷔해 1995년까지 4장의 앨범을 발표한 후 해체했다. 그 후 10년 만에 발표한 베스트 앨범이 영국 앨범 차트 2위에 올랐다.

고 앉아있는 교양 없는 무지렁이는 아니겠지? 제발 좀 똑똑해진다고 해줘. 서재나 그 비스무리한 거라도 집에 있어?

이것만 말해줄게. 어린 미란다야. 문화 무지렁이가 되면 좀 어떠니? 어제 네가 한 거라곤 〈크로커다일 던디〉[3]를 보고 이상하게 생긴 UFO 사탕을 먹은 것뿐이잖아. (추억의 사탕이죠. 기억하는 분 있나요?)

지금은 워크맨으로 토마스 하디의 『캐스터브리지의 시장』 오디오북을 듣고 있거든?

그래, 하지만 너 읽지는 않잖아. 그냥 들을 뿐이지. 수동적으로!

워크맨 자랑하려고 그런 거야! 구닥다리 찌질이처럼 앉아서 책 읽는 것보단 워크맨 들으면서 돌아다니는 게 훨씬 멋있거든?

근데… 지금 듣는 게 정말 〈캐스터브리지의 시장〉 맞아?

그래.

진짜? 지금 무슨 내용 나오는데? 말해 봐!

음… 지금 다들 커다란… 어… 건물에 모여서 시장이 시장으로 당선된 걸 축하하고 있어. 캐스터브리지 사람들이 다… 암튼 엄청 웃겨, 그러니까… 아, 젠장. 아까는 진짜로 소설을 듣고 있었다고. 근데 좀 지루해져서 〈탑건〉 사운드트랙을 듣기로 했지. 벨라가 레이반 선글

---

3 1986년 공개된 오스트레일리아의 코미디 영화.

라스를 빌려줬단 말이야. 〈탑건〉에서 탐 크루즈가 레이반 선글라스를 쓰고 나오거든. 나는 여주인공 켈리 맥길스가 된 기분을 즐기고 있었어. 술집에서 탐 크루즈가 등장하면서 〈You've Lost that Lovin' Fellin'〉을 부르는 장면을 떠올리면서… 고란 이바니세비치 선수가 언젠가 나한테 그렇게 해줬으면…

너 그러다 테니스 공에 맞는다! (말장난!) 이봐, 어린 미란다, 〈탑건〉 판타지는 네가 연구가가 아니라 몽상가라서 그렇게 꿈꾸는 거야. 너 정치학 시험을 위해서 읽어야할 자료 더미는 교묘하게 무시하고 있지? 게다가 냉전 시대에 대해 알아볼 시간에 벤치에 누워서 켈리 맥길스 흉내나 내고 있고 말이야. 이 모든 걸 봤을 때 너는 절대 지식인 타입은 아니라고.

될 수도 있지. 내가 진짜로 열심히 공부하면 어쩔래?

뭐, 안 될 건 없지. 하지만 너를 다시 돌아봐. 너, 수학 선생님이 '파이'를 정의하라고 했더니 파이 속에 뭐가 들었는지에 따라 달라진다고 대답했지? 게다가 정치학 시간에는 냉전 시대의 '냉전'이 아이슬란드에 있는 동네 이름인줄 알았잖아. 넌 전혀 교양 지식도 없고…

잠깐만! '교양 지식이 없다고?' 나 지난 학기에 이집트 보려고 영국 박물관에도 다녀왔다고!

그게 말이지. 뭘 봤는지나 제대로 기억해? 박물관에 있는 내내 가지고 간 5파운드를 어디에 쓸지 고민하느라 기프트샵에만 있었잖아. (결국 책갈피 3개랑 골무 샀었지?)

그래, 뭐… 아, 내 방 벽에 뭉크의 〈절규〉 그림도 붙어 있어.

그건 예술적 재능이 뛰어난 여자애들이 '자기를 표현하기 위해' 벽을 꾸미는 걸 보고 따라한 거잖아. 괜히 찔려서 왬 포스터를 찢어버리고 '쿨'한 척하려고 한 거지? 예술이 알고 싶은 마음은 1그램도 없었으면서. 순전히 친구들 무리에 속하고 싶어서 꾸민 거잖아.

　　그래도 진짜 그 그림 좋아해.

안 믿기는데?

　　에휴, 그래. 실은 엄청 무서워. 그거 보고 악몽도 몇 번 꿨어. 아무한테도 말하지 마!

안 해. 내가 말하고 싶은 건, 여자 아이는 결국 그대로 어른 여자가 되는 거야. 지금 교양 있는 게 아니라면 커서도 똑같다는 말이지.

　　난 항상 내가 커서 20대가 되면 엄청나게 똑똑해져서 오페라도 보러 다니고 현대 미술 작품도 사고 할 줄 알았는데…

절대 아냐. 만약 유행가 1위 공연이 '오페라'고 맥도날드 해피밀 세트 피규어가 '현대 예술 작품'이라면 몰라도… 미안, 나중에도 너는 순진무구하게 테이크 댓 '더질'에 빠지고 만단다.

　　테이크 댓이 뭐야?

아, 멋있는 보이 그룹이지. 멤버는 5명이었는데, 4명으로 줄었다가 다시 5명이 됐지. 결국엔 해체됐어. 하지만 걱정 마. 나중에 다시 재결합하는데 이상하게도 더 좋아지거든. 그러니까 내가 하고 싶은 말은…

17. 교양 있는 여자　287

넌 바보야! 멍청이! 차나 홀짝거리고 쓰레기만 읽고 지성이라곤 눈 씻고 찾아도 없는 무식 덩어리!

심하다!

마음만 먹으면 나도 총명하고 똑똑한 사람이 될 수 있다고. 난 정말 그런 사람이 되고 싶어. 그렇게 되고 말거야. 그래! 난 책 읽으러 가야겠어. 누구 책 읽을 거냐고? 음… 그러니까…

괜찮은 저술가 이름 하나도 못 떠올리겠지?

음… 프로이드! 프로이드 책 읽을 거야.

프로이드가 남자들의 은밀한 부분에 대해서 쓴 것만 기억하는 거지?

(크크크) 안녕! 난 절대 너처럼 안 되도록 열심히 노력하러 간다~

미래의 네가 난데 그게 말이 되니?

여러분, 어린 미란다가 프로이드와 키에르케고르의 업적을 살피며 뭔가 그렇고 그런 걸 찾으러 떠났으니 이제 좀 자유롭게 얘기할 수 있을 것 같아요. 학교 다닐 때 저는 '웃기는 애'였어요. 꽤 유명하고 활동적이었죠. 똑똑한 애들이라면 절대 하지 않을 행동을 했었죠. 공부벌레는 공부를 많이 해야 하잖아요. 저랑은 상관없는 얘기였죠. 그러다가 대학에 가자, 웃기는 것이 훨씬~ 훨씬 더 중요해졌어요. 온몸을 내던져 이 분위기를 즐겼죠. 매트리스 위에서 뛰어노는 퐁퐁 놀이나 콘플레이크로 칵테일 만들기 대회나 '동전 모양 초콜렛으로 데이비드 하셀도프[1] 만들기' 게임을 하면 항상 저를 먼저 찾아왔어요. (집에서 한번 해보세요!)

하지만 이제 서른여덟이 되고 보니, 문화와 트렌드를 무시하고 살아온 제가 가끔씩 아웃사이더가 되더군요. 정보가 넘치는 화려한 요즘 세상은 전문 지식을 갖추고 스마트폰을 들고 유행을 선도하는 사람들로 가득 차 있으니까요. 그들은 여러 가지 것에 대해 이것저것 잘 알아요. 정말 많은 것들에 대해서 알죠. 제 귀에는 마치 외계어로 들릴 정도로 잡다한 것들이요. '비례 대표제'니 '뉴딜식 경기 부양책'이니 '포스트모던 건축'이니… 술 파티가 벌어지는 집의 문을 열고 이렇게 외칠 일이 있겠어요? "들었어? 리비아 얘기? 아이고, 어쩌나? 그나저나 테이트 미술관에서 하는 미로 전시회를 갔다 왔어. 거기서 기운 좀 내고 새로 제정된 무시무시한 지속가능한 농업 정책에 대한 충격을 덜어냈지. 하하하"

사회생활을 하다보면 무식하면 끼기 어려운 모임들이 생기죠. 그냥 가기 싫은 모임이라고 해도 되겠네요. 전문적인 인맥을 쌓을 수 있는 모임들, 참석해서 새로운 사람들에게 좋은 인상을 주어야 하는 모임에 가서… 실은 화장실에 틀어박혀서 잡지나 보면서 케틀 감자칩을 씹으며 얼른 집에 갈 시간이 오기만을 바랐죠. 저는 그런 모임에서 대화하는 일에는 정말 재능이 없어요. 처음으로 여러분에게 고백하는 건데요, 전 정말 그런 대화들을 알아듣질 못한답니다. 뭐라고 하는 건지 전혀 모르겠어요.

저만 그런 건 아니겠…죠? 아닐 거라고 믿고 싶네요. 그렇다면 제가 난처한 대화에 끼었을 때 벗어나는 방법을 공유할 테니 마음껏 사용하세요. 제 선물이에요. 고맙긴요, 뭘.

첫 번째, 누군가 제가 전혀 알아듣지 못하는 단어를 말한 다음 (보

---

[1] 16장에 등장했던 해상 구조대를 다룬 드라마 〈베이워치〉 주인공 역을 맡았던 배우.

통 중동이나 어업이나 토지세가 들어가는 말이요) 다른 사람이 "아유, 말도 마!"라고 한다면 반드시 이렇게 치고 들어가세요. "아, 그러게요. 말도 마세요, 정말!" 이렇게 말했는데도 누군가 의견을 물어온다면 이렇게 말하세요. "아니, 말도 마시라니까요. 저 지금 진지하거든요? 조심해주세요." 그러면 주위에 있던 사람들은 아마 둘 중 하나라고 짐작을 하겠죠. A) 이 여자는 지금 무슨 얘기를 하는지 정확히 알고 있구나. B) 이 문제에 관해서 무척 격정적인 걸 보니 건들지 않는 게 좋겠군.

정말 잘 먹힌다니까요. 제가 좀 똑똑하죠? 이 기술의 부록으로 이렇게 말하는 방법도 있어요. "분위기를 좀 바꿔서 〈댄싱 위드 더 스타〉 얘기나 할까요?" 누군가 낚이길 바라면서요. 이 방법도 가끔 먹히거든요. 사람들은 아마 여러분이 아이러니하게 굴면서 사람들의 모임을 조롱하는 유머를 구사한다고 생각할 거예요. 진짜로 냅킨에 댄싱 코스튬을 그려가며 TV에 나온 동작을 따라하면서 실 없는 농담을 하고 싶은 것뿐인데 말이죠.

두 번째, 이번 기술은 '따라 말하기'에요. 만약 사람들이 무리지어서, 예를 들어 경제 부양책에 대해 토론하고 있다면 끼어들기가 좀 어렵겠죠? 그럼 듣고 있다가 적절한 단어 하나가 나오면 바로 따라 말하는 거예요. 예를 들어볼까요?

목소리가 크고 위협적인 사람 X : "그 인간이 회계 연도 3년 넘는 동안 예산을 7백 20억 파운드로 책정했대!"
아는 척 잘하는 사람 Y : "7백 20억?"
손에 땀범벅을 한 나 : (의욕적인 목소리로) "그러게 말이에요. 7백 20억이요! 회계 연도 3년 넘게! 3년!"

물론 3년이 좋은 건지 나쁜 건지 알 수 없지만 아무튼 강조해서 말하면 둘 중 하나로 알아 듣겠죠, 뭐. 이런 식으로 따라 말하면 교양 지식이든 정치든 뭔가 잘 아는 것처럼 보일 수 있답니다. 다시 한 번, 저 참 똑똑하죠? 호호. 저는 여러분의 미란다뉴얼이니까요.

세 번째, 웃으면서 동참하기. 자, 대화가 점점 지루해질 때쯤 갑자기 큰 웃음이 터져 나올 때가 있어요. 그때 어찌할 바를 모르겠죠? 그럴 때는 그냥 같이 웃으세요. 살짝 더 크게 웃으면서 머리를 살짝 흔드세요. "와, 정말, 완전 웃기네요. 웃겨!" 이렇게 하면 아주 분명하게 여러분이 해당 주제를 빠삭하게 알고 있음을 각인시키게 될 거예요.

마지막, 위의 방법들이 먹히지 않는다면 전화가 온 척 "잠시만요!"라고 말한 후 "어머, 받고 싶지 않은데, 제가 승인하지 않으면 내일 회사에 갔을 때 완전 엉망진창이 돼있을 거라서요. 아시죠? 후후"하고 다정한 웃음을 날리고 핸드폰을 귀에 대고 전문적인 얘기를 하는 것처럼 표정을 취하며 밖으로 걸어 나가는 거죠. 안 보이는 곳에 다다르면 미친 듯이 달려요. 달려서 도망치라고요.

제가 겪었던 최악의 상황은 은행 파산에 대해 어려운 대화를 나누는 자리에 꼈을 때였어요. 어찌할 바를 모르고 있었죠. 갑자기 모든 사람들이, 마가렛 대처가 여전히 수상인줄 알고 있다고 생각했던 친구들까지, 경제에 대해 심도 높은 토론을 하고 싶어 하는 듯했어요. 한번은, 저녁 파티에서 누군가 '파생 상품'에 대한 얘기를 꺼냈어요. '카페 상품'으로 잘못 알아들은 저는 순간 '와우, 잘됐다. 드디어 내가 끼어들 수 있겠군!'하고 생각했죠. 큰 목소리로 끼어들었어요. "글쎄요, 다른 것도 괜찮지만요. 저는 초콜릿 차를 제일 좋아해요. 차에 우려내서 먹으면 맛있어요." 말을 마치는 순간 차가운 정적이 흐르는 게 느껴졌어요. 이 순간 저는 다음부터 무슨 모임에 갈 때는 '멍청이'라고 새겨진 고깔모자를 쓰고 가야겠다고 생각했지요.

이렇게 말하는 독자도 있겠군요. "그 정도로 끝난 게 어디야, 미란다." 아이고, 여러분에게 한 마디 해야겠군요. "저를 그렇게 모르세요?!" 물론 끝난 게 아니죠. 저의 지성이 곤두박질 치는 순간은 남자친구의 새로운 상사와 만났을 때였죠. 매우 중요한 모임이었어요. 제 남자가 동료들 앞에서 저를 자랑스러워하길 바랐지요. 박식하고 지적인 여자친구로 보여서 좋은 인상을 주고 싶었거든요. 남자친구와 저는 아직 '좋은 인상을 주기 위해 서로 약간의 뻥을 치는' 단계에 있었어요. 그 말은 남자친구에게는 아직 저의 익살스러운 모습을 보여주지 않았다는 뜻이죠. 상황은 그럭저럭 순조롭게 흘러갔어요. (제 기억으론 그 당시 도망 중이었던) 사담 후세인에 대한 대화를 할 때였어요. 저는 다른 사람의 말을 따라서 대꾸하다가, 웃으며 소리쳤죠. "말도 마세요, 정말!" 아주 프로답게. 그러다가 치즈 접시가 제 쪽으로 오더군요. 먹음직스러운 치즈에 이끌려 한 조각을 입속으로 쏙 집어넣었죠. 물론 이야기는 여전히 잘 알아듣는 척하면서요. 사람들이 갑자기 조용해지더니 다들 저를 어리벙벙한 표정으로 쳐다보는 거예요. 여러분, 제가 입 속으로 집어넣은 건 치즈가 아니라 버터였어요! 사람들 앞에서 입 속에 버터 덩어리를 골인시켰다고요. 아무도 대비하지 않은 인생 시나리오가 또 하나 탄생하는 순간이었죠.

어떻게든 넘겨봐야겠다 싶어서 연기를 하기 시작했어요. "어머, 버터가 정말 맛있네요! 제가 원래 버터를 좀 좋아해요~" 저는 우기기 시작했죠. "버터 안 좋아하는 사람도 있나요? 치즈랑 친척인데요, 그렇지 않아요? 치즈 동생, 버터! 치즈 동생 먹고 싶은 분 없나요? 싫다고요? 얼간이들! 여기 있는 사람들은 다 루저예요! 하하!" 사람들은 모두 조용히 제가 우악스럽게 버터를 씹으며 속이 느글느글해지는 걸 보고 있었어요. 그러다가 문득 저의 미라뉴얼을 생각해 냈어요. 전화가 온 척 하자! 사무실에서 내가 필요해서 전화를 걸었다고 하고 도망치자. 후퇴, 후퇴!

저기?

아, 안녕? 열여덟 살의 나. 프로이드는 잘 읽었고?

아~ 읽다가 물풍선 싸움한다고 해서 많이 못 읽었어.

참 '교호양' 있는 여성이로구나~

에잇, 비꼬지 마! 나는 열여덟 살이니까 괜찮아. 너! 너는 변명의 여지가 없어. 애도 아니고 연애도 못하고 운동도 안 하면서… 잉여 시간에 (지켜보니 무지 많은 것 같은데) 사교 활동을 많이 하는 교양 있는 여자인 척하려고 한다고? 제발, 마지막 소원인데, 미술관이나 출판 기념회를 가보든지 아니면 사우스 뱅크 앞에서 애튼버러[1]랑 점심을 먹으라고. 베레모 쓰고 트위드 조끼를 입고, 시크한 옷차림으로 말이야.

어린 미란다, 마지막에서 두 번째 교훈을 줄 시간이 왔구나. 2장에서 우리가 음악에 대해 어떻다고 했지? 음악 유전자가 없다고 했지? 그 말은 유전자에만 없는 게 아니라 그냥 너 자체가 그런 사람이 아니라는 뜻이야.

그래, 뭐, 음악 유전자가 없는 건 인정하고 있었어. 학교 뮤지컬 오디션 보기 전까지는 말이야. 결국 볼룸 장면에서 왈츠 추는 남자 역을 맡았지.

---
1 영국의 동물학자이자 방송인. 〈지구의 삶〉 〈식물들의 세계〉 같은 다큐멘터리 영화의 해설을 맡기도 했다.

제발, 어린 미란다야, 이제 그만 잊어.

너는 잊었어?

아니. 흠… 알았어. 그래도 좀 들어 봐. 음악이랑 비슷하게 교양도 그래. 우린 그런 분야에 빠지는 인간이 아니야. 우리는 좀 더 '가벼운 엔터테인먼트' 타입이지. 그런 자신을 잘 받아들였고. 물론 자기가 속한 사회에 참여하는 것도 좋은 일이지. 그런 삶을 폄하하는 건 아니야. 건강한 삶이라고 생각해. 그렇게 사는 데 열정적인 사람이라면 아주 유쾌하게 잘해보라고 말해줄 거야. 테이트 미술관과 친구가 되라고. 지방 단체에 참여하라고. 시위에도 참가하고. (용기가 있다면)

잠깐만, 너 한 번도 가두 시위해 본 적 없어? 정치 과목 A 레벨 받으려면 시위에 참여해 봐야 하잖아!

실은, 딱 한 번 시위에 참여한 적이 있지. 피터 존스 백화점에서 새로 나온 쿠션 커버를 사가지고 나오다가 우연히 말이야. 생기 넘치는 후쿠시아 꽃 무늬였는데…

안 궁금하거든?

미안. 밖에 나가보니 엄청나게 규모가 큰 시위 행렬이 지나가고 있더라고. 빠져나오려고 했는데 어떤 사람이 홍차를 권하는 바람에 거절하기가 힘들었어. 정신을 차려보니 트라팔가 광장까지 시위대 행렬에 섞여서 걸어가고 있었어. 진이 다 빠졌지 뭐야.

안 한 것보단 낫네. 근데 무슨 시위였는데?

글쎄, 마약 합법화 아니면 마약 반대였는데… 그리고 어떤 사람이 든 플래카드에는 실험실에서 쥐를 학대하지 말라고 써있었어. 그게 어쩌면 팔레스타인을 비유한 것일 수도 있어. 확실히는 모르겠네…

　　어휴, 정말 한심하다!

모르는 게 나아. 그럼 어떤 부류의 사람들이랑 얘기하든지 그에 맞게 잘 각색할 수 있거든. 시골 사람들이랑 얘기할 때는 지방 연합 시위였다고 하고, 『가디언』을 구독하는 도시 사람들과 얘기할 때는 UK 언컷[1] 시민 단체였다고 하면 되지. 지역 애완견 쇼에서라면 PETA[2]였다고 하면 되고.

　　넌 정말 어마무시한 찌질이야. 내가 절대로 되고 싶지 않은 점을 다 모아놓은 인간이라구!

좀 기다려 봐. 짚고 넘어갈 게 있어. 시위대에 참가하게 된 일화를 얘기하지 전에… 너는 셀리나 스콧[3]이 아니야. 얼마나 네가 그렇게 되고 싶든지 상관없이 말이야. 미안하지만, 지금 나는 사람들 사이에서 '철 없는 친구' 역을 맡고 있어.

　　뭣? '멍청한 친구'?

아이고, 아니! 그런 뜻이 아니야. 다른 사람만큼 똑똑하지만 특별히 그런 것들을 심각하게 생각하지 않는 거지. 그러니까 다른 사람이랑

1　세금 감시 시민 단체.
2　동물 보호 단체.
3　영국과 미국의 방송국에서 일했던 여성 앵커로, 성차별과 나이차별에 맞서서 방송국에 소송을 걸어 승리한 것으로 유명하다.

다른 독특한 가치가 있는 거야. '철 없는 친구가 되면 꽤 괜찮다니까. 이 역할에 푹 빠지기만 하면 마음도 편해지고 즐길 수 있어.

어떻게?

저녁 파티에서 저쪽 테이블에서 사람들이 진지하게 젊은 여성 극작가의 새 바람에 대해 토론하고 있을 때 이쪽 끝에서 무심하게 '뭐가 나을까?' 게임을 시작할 수도 있지. 똑똑한 사람들은 앞으로 몸을 내밀고 술잔을 입으로 가져다 대면서 이렇게 말하겠지. "하지만 예술계의 뉴웨이브라는 것들이 전부 유망한 여성 작가들의 게토화로 여겨지는 듯하지 않나요?" 그러면 나는 등을 뒤로 기대면서 킥킥 대다가 이렇게 묻는 거지. "팔꿈치가 귀에 붙어있는 게 나을까? 아니면 귀가 팔꿈치에 붙어있는 게 나을까?" 이런 자리에 딱 어울리는 질문 아니겠어? "발에 다람쥐가 나을까? 손에 햄스터가 나을까?" "엉덩이에 얼굴이 달린 게 나을까 얼굴에 엉덩이가 달린 게 나을까?" 같은 웃기는 질문을 할 수도 있지.

으악, 너 완전 동네 바보구나…

나도 고급 예술과 친해져 보려 노력한 적이 있어. 발레도 하려고 했었지. 근데 발레는 나랑은 그냥 안 어울려. 어릴 때는 퇴짜를 맞았고, 지금은 발레 공연을 보면 그냥 웃겨. 솔직히 고백하자면, 남자 무용수 때문에…

그거 기억나? 동생이랑 계란 두 개를 타이즈 안에 넣고선 남자 무용수인 척 한 거?

그런 쓸데없는 이야기는 안 해도 되거든? 조용히 하고 들어봐. 오페라도 보러 간 적이 있었어. 하지만 뚱뚱한 사람들이 이탈리어어로 노래 부르는 걸 보는 것도 나하고 안 맞더라고. 물론 뭔가 매력이 있으니까 사람들이 보러 가는 거겠지만… 솔직히 고백하자면… 졸았거든. 그리고 미술관에도 가봤지.

에휴, 제발 미술관에는 잘 다닌다고 말해줘. 난 정말 예술적인 사람이 되고 싶단 말이야.

넌 그냥 미술사 공부하는 여자애들이 부러워서 그러는 것뿐이야. 그 나이때만 그런 거라고.

그런 애들이 얼마나 멋있는데! 탈루샤는 항상 하늘하늘한 반다나를 머리에 두르고 다녀. 정말 멋있어.

네가 쓰면 람보처럼 보일걸. 넌 그런 여자들처럼 되고 싶지 않아. 진심으로는 말이야. 탈루샤니, 바룬카니 페트로우츠카니 칸디다니 하는 이름으로 불리고 싶지도 않을뿐더러 모네가 얼마나 거품 낀 작가인지 미에 끼친 영향이 얼마나 미미한지 같은 쓰잘데기 없는 논쟁을 하고 싶어하지 않으니까. 마음속 깊은 곳에서는 그런 사람이 되고 싶어하지 않는다니까. 미란다 랜드의 법칙이 현실이 된다면 미술관은 법적으로 딱 세 가지를 위해서만 사용될 거야.

1. 말달리기 : 넓고 활짝 열린 공간. 단단한 나무 바닥은 말달리기 하기 최적의 장소지.
2. 미끄러지기 : 역시 미끄러지기 좋은 바닥. 실은 말달리기를 하다 보면 어쩔 수 없이 미끄러지곤 하거든.

3. 음… 없다. 그게 다야. 말달리기와 미끄러지기.

미란다 랜드에서는 미술관이 아니라 말달리기관이라고 부를 거예요. 그림이나 조각 작품을 전시하는 건 부수적인 일이 되겠죠.

그럼 진짜로 예술 작품을 관람하는 사람들은 어떻게 해?

흠… 여러분, 이 말은 좀 작은 소리로 말해야겠어요. '제가 틀릴지도 모르니 절 싫어하지 말아주세요' 톤으로요. 저의 감이지만 말이에요, 겉으로 보기에는 아는 거 많고 똑똑해 보이는 사람들이 실제로는 자기가 무슨 말을 하는지 잘 모르는 것 같아요. '은행 파산'과 관련된 이야기들도 (근데 '은행 파산'이라고 부르는 게 맞긴 한가요? 보이지 않는 돈이 없어진다는 일이 있을 수 있나요?) 좋은 예죠. 다들 자기 의견이 있대요. "그래, 이게 다 탐욕적인 은행원들 잘못이야." "고삐 풀린 구매자들의 부채 때문이야." "사람들이 다른 사람의 돈을 가지고

도박을 해대서 그렇지. 끔찍해." 그러고 나서 8개월쯤 지난 후에 하나둘씩 소심하게 대체 무슨 일이 있었는지 잘 몰랐다는 걸 고백하기 시작하죠. 〈스타워즈〉 광풍이 한 차례 지나간 것처럼 말이에요. "하나도 이해를 못했어. 그냥 뭐라고 얘기해야 할 것 같았거든. 신문에서 본 얘기 좀 짜깁기해서 얘기한 거지. 먹힐 것 같길래." 그래서 저는 생각했죠. '음… 아무도 자기들이 안다고 하는 만큼 알지 못한다면… 다들 무식해 보이기 싫어서 헛소리라도 지껄이려고 『가디언』에서 본 단어를 몇 개 대충 갖다 붙여서 말을 만든 걸까? 아마 아무도 왕립 미술원에서 열리는 베르메르 미술 전시회에 가고 싶지 않은 것일지도 몰라. 오히려 두려워할지도 모르지. 진짜로 하고 싶은 건 그냥 잠옷을 입고 황금 시간대 방송을 보며 군것질을 하는 것 아닐까? 흠…'

그런 사람들도 아주 가끔씩은 하위 문화에 대한 욕구에 응할 필요가 있지 않을까요? 뮤지컬, 연극, 온갖 종류의 텔레비전 프로그램까지요. 시트콤부터 토요일 밤에 하는 리얼리티 쇼, 그리고 현실 도피용 드라마까지… 그런 것들을 굳이 죄책감을 느끼며 즐길 필요가 있을까요? 저한테는 그저 무작정 즐거운 것일 뿐인데요. 〈블러드 브라더스〉[1]나 〈길버트와 조지〉[2], 모두 오락거리잖아요. 예술은 주관적인 거죠. 그러니 현실 도피성 오락 쇼 형태의 예술이라도 고급 예술이 될 수 있겠죠.

인정하긴 싫지만 네가 하는 말이 일리가 있긴 해.

(거드름을 피우며 의기양양한 표정을 짓는다.) 그렇지? 이제 인정하

---

[1] 1983년 로렌스 올리비에 뮤지컬 작품상과 여우주연상(바버라 딕슨[2])을 석권한 뮤지컬. 국내에서는 학전에서 〈의형제〉라는 이름으로 번안하여 공연했다.
[2] 영국의 2인조로 구성된 작가 그룹. 길버트 프뢰슈와 조지 패스무어는 30년이 넘는 동안 공동작업을 했다고 한다.

지? 드디어 너를 이해시켰구나! 너 자신으로 있는 게 최고라는 걸 깨달았지? 기가 막히지? 좀 흔들리지?

아니! 그냥 바보인 채 사는 게 괜찮다면 그냥 이번 재시험은 떨어져도 상관 안 하려고.

그건 아니지. 시험은 꼭 다시 봐야 해. 그렇지 않으면 진짜 말 그대로, 아무것도 모르는 채 살아야 하거든. 제이슨 도노반이 〈네이버스〉에서 뭘 입는지에 대한 지식만 남을 거야. 재시험은 꼭 봐. 기본 지식은 있어야지. 중요한 거야. 언젠가 (내 경우엔 마흔 살쯤?) 고급 예술에 관심이 생기기 시작할 수도 있어. 고전 소설, 시, 예술 따위에 말이야. 내 말은, 어른이 되어서도 그런 것들에 관심이 없어도 괜찮아. 다른 형태의 예술을 즐기면 되니까. 나중에 즐길 것이 많으면 더 좋지, 뭐. 그것도 네 복이야. 생각해봐. 나한테도 셰익스피어의 소네트가 재밌게 느껴지는 날이 오더라니까. 나는 행운아야. 너도 가서 너만의 문화를 즐기라고!

(영화 〈탑건〉에 나온 노래를 부르기 시작한다.) You've lost loving feeling~ 후아, 후아, 후아…

자, 여러분은 어떠세요? 교양과 지식의 세계를 뛰어다니고 오니 커피 테이블 위의 것들이 어떻게 느껴지나요? 여전히 좋다고요? 아니면 부커상 수상작이 실린 도서 잡지를 읽으며 두통을 느끼는 게 낫나요? 음? 아닐 수도 있고요. 여러분이 어떤 사람이 되고 싶든지 여러분 마음이에요. 그리고 저를 포함해서 아무도 여러분을 어떤 사람이라고 규정할 수 없겠죠.

(젤리를 끓일 물이 끓고 취향이 맞는 친구들의 도착 소리가 들린다. 텔레비전에서는 〈댄싱 위드 더 스타〉의 오프닝 음악이 흘러나온다.) 제 일주일의 낙인 '고급 문화'를 즐길 시간이 되었네요. 누군가는 오페라를 즐기러 간다지요? 저는 저어어어얼대 아니에요!

휴식 시간

맙소사! 제가 지금 여러분에게 전하고 싶은 말은 이것뿐이에요. 아니 혹시 여러분이 옛날 옛적 사람이라면 '오호, 통재라.'라고 말해야 할까요? 맙소사, 오호, 통재라~ 이제 책을 거의 다 읽었네요. 그래요, 우리의 작은 여정을 끝낼 때가 다가오고 있어요. 마치 위풍당당한 범선이 항구로 들어오듯이, 실력 있는 브라스 밴드가 연주의 절정에 다다르듯이 우리도 그 비슷한 지점에 와있답니다. 우리 모두 따뜻한 토닥토닥을 받을 자격이 있어요. 토닥토닥!

사랑하는 독자 여러분, 꼭 기억하세요. 그동안 저는 여러분과 함께한 시간이 너무나 유쾌하고 즐거웠답니다. 여러분도 제가 글로 지은 이 집에서 즐거웠기를 바라요. 하지만 아직 작별은 아니에요. 우리의 마지막 휴식 시간을 끝내지 않았으니까요. 아주 흥미진진한 체크박스가 남아있지요. 방법은 알죠? 아래 항목 중에 해당하는 것이 있다면 체크하세요.

- ☐ 반려동물과 혼잣말로 대화를 나눈 적이 있다.
- ☐ 럭비공 위에 앉아서 임신 걱정을 한 적이 있다.
- ☐ 아크틱 롤을 발견 또는 재발견한 적이 있다.
- ☐ 애를 봐주다가 남의 집 냉장고 음식을 먹은 적이 있다.
- ☐ 철없던 아이의 모습으로 다시 돌아가도록 내버려 둔 적이 있다.
- ☐ 결혼식에서 레이스 모자를 쓴 적이 있다.

- ☐ 야외 천막 안에서 "거시기!"라고 소리친 적이 있다.
- ☐ 초콜렛으로 데이비드 하셀호프를 만든 적이 있다.
- ☐ 금융 위기를 이해하지 못했다고 고백한 적이 있다.
- ☐ 미술관에서 말달리기를 한 적이 있다.
- ☐ 자아를 초월한 명상의 상태에 돌입한 다음 길거리에 나가 생판 모르는 사람의 어깨를 부여잡고 소리친 적이 있다. "자기 자신에게 솔직해지세요!"

위에서 다른 것들보다 조금 더 중요한 한 가지가 보이네요. 어떤 항목이냐고요? 위험을 무릅쓰고 말하자면, 이 책의 핵심이자 여러분에게 주는 마지막 숙제랍니다. 어떤 건지 감이 오나요? 맞아요.

결혼식에서 "거시기!"라고 소리치기.
행운을 빌어요. 신의 가호가 함께 하길.

그동안 글쓰기 의자에 앉아서 정말 즐거운 시간을 보냈어요. 아마 책을 쓰기 위해 자판을 치던 이 시간을 그리워하게 될 거예요. 24일 동안 집 밖에 나가지 않았을 때(현재까지 저의 신기록) 우체부 아저씨가 문을 두드리면 우체부 아저씨를 붙잡고 수다 파티를 열었답니다. '크리스마스'에 관한 내용을 쓸 때는 마분지로 만든 크리스마스 음식 모형을 권하기도 하고요. 아마 가까운 미래에 우리 집을 맡은 담당 우체부 아저씨가 바뀌겠죠. 창피하게도 이상한 소문이 퍼질 것도 자명하고요. 죄송해요, 우체부 아저씨. 제가 좀 외로웠답니다. 해칠 의도는 없었어요.

아무튼 중요한 건 제가 여러분과 수다 떨던 시간을 무척 그리워하게 될 거란 사실이지요. 자, 드디어 가슴 아픈 순간이 다가왔네요. 이 페이지를 넘기면 마지막 장이에요. 아이고, 울지 마세요. 제발요. 책이 눈물로 얼룩지잖아요… 아니면 킨들이 망가지고요… 자, 그만 하고 넘어갑시다!

18. 꿈, 눈치 보지 말고 그냥!

D R E A M S

여기까지 당도한 독자라면 이제 곧 이 책을 전부 읽게 되겠군요! 와우자! 참 잘했어요. 저는 이 장만 다 쓰고 나면 정말로 책 한 권을 쓰게 된답니다. 다시 한 번, 와우자!! 어렸을 때는 제가 이렇게 말하리라고는 꿈도 꾸지 못했어요. "내가 책을 썼어!" 제 꿈이 이루어진 거라고는 말할 수 없겠네요. 책을 쓰는 저를 꿈 꾼 적은 없었거든요. 설마 제가 책을 쓸 수 있으리라고는 상상도 못했기 때문에 꿈도 꾸지 않았지요. 제가 할 수 없는 일이라고 생각했고 몇만 년이 흘러도 마찬가지일거라고 생각했어요. (아직도 그렇게 생각한다고요? 마지막으로, 너무해요!) 저는 그다지 '언어'에 뛰어난 사람이 아니거든요. 학교 다닐 때도 중등교육자격시험용 책도 한번 들춰 보지 않았어요. 그냥 오디오북으로 들었을 뿐이죠. 한번은 『제인 에어』의 마지막 부분을 각본으로 쓰려고 한 적이 있었는데, 말 그대로 재능이 없었어요. (그나저나 학교 다닐 때 영어 선생님은 '문장' 선생님이라고 불렸어요. 아니, 거짓말 아니고 진짜로, 선생님 이름이 '문장(Sentence)'이었다니까요. 그 이름으로 다른 무슨 일을 할 수 있었겠어요. 선생님이 어릴 때부터 우주 비행사가 되는 꿈을 꿨다 해도 영어 선생님이 될 운명이었겠죠.)

그나저나, 사랑스럽고 믿음직스럽고 의리 있는 독자 여러분. 그동안 함께 몇 가지 주제에 대해 수다를 떨어 봤는데요. 마치 리얼리티 쇼에 출연한 참가자처럼 나름의 여정을 겪은 셈이죠. 이제 열여덟 살 짜리 자기 자신에게 서른 살까지 결혼을 안 하고 교양인이나 지식인도 아닌 채로 춤추는 재능도 발전시키지 못했다는 소식을 전하는 법을 알게 되었네요. 그리고 한 여자와 강아지 사이의 진득한 관계를 탐험해 보았고요. 미용실, 병원, 결혼식, 가족 모임에 도사리고 있는 위험들에 대해서도 깊이 있게 파헤쳐 봤어요. 그리고 또, 우리의 배를 침략한 해적 떼를 제압하는 방법도 배웠죠. (주의: 마지막 문장은 언급하지 않았던 것 같네요. 기억이 안 나는군요.)

이제, 마지막 주제를 소개하려고 해요. 꿈! 여기서 말하는 건 잘 때 꾸는 그런 꿈이 아니랍니다. 룸메이트 또는 애인 또는 엄마가 아침에 일어나자마자 부엌에서 토스트에 버터를 바르려는 저에게 이렇게 말하는 것 말고요. "와, 밤에 환상적인 꿈을 꿨어. 진짜로 환상적이었다니까. 내가 어떤 성에 있었는데, 응? 아, 근데 그 성이 우리 아파트였어. 근데 성이기도 했고… 그리고 예전 사무실에서 일했던 폴 알지? 그 사람이 나와서… 아, 뭐, 반은 그 사람이었고 반은 유니콘이었지만… 어쨌든 그 사람이 스포츠 퀴즈쇼에 나오는 나이 든 아줌마랑 주사위 놀이를 하고 있더라고. 아니, 마스터쉐프였나? 어쨌거나, 폴이 계속 나보고 자기 뿔에다가 크럼핏을 구우라는 거야. 근데 얼굴이 그다지 뜨거워 보이지가 않길래 굽진 않았지. 정말 괴상했다니까." **시끄러워요! 이상한 개꿈에는 관심 없거든요?**

이런 식의 꿈에 대해서 얘기하려는 게 아니랍니다. 제가 말하는 건 몽상, 목표, 야망, 어릴 적 꿈이에요. 먼저 어릴 적 꿈에 대해 얘기해 볼까요? 저는 사람들에게 어릴 때 장래희망이 뭐였는지 물어보는 걸 좋아해요. 어릴 때는 정말 환상적인 계획을 세우곤 하잖아요. 저뿐만이 아니겠죠? 한계도 없고 금기도 없고 끝도 없죠. 다른 사람이 내가 뭐가 되길 바라는지도 전혀 상관없고요. 그냥 자기만의 크고 이상하면서도 때론 유치한 계획들이죠. 카우보이, 아이스크림 감별사, 해적, 해적의 애인, 정원사, 정원사의 애인, 해적선을 타고 다니는 공식 아이스크림 감별사. 우리가 되고 싶은 건 무엇이든 가능했죠. 저는 농부의 아내가 되고 싶었어요. '야망'의 세계에 들어선 후 가진 첫 번째 꿈이었죠. 농부는 안 되고 꼭 농부의 아내여야 됐어요. 한 손엔 주걱을, 한 손엔 양동이를 들고 앞치마 주머니에는 메에~ 거리는 갓 태어난 양을 넣은 채로요. 아무런 책임도 없는 삶을 꿈꿨죠. 딱 한 가지, 매일 저녁 6시에 식탁 위에 단단한 파이를 내는 일 빼고요. 상상 속에 아기자기한 농장도 지었지요. 집 안에는 무쇠 난로도 있고 실내에서 사는 양도 있고 닭들은 문간에서 알을 낳고 몸을 웅크린 채 양치기 개와 함께 밤을 보내겠죠. 소들은 미나리아재비를 뜯어 먹으며 살겠죠. 전밀기울로 빵을 만들 거예요. 돼지들은 깨끗하고 생기발랄하겠죠. 그곳에서 각기 다른 동물들이 어떤 기분인지 어떤 걸 원하는지 항상 잘 알아차리는 동물들의 친구로 사는 거예요.

  현대 농촌에서의 생활이 어떤지 전부 알 수 없었던 때라서 가능했던 꿈이겠죠. 하지만 뭐 어때요. 꿈은 꿈일 뿐인걸요.

  청소년이 되면서 농부의 아내라는 꿈으로부터는 멀어졌어요. 저의 환상은 유명인을 만나서 친구가 되는 꿈을 중심으로 돌아갔어요. 매일 화려한 호텔에서 연예인들이 참석한 호화로운 파티에 가서 어울리는 몽상을 했죠. 모든 사람이 조각 같이 아름다운 제 미모를 칭찬하는 거예요. 데이비드 반 데이[1], 톰 셀렉, 케빈 베이컨, 패트릭 스웨이지가 저를 차지하려고 싸우고요. 저는 엠마 톰슨과 (우산이 없는)

---

1 영국 팝 듀오 달러의 멤버로 활동했던 가수.

칵테일을 홀짝이며 그 모습을 보며 웃는 거죠. 그러다가 모두들 빅토리아 우드[2]의 집으로 가서 에릭과 어니가 춤을 추는 모습을 보며 케이크를 먹고요.

제가 한 공상에 대해 풀어놓자면, 이건 반에 반도 안 된답니다. 침대 위에 앉아서 파킨슨 쇼[3]에 나가서 인터뷰하는 시늉도 했었죠. (항상 마지막 게스트로 초대되어 등장하죠. 트파우의 연주가 흘러나오고 저만을 위한 금색으로 빛나는 계단이 마련되어 있고요.) 저는 관람객들을 쥐락펴락 하며, 진행자의 무릎을 간간이 쳐주면서, 옆에 앉은 제이슨 도노반에게 윙크를 날리는 상상을 해요. 그리고 스페셜 프로그램에서는 전설적인 피겨 스케이팅 선수인 크리스토퍼 딘이 빙판 위에서 저를 이리저리 내던지는 장면이 나가는 거죠. 그러다가 중앙에 우뚝 선 저는 뮤지컬 〈애니〉를 연기하는 거예요. 그러면 감동 받은 관중들은 환호를 보내겠죠. 그 모든 화려함 속에서도 세상을 변화시키기 위한 선행도 빼놓지 않아야죠. 사람들은 제가 얼마나 자비로운 사람인지 마르고 닳도록 칭찬하겠죠.

여기서 여러분의 즐거움을 위해 열네 살짜리 미란다의 일기를 공개해볼까 해요. (열여덟 살 미란다와 거의 비슷하지만 키가 좀 더 작고 볼이 더 발갛고 멜빵 바지를 입고 있어요.)

1987년 6월 17일
날씨가 열라 덥다. 그래, 욕 썼다. 엄마! 만약 지금 이거 읽고 있다면요… 일기를 훔쳐봤다면 완전 제 신뢰를 저버리는 짓이라는 거 알죠? 그러니 욕 썼다고 뭐라 하지 마세요. 알았죠?
그나저나 지금 내 방도 이렇게 더운데 중국에 있는 죽어가는 판다들은 얼

---
2 영국의 코미디언이자 배우이며 싱어송라이터와 감독으로도 활동했다. 80년대에 〈Victoria Wood As Seen on TV〉라는 쇼로 유명해졌다.
3 영국 BBC 토크쇼. 한국 웹에서는 오아시스의 노엘 갤러거가 출연한 에피소드로 잘 알려져 있다.

마나 더울지 걱정된다. 불쌍한 판다들… 오늘 지리 시간에 판다에 대해 배웠는데 선생님이 판다가 멸종 위기이고 먹을 대나무가 많지 않아서 새끼도 못 낳는다고 한다. 내가 "우리가 어떻게 할 수 없을까?"하고 물었더니 밀리가 할 수 없다고 했다. 아무도 어떻게 할 수 없다고… 지구온난화 때문이라고 한다. 그래서 이번 휴가 때는 판다와 열대우림을 살리기 위한 기부 행사를 열려고 한다. 중국에 가야겠다. 학교에서 견학 가는 던지니스 발전소에는 못가겠지만 괜찮다. 내가 판다를 위한 기부 행사로 유명해지면 유명인사가 되어 가을쯤에 다시 가면 되니까. 데이비드 반 데이도 내 행사에 올 수 있을 거야. 그리고 행사가 잘되면 아프리카를 위한 행사도 해야지. 그럼 라이브 에이드나 데이비드 반 데이를 불러서 성대한 콘서트도 열 수 있을 거야. 나도 성가대 오디션을 준비하면서 배웠던 노래를 몇 곡 불러야지. 그 과정을 영상으로 다 남기면 영화로 제작될지도 몰라. 나중을 위해 계약 같은 걸 할 때 조심해야 하겠지. 만약 오스카상을 타게 되면 시상식에서 멋있게 보여야 하니까 엄마한테 C&A에서 그때 봤던 보라색 셔츠 사달라고 해야겠어. (엄마, 만약 이걸 읽고 있다면… 그때 본 옷 중에 어깨에 밀리터리 무늬가 있던 그 옷 말하는 거예요.) 흠… 그 무늬는 오스카 시상식이랑 안 어울리려나? 모르겠다.)

우리가 꿈을 꾸지 않게 될 날이 오긴 할까요? 저는 한 번도 꿈꾸는 걸 멈춰본 적이 없어요. 적어도 스물다섯 살 때 스파이스걸즈가 등장했을 때까지도요. 저 그룹에 들어가야겠다고 아주 확고하게 마음먹었던 기억이 나요. 스파이스걸즈의 여섯 번째 멤버가 되어야 했죠. 저는 별명은 '거대한 스파이스걸'인데, 이상하게도 인기가 가장 많고 남자들이 가장 좋아하는 멤버가 되겠죠. 빠르고 신 나는 노래에서 항상 주목 받는 솔로 파트를 부르는 멤버! 탈퇴하지 않고 끝까지 살아남은 멤버! 참, 저는 여전히 윔블던 여자 싱글 챔피언십을 따는 꿈을 포기하지 않았어요. 글쎄요, 뭐. 아직 늦지 않았잖아요, 그렇죠? 저한테는 깨끗한 티셔츠도 있고 마지막 포인트를 딴 후 정확히 어떻게 반응해야 하는지도 잘 알거든요. (바닥에 누워 울부짖다가 벌떡 일어서서 의기양양하게 경기장을 한 바퀴 돌면서 사람들과 하이파이브 하고 응원석 위에 앉아 있던 가족들에게 기어올라가면 되죠.)

저만 이런 공상을 하는 건 아니겠죠? 다들 혼자 차를 운전할 때면 좋아하는 음악을 틀어놓고 진지하게 노래를 따라 부르지 않나요? 그 순간만큼은 관중으로 꽉 찬 웸블리 스타디움 앞에서 공연하는 락밴드나 팝그룹이 된 양 최대한 그럴 듯하게 흉내를 내면서요. 그리고 이런 사람도 한 명쯤 있을 거예요. 공중전화 박스에 쑥 들어갔다가 박차고 나오면서 슈퍼맨 흉내 내는 사람요! 있죠? 있다면 우리 만나서 올봄에 결혼합시다. (진짜 진짜 이상한 사람만 아니라면요. 하지만 맨날 슈퍼맨 흉내만 내는 사람이라면… 됐어요!)

어쨌든 꿈꾸기를 포기한다거나 희망을 잃어간다는 생각을 하면 참 슬퍼져요. 말도 안 되는 꿈에 매달려 사는 동안이 제 삶에서는 가장 신 나는 순간이었거든요.

여러분, 제가 잠시 여러분의 오디션 독설가 사이먼 코웰이 되게 해주세요. 의자에 뒤로 기대고 앉아서 팔짱을 끼고 바지를 위로 들어올리고 이렇게 말할게요. "**당신! 당신이 바로 우리가 기다리던 사람입니다. 당신이 바로 이 프로그램이 만들어진 이유에요.**"

만약 뭔가 하고 싶은 것이 있다면, 그리고 그쪽 분야에 기본적인 기술과 재능만 있다면, 제발, 제발, 제발… 하세요! 시작하세요. 이것만은 제가 말할 만한 자격이 있는 조언 같아요. 뛰어드세요! 계속 매진하세요. 산 위에 비스킷이 있다고 생각하고 올라가세요. 뭔가 다른 종류의 꿈을 가지고 있다고요? 뜨개질을 아직도 할 줄 몰라요? 배우세요! 요가가 하고 싶다고요? 구부리세요! 페나인 산맥[1]으로 하이킹을 가고 싶다고요? 신발끈을 꽉 매고 걸어가세요!

얼마 전에 랭스턴 휴즈의 짧은 시에 감명을 받았어요. (저 좀 보세

---

1 북부 잉글랜드에서 남부 스코틀랜드에 걸쳐 이어진 낮은 산맥.

요. 나이를 먹으면서 교양이 쌓이고 있죠?)

> 꿈을 놓지 말라
> 꿈이 없는 삶은
> 날개가 부러져 날지 못하는 새
> 꿈을 놓지 말라
> 꿈이 없는 삶은
> 눈 덮여 차갑게 얼어붙은 황무지

저기, 다 좋은데, 내가 꿈꿨던 건 하나도 이루어진 것 같지가 않은 걸?

그건 네가 자신의 꿈에 대해서 솔직하지 못했기 때문이야. 지금 넌 네 꿈이 결혼해서 아이를 낳고 라크로스 선수가 되어 체육 선생이 된 다음 정치학 학위를 따서 정치인이 되는 거라고 생각하지?

그게 바로 내 꿈이야!

실은, 아니거든. 네가 '되야 한다고' 생각하는 것들이지. 주변 사람들이 너에게 바라는 것들이고. 네 목록의 맨 윗줄에 있는 것들이 아니잖아. 정말 네 심장이 노래를 부르게 하는 꿈들이 있잖아. 너 잊어버렸어? 우리 인생의 꿈이 강아지를 키우는 거였잖아. 크리스마스가 올 때마다 선물로 항상 그렇게 적었었지. 지금은 강아지랑 살고 있다고. 너에게 강아지가 있어!

그건 그냥 시시한 소원이었어.

아냐. 시시한 소원이 아니야. 그런 게 진짜야. 네 마음이 노래를 부르는지가 진짜 중요한 거라고. 만약 진짜 중요한 예를 보고 싶다면 기다려 봐…

정말 좋은 소식이여야 할 거야. 지금 기분이 별로거든.

네 궁극적인 꿈을 인정할 시간이 온 것 같아. 어린 미란다, 알지, 코미디에 대한 너의 꿈?

닥쳐! 아직 아무한테도 얘기한 적 없단 말이야! 아, 창피해… 내가 어떻게 코미디언이 되겠어? 감히 나 따위가 텔레비전에 나올 수 있다니!

글쎄, 차라리 지금 인정하는 용기가 있었으면 좋겠어. 그러면 연극 수업과 영문학에서 A를 받을 수 있을 텐데. 그리고 대학교에서 정치학을 선택하는 대신 연극영화과에 가서 진짜로 하고 싶은 것에 집중할 수 있을 텐데. 그럼 좀 더 집중해서 더 어릴 때 꿈을 이룰 수 있었을 거야. 알려줄까? 우린 코미디를 하고 싶다는 꿈을 접지 않고 있다가 스물여섯 살이 되었을 때 마침내 사람들 앞에서 그 꿈을 인정한단다. 20대와 30대 초반까지 사무실을 전전하며 그 꿈이 아무리 멀고 멀어 보여도 꿈을 놓지 않았어. 사무실 칠판에 코미디 스케치를 하고 저급한 런던의 펍에서 시도도 해봤어. 매년 여름이면 에든버러 페스티발에 참가한 후 9월에는 항상 캐스팅 감독들에게 메일을 보냈지. 그래서, 결국, 어떻게 됐게? 우리는 지금 코미디언이야! 프로 코미디언!

(입을 쩍 벌린 채 멈춘다.)

진짜야, 우리 지금 코미디언이라고.

거짓말!

너 지금 껑충껑충 뛰고 있지?

응, 껑충껑충 뛰고 있어.

나도! 충격을 덜기 위해서 가슴을 부여잡고 뛰어야 하지만.

나 진짜로 믿기지가 않아. 진짜 우리가 코미디를 한다고?

그럼!

나 눈물 날 것 같아.

삶은 쉽지 않지. 마음대로 잘 안되기도 하고 힘든 일도 많지. 작지만 까다로운 문제에 대한 로드맵도 없고. 하지만 계속 꿈을 따라가다 보면, 마음이 이끄는 대로 가다 보면, 언제나 제대로 된 방향으로 움직이고 있다는 것을 될 거야. 해변에서나 미용실에서나 결혼식에서 곧잘 넘어지곤 해도 말이야.
신기한 사실은, 삶을 살면서 항상 맞는 선택만 하지 않았는데도, 지금 꿈꾸던 일을 하고 있다는 거야. 얼마나 오래 이 일을 할 수 있을지는 나도 몰라. 내가 하는 일 같은 경우는 유통기한이 어느 정도일지 가늠하기 힘들지. 하지만 오늘 나는 나를 코미디언이라고 소개할 수 있어. 무대 출입구를 서성이며 사인을 받던 사람이었는데, 이제는 사인을 해주는 사람이 되었지. 이 경험은 끊임없이 나를 감동시킬 거야.

어렸을 때 내 영웅이었던 The Two Ronnies[1], 빅토리아 우드, 프렌치와 손더스 같은 코미디언들과 함께 공연하는 스케치를 써보곤 했었지. 그리고 지금은 실제로 그들을 만났잖아.

　　잠깐만! 여보세요? 뭐라고? 지금 방금… 프렌치 앤 손더스를 만났다고?!

그렇다니까!

　　말도 안돼! 말.도.안.돼! 거짓말, 거짓말! (조용히 체육복을 입고 있던 학교 친구들을 향해 소리치며) "얘들아, 얘들아! 내가 나중에 프렌치 앤 손더스를 만난대!!"

진정해!

　　진정하라고? 진.정.하.라.고? 어떻게 진정해? 와, 방금까지 내 영웅들이 TV에 나온 걸 보면서 언젠가 만나서 같이 코미디 각본을 짤 수 있을까 생각했는데… 아니면 같이 연기하고 친구가 되어서 둘러앉아서 차를 마시고 스콘을 먹으며 함께 웃을 수 있을까 상상했는데… 근데 진짜로, 진짜로 만났… 와… 어떻게 됐어? 직접 만나니까 어땠어?

뭐, 괜찮았지~

　　어이그, 야!

---

[1] 1971년부터 1987년까지 BBC에서 방영되었던 코미디 쇼의 이름. 주연 배우인 로니 바커와 로니 코베트, 두 배우의 이름을 따서 만들었다.

음…

아, 안 돼… 무슨 짓을 한 거야? 또 무슨 실수라도 저지른 거야?

아냐. 별 일 없었어. 그냥… 땀이 좀 났었지. 영웅을 만날 때는 땀이 동반되잖아. 땀이 너무 많이 나서 몸속에 있는 수분이 다 빠져나오는 것 같았지. 사해 바닷물이 다 내 윗입술에 모여드는 줄 알았다니까.

뭐? 프렌치 앤 손더스를 만날 때 콧수염 모양으로 땀을 흘렸다고? 나 진짜 울고 싶다!

그렇게 흉하진 않았어. 아, 그런 순간이 있었지. 한참 대화 중인데 입에서 굴러 떨어진 땀방울이 가슴으로 떨어졌을 때 큰 목소리로 이렇게 소리치고 말았어. "어머, 걱정 마세요. 가슴에서 샌 게 아니랍니다. 땀이에요. 호호." 하지만 할 필요 없는 말이었지. 다들 내가 땀을 흘렸는지도 알아차리지 못했거든.

차라리 '수박을 날랐다'고 하지 그랬어? 아이고, 창피해! 수치스러워 미치겠어!

음, 위로가 될지 모르겠지만, 그때 내 생각은 그냥 "뭐 어때! 난 지금 프렌치 앤 손더스를 만났다고!!"였어.

그렇긴 하지. 와! 와우! 가서 마쉬멜로 기념 박스 먹어야겠어.

그래, 그래. 어서 가서 열 좀 식히고 먹으렴. 마쉬멜로 먹고 희망을 가지고 살아. 일어날 일은 일어나니까. 상황은 바뀌기도 하고. 미리 걱정해 봤자 소용없어. 미래를 두려워하지 마. 꿈은 이루어지니까. 땀으로 얼룩진 내 셔츠가 증명하지. 내가 (아직은) 윔블던 챔피언이 아닐지 몰라도 고란 이반세비치도 잠깐 만나봤다고. (아직은) 내 남편이 아니지만, 악수하면서 울고 웃으며 고음을 내뱉었거든… 그게 세련된 크로아티아 교미음처럼 느껴졌어야 할 텐데…
넌 음악 유전자가 없을지도 몰라. 사무실에서 지루한 몇 년을 보낼지도 몰라. 결혼을 안 해서 불안할지도 몰라, 고급 교양을 갖추지 못해서 주눅 들지도 몰라. 휴가 때 모험을 즐기기는커녕 운동도 하지 않을지 몰라. 네 나이 때는 완벽하지 않다고 생각했지만 그 모든 것이 내 미래에 영향을 미쳤어. 그리고 지금의 내가 참 좋아. 앞으로도 많은 좋은 것들이 다가올 거라는 예감이 들어.

고마워, 어른 미란다! (처음으로 미래를 기대하며 행복한 표정을 짓는다.)

자, 여러분. 이제 마무리를 지을 시간이 왔네요. 여러분의 꿈이 이루어졌거나 이루어지기를 바라요. 아니면 자신을 행복하게 만든다고 잘못 생각했던 일을 놓고 진짜 꿈을 쫓아가기를 바라요. 그 많은 꿈이 이루어질 때마다 얼마나 행복하고 즐거운지, 얼마나 행운처럼 느껴지는지 몰라요. 언젠가는 그것에 대해 더 많이 얘기할 날이 올 것 같아요. 하지민, 지금 당장은, 나음을 기약해야 할 것 같네요. 오 르 부아[1]! 절대로, 바라 건데, 이게 작별인사가 아니길 바라요. 자, 그럼, 이제 시간이 다 된 듯해요. 하지만 마지막으로 들려줄 이야기가 하나 있어요. 이 이야기가 모든 걸 명쾌하게 정리한다는 생각이 들어요.
아주 신 나는 크리스마스 토크쇼에 출연했을 때였어요. 그 자리에

---
[1] 프랑스어로 "안녕히 계세요."

는 크고 작은 영화에 출연했던 영화배우와 꿈이란 꿈은 다 이룬 듯한 억만장자, 그리고 알려진 바로는 '완벽한 인생'을 살고 있다는 사람이 함께 출연했어요.

서른여덟 살이던 저는 드디어 나도 내가 하고 싶던 일을 시작했다고 생각하는 시기였어요. 의욕에 가득 차 있었죠. 유명한 사람이라도 가끔씩 바보 같은 기분을 느낀다는 것도 알게 되었죠. 정도는 다르지만 모두 어색한 기분을 느끼거든요. 그 기분을 거만함, 쑥스러움, 겸손함으로 숨길지는 몰라도요. 광대짓을 하든 트랜드세터 역할을 하든 다들 속으로는 애를 쓰고 있는 거죠.

쇼가 끝날 때는 모두 함께 어설픈 (그래서 제 취향에 딱 맞는) 크리스마스 노래를 따라 불러야 했어요. 가짜 눈송이가 스튜디오에 내리고 있었고 청중들은 박수를 쳤죠. 그리고 산타 모자를 쓴 댄서들도 있었어요. 흥겨운 분위기였죠. 순간 저는 텔레비전에 나오고 있다는 것도 까먹고 소리 높여 노래를 부르며 리듬을 타기 시작했어요. 흠뻑 흥에 취해 버렸죠. 그러다가 제가 앉은 소파의 저쪽 끝, 다른 사람들이 앉아있는 자리를 흘끗 쳐다봤어요. 다들 짜증스럽고 안절부절못하는 표정이더군요. 같은 장소에 속하지 않은 느낌이었어요. 그때 그들이 저를 쳐다봤어요. 저는 우스꽝스러운 표정으로 거침없이 '앉은 채로 손과 어깨만으로 춤추기'를 하고 있었죠. 이런 제 모습을 본 그들은 얄밉다기보단 신랄하게 그리고 아마도 부러운 듯이 이렇게 말했어요. "부끄럽지도 않아요? 사람들 시선이 신경 쓰이지 않나요?"

그 순간, 저는 이렇게 느꼈을 수도 있을 거예요. '어머, 도와줘요. 나 지금 바보 같아 보일 거야. 카메라 앞에 앉아서 손과 어깨만으로 춤을 추고 있다니… 이 사람은 '쿨'하게 앉아있는데 나만 옆에서 방정을 떨고 있잖아!'

열여덟 살 먹은 어린 미란다라면 아마 그 즉시 움직임을 멈추고 눈치를 보다가 압박감에 못 이겨 쭈그러들었겠죠. 그러곤 쭈구리 같이 멋쩍은 웃음을 지으며 조용히 앉아 있었을 거예요. 하지만 전 그냥 계속 움직였어요. 아주 자신감 넘치게요. 그리고 대답했죠. "저는 부끄럽지 않아요! 그리고 정말 티끌만큼도 신경 쓰이지 않아요!"

인생, 참… 그렇죠?

미란다에 관해서

SNS와 홈페이지
트위터 @mermhart
인스타그램 @realmirandahart
홈페이지 http://mirandahart.com

관련 작품
드라마
〈미란다〉〈콜 더 미드와이프〉
〈Not Going Out〉〈Hyperdrive〉〈Monday Monday〉
〈Nighty Night〉〈Smack the Pony〉〈Ab Fab〉〈Vicar of Dibley〉
〈Jack Dee's Lead Balloon〉 등

* 더 많은 단역 출연 정보는 http://goo.gl/lo9MwE를 참고하세요.

뮤지컬
〈Annie〉2018 미스 해니건 역

라디오
〈Miranda Hart's Joke Shop〉

라이브 쇼
스탠딩 코미디 라이브 쇼 〈My, What I Call, Live Show〉 2014

영화
〈호두까기 인형과 4개의 왕국〉 2018
〈스파이〉 2015

⟨The Infidel⟩ 2010
⟨Magicians⟩ 2007

책

『미란다처럼: 눈치 보지 말고 말달리기』(Is It Just Me?)
『The Best of Miranda』
『Peggy & Me』
『Miranda's Daily Does of Such Fun!』
『The Girl with the Lost Smile』

기타

세계 최초 펀니스(Fun-ness) DVD ⟨마라카택⟩ 출시 2014

미란다처럼 사전

http://beingbeingbeing.tistory.com/338

이 책에 등장하는 인물이나 문화를 이해할 수 있도록 블로그에 '미란다처럼 사전'을 만들었습니다. 배경을 이해하면 더욱 재미있게 책을 즐길 수 있으니 방문해보세요!

옮긴이의 글

영국 드라마 〈미란다〉 속 미란다는 도무지 어른이 될 생각을 하지 않습니다. 제발 결혼하라는 엄마의 잔소리를 피해 다니며, 사람들하고 어울리기보다는 혼자 놀기의 내공을 쌓느라 바쁩니다. 게다가 미란다의 삶은 매번 실수를 저지르거나 창피를 당하는 순간의 연속이지요. 여자가 옷을 훌러덩 벗어재끼는데 야하지 않고 웃음을 유발하는 사람은 미란다가 유일하지 않을까요? 책에서도 미란다는 여전합니다. 이런 미란다를 보면서 민망하다고 느낀 분도 있고 통쾌하게 대리만족을 느낀 분도 있을 겁니다. 저는 둘 다였습니다. 자라면서 교육받고 주변의 시선을 통해 체득한 '체면에 대한 강박'이 제 안에 '깐깐한 선비'를 만들어냈거든요. 교양 있는 사람은 이래야 하고 여자는 이래야 하고 남자는 이래야 하고… 제가 만들어놓은 꼬장꼬장한 틀을 미란다는 와장창 깨부숴주었지요. 진지한 자리에서 웃통을 벗어재끼는 미란다를 볼 때, 말달리기로 무색무취의 회색 도시를 가로지르는 미란다를 볼 때 내 안에도 미란다가 숨어있다는 것을 깨달았습니다. 세상이 요구하는 틀에 맞추기가 힘겨워질 때는 '에이, 너희가 이상한 거거든?'이라고 소리치며 내 멋대로 굴고 싶을 때가 있으니까요.

유치하고 찌질하면 좀 어떻습니까? 어쩌면 그런 창피한 순간들 덕분에 우리의 삶이 지루하지 않을 수 있는 건 아닐까요? 누구에게 피해를 주는 것도 아닌데, 저도 이제부터는 눈치 보지 말고 말달리기하듯 살아가려고 합니다. 공감하는 여러분도 많이 동참해주세요. 이 세상에는 아직 '미란다'가 많이 필요하니까요!

미란다의 슬랩스틱 코미디를 보며 별 생각 없이 웃다가 점점 미란다를 연기하는 배우에 대한 궁금증이 생기기 시작했습니다. 어떻게 저렇게까지 훌러덩 옷을 벗어 던지며 연기할 수 있는지, 쇼에 나오는 창피한 상황들이 정말 실제 경험을 바탕으로 만들어졌는지, 미란다 하트라는 배우는 대체 어떤 사람인지 알고 싶어졌습니다. 그래서 문명의 이기인 '구글링'을 통해 열심히 미란다를 '덕질'하기 시작했습니다.

그러던 어느 날, 제 눈앞에 바로 이 책의 원서인 『Is It Just Me?』라는 책이 포착되었습니다. 미란다의 책이 있다는 사실이 그저 반가워서 책을 사서 읽기 시작했습니다. 그리고 조금씩 미란다를 알게 되었고 더욱 좋아하게 되었으며 직접 번역해 출판하고 싶다는 생각까지 '감히' 하게 되었습니다.

이 책을 읽으면 알 수 있듯이 미란다는 어렸을 때부터 코미디언이라는 꿈을 품고 있었습니다. 하지만 하고 싶은 대로 마음껏 표현하는 아이도 아니었고 그럴 수 있는 환경도 아니었나 봅니다. 어릴 때부터 어른들의 눈치를 보며 현실적인 장래희망과 타협했던 미란다의 모습이 낯설지 않게 느껴집니다. 어린 미란다는 '내가 감히 코미디언이 될 수 있을까?'라는 의문을 자신에게 끊임없이 던지며 자라지 않았을까 짐작합니다. 하고 싶은 일과 점점 멀어져 가던 삶을 견딜 수 없었던 걸까요? 대학 졸업 후 미란다는 공황장애를 앓으면서 2년 동안 집 밖으로 나가지 못합니다. 지금 TV에 나오는 미란다를 떠올리면 십시리 상상하기 어려운 과거입니다.

저도 번역을 하고 싶다고 상상만 하던 때가 있었습니다. 그게 정말 하고 싶은 일인 줄 알고 살았지요. 하지만 정작 매일 하는 일은 회사에 갔다가 집에 와서 드라마를 실컷 보다가 잠드는 것이었습니다. 그러다가 이만교 작가가 쓴 『나를 바꾸는 글쓰기 공작소』를 읽었는데 "인간은 자신이 정말로 원하는 것이 무엇인지 알지 못하며, 또 자신이 진정 원하는 것이 자신이나 주변 사람에게 정말로 도움되는 일인지를 알지 못하는 존재"라는 글을 접했습니다. 뒤통수를 때려 맞는 듯한 느낌이었습니다. 나는 항상 번역가가 되고 싶다고 말했지만 어쩌면 그냥 '번역가가 꿈이라고 말하고 다니는, 하지만 진심으로는 지금의 생활에 만족하는 사람'이 아닐까? 정말 하고 싶은 일이라면 지금 나는 번역을 하고 있지 않을까? 어쩌면 지금 하는 일이 나의 분수에 맞는 일인데 이 일에 최선을 다하지 않는 핑계를 대기 위해 꿈이 따로 있다고 말하는 것이 아닐까? 자신의 욕망에 대한 질문은 꼬리에 꼬리를 물고 이어졌습니다.

공황장애를 극복한 미란다는 직장 생활을 하며 매년 에든버러 공연 페스티벌에 참가합니다. 아마 굵직한 공연이 아니라 관람객이 적은 소규모 공연부터 시작을 했겠지요. 회사에서는 틈날 때마다 사무용품 창고에 처박혀 손전등을 켜고 코미디 대본을 쓰곤 했고요. 꿈을 꾸는 것에서 그치는 것이 아니라 현실 속에서 조금씩 꿈을 실행하고 있었던 미란다. 그런 미란다의 책이었기에 저도 번역하고 싶다는 마음을 현실로 실현할 수 있었던 것이 아닐까 하는 생각이 듭니다.

미란다는 이 책에서 하고 싶은 것이 있다면 조금씩 해보라는 메시지를 던집니다. 단, 조건이 하나 있지요. '정말로' 자신이 하고 싶은 일을 해야 한다고요. 요즘 세상은 우리가 정신을 못 차릴 정도로 이런저런 가짜 꿈을 던져대지만 그런 꿈 말고, 진짜로 나에게 맞는 꿈을 찾는 노력이 필요할 것 같습니다. 아주 사소한 꿈이라도 하나씩 실현시키다 보면 어느새 자신이 진정 원하던 방향으로 삶이 움직이지 않을까 꿈꾸어 봅니다.

영국에서만 통용되는 문화 코드가 책 전체에 깔려 있기 때문에 부득이하게 각주를 주렁주렁 단 부분이 있습니다. 조금 거슬릴 수도 있지만 알고 나면 더 재밌게 책을 즐길 수 있는 요소이기도 합니다. 흥미로운 점은, 어린 미란다가 살았던 시절의 복고 문화가 우리나라와도 참 비슷한 게 많다는 점입니다. 국내에서도 〈응답하라〉 시리즈가 복고 문화를 재조명하여 큰 인기를 끌었지요. 어릴 때 들었던 음악과 TV 프로그램이 한 나라의 문화 정체성을 형성하는 데 얼마나 큰 영향을 끼치는지 확인할 수 있는 작품들인 것 같습니다. 책에 다 담지 못한 이야기는 책덕 블로그에 '미란다처럼 사전'이라는 항목으로 정리해두었으니 책 바깥에서 책의 내용을 음미해보시는 건 어떨까요? 특히 2장 '음악 유전자, 없어도 괜찮아'에서 등장하는 생소한 노래들을 쭉 정리했으니 꼭 한번 들어보세요. (유튜브가 있어서 다 들어볼 수 있네요. 세상 참 좋아졌죠?)

이미 세상에는 책이 참 많지만 이렇게 유치하고 찌질하며 사랑스러운 책을 바라던 독자가 분명 있겠지요? 깊이가 있거나 지식이 담긴 책은 아니지만 이 책만이 가진 매력이 독자 여러분의 마음에 닿기를 간절히 바랍니다.

살다 보면 답답한 현실이 영원히 끝나지 않을 것 같이 암울하고 우울한 기분이 들 때가 있습니다. 다행히도 사람에게는 진지한 상황에서도 웃음을 지을 수 있는 능력이 있지요. 한없이 무거운 분위기에서 어디선가 촉발된 '피식' 하는 웃음 하나로 온몸의 긴장이 풀리고 마음이 가벼워졌던 경험을 누구나 한번쯤은 겪어본 적이 있을 겁니다. 아마 그 웃음은 서로에 대한 깊은 이해와 공감이 담겨 있는 소통의 결과일 듯합니다. 이 책이 잠시라도 여러분의 마음을 가뿐하게 할 수 있다면 이 책의 옮긴이로서 그보다 기쁜 일은 없을 듯합니다.

미란다 하트가 시트콤 〈미란다〉를 완성시키기까지 많은 사람들의 도움을 받았듯이 이 책을 만들 때도 많은 분들의 도움과 응원이 있었습니다. **정말 고맙습니다.**

이 책을 밀어주신 분들

이 책은 1쇄와 2쇄 모두 크라우드 펀딩 플랫폼 텀블벅을 통해 후원금을 모금하여 제작되었습니다. 출판 프로젝트에 동참해주신 여러분, 정말 고맙습니다.

1쇄 후원자 목록

윤희 · 표소진 · 구혜진 · 장지영 · Haran · 박가람 · 반우영 · 좋은사람 · 김재희
김진아 · 김지나 · KIMMONK · 이화정 · NEWLY · 오해림 · 유아람 · 배현숙
길음댁 박주영 · 여유진 · 웰시코기 · 별 · 이혜진 · 은별 · 임정호 · 전채연 · 조캉
Clare Yun · 김태현 · 진수미 · 김자영 · 최빛그림 · yoon.red · 미정 · 변다솜
김태영(김지은) · 허원영 · 제로니모-! · 이범재 · 심혜경 · 결미역 · 래나기
고3이라 좀 울게요 ((황윤서)) · KIM HYUN YOUNG · 플랫비 · 민지형
인사이트 · 연지출판사 · 조영규 · 김희정 · 이소연(하찌찌) · 김선혜 · 박수현
신영주 · 김민성 · 이민경 · sunny Lim · 이은정 · 박가람 · 박미경 · 박재연 · 김윤희
기미주 · 권하영 · 이영희 · 뉴상준 · 안효민 · 작은 새 · 정솔 · 이승연 · 이지애
la faim du tigre · 이다현 · 박정현 · 글맛을 살리는 번역가 김고명 · 웃는 돌멩이
함혜숙 · 너굴 · 지구평화를 꿈꾸는 일산 주민 주모 씨 · 야구를 좋아하는 서은렬 ·
잃어버린 오탈자를 찾아서 · 불법가내수공업자 강사장 · 별빛처럼 반짝반짝 빛나는 승리
참여와 소통과 나눔으로 무한한 행복을 누리는 참소나무 코치 전성호 · 내 인생이라는 책의
한 페이지에 새길 릴보이의 음악과 미란다라는 목소리 그리고 나의 이름 이정재
From nowhere Floating now somewhere

2쇄 후원자 목록

작은 새 · 송이송님 · 플레이타임 · 에슐리 · 앨리스 · 헤라리hyerali · Jihoon Kim
배기로 · 이희영 · 흰수염고래 · 인생마상 · 밝고 맑음 · wkszs · Emily Lim · Subeeiii
mel_vely · 망고 · 이주현 · 형 · 박내현 · 최진규 · Sungho Song · 기메리 · 순탄
김인호 · 파시클Fascicles · 까논 · 장영주 · 고고코알라 · 김소연 · 김수영 · 임수정
서동욱 · 은혜를 베풀어라 · 이다움 · Jinsol Park · 도리 · JEN · 강정아 · 김은비
magnoliA · 뽀 · 성유진 · ju · Kim · 나나난 · zoo**** · 세이지안 · asetate
김지민 · Eon · SimpleLambda · 류은 · 앨런스미스 · 젤라톤 · 어흥이 · 전여진
Hye-Suk Ham · 황희진 · 박지현 · 이지운 · 남순아 · Jihyun Kim · 560 · bori****
세잔 · Hyebin Park · 안녕 · Soyoung Yang · 시월의치마 · 다빈 · dudurain · 최윤정
안나 · 시하야 · 쌩콩이 · 방낙타 · 연하 · ARrrrrrrrrrrrr · 양은수 · 슈우지군 · 윤소현
마크로씨 · 남지혜 · 고구미 · 네티즌 · 조미희 · say_happy · 김송은 · 김지영
사려깊은밥풀이 · 서워리 · 이채연 · 아랑 · 류혜 · 정만두 · Olive · 겨울나무 · 솜정
이새롬 · 둥기둥기 · Hyunsuk Bae · 김은우 · 정승연 · 효뎡 · 밍기뉴 · 하하하하
주혜원 · Zeno Ki · YJ · 미지 · 고새별 · Hailey · yang · Minshin Kim · 이서림
최영현 · 이수미 · 6537**** · 박혜완 · 채린 · 주민희 · ㅊㅇㅎ · j · 서유주 · 조소영
탤탤 · 이문경 · 밥먹고옴 · 황지원 · 썽 · 댜니 · sdwelk**** · 오수진 · 함소영 · 임은주
최민영 · 청겨 · wumm · 권아연 · 손인영 · 김건희(92.06.30) · JIY · 잰 · 무명
정이 든 밤 · 명동신 · 신개 · 심혜경 · Hyerim Joo · Hongsee Ice · 새우쨩 · 이승주
숲이아 · Jooyeong Park · 수연입니다

〈미란다 랜드〉 공감의 체크 박스

10개 이상 체크한 당신을
눈치 보지 않고 말달릴 줄 아는 미란다 덕후로 인정합니다.

- 앞구르기를 한 적이 있다.
- 집에서 혼자 있을 때 모델 워킹을 한 적이 있다.
- 점심 시간에 집착한 적이 있다.
- 회전의자에서 아이들처럼 빙글빙글 돌며 논 적이 있다.
- 미용실에서 모든 게 짜증난 나머지 다 박살내 버리고 싶었던 적이 있다.
- 슈퍼마켓 계산대 앞에 진열해 놓은 과자 매대에서 생각도 없었던 과자를 집어서 계산한 적이 있다.
- 말달리기를 한 적이 있다.
- 잔디밭에서 뜀박질을 한 적이 있다.
- TV에 나오는 춤을 60% 이상 따라 춘 적이 있다.
- 사무실에서 땅따먹기를 주도한 적이 있다.
- 어른이 된 후 재밌는 운동을 한 적이 있다. (예: 마라카스)
- 의사와 결혼하는 망상을 한 적이 있다.
- 서른다섯 살 넘어서 언덕을 달려 내려오는 걸 즐긴 적이 있다.
- 돗자리에 우아하게 앉으려는 시도를 한 적이 있다.
- 마라카스를 꺼낸 적이 있다.
- 아무도 때리지 않고 보드게임을 한 적이 있다.
- 캐럴을 부르며 혼자 흥분한 적이 있다.
- 반려동물과 혼잣말로 대화를 나눈 적이 있다.
- 애를 봐주다가 남의 집 냉장고 음식을 꺼내 먹은 적이 있다.
- 철없던 아이의 모습으로 다시 돌아가도록 내버려 둔 적이 있다.
- 금융 위기를 이해하지 못한다고 고백한 적이 있다.
- 미술관에서 말달리기를 한 적이 있다.
- 자아를 초월한 명상의 상태에 돌입한 다음 길거리에 나가 생판 모르는 사람의 어깨를 부여잡고 소리친 적이 있다. "자기 자신에게 솔직해지세요!"
- 삶의 미스터리에 대해 고민하다가 등을 뒤로 기댄 후 한숨을 내쉬며 "인생, 참…" 하고 읊조린 적이 있다.

미란다의 장난감 가게

마음대로 색칠해보세요.

미란다처럼 : 눈치 보지 말고 말달리기

지은이 **미란다 하트**
옮긴이 **김민희**
1판 1쇄 펴낸날 2015년 4월 23일
1판 2쇄 펴낸날 2018년 11월 23일
일러스트 **이강재 & 김민희** 디자인 도움 쇼닝, 강사장
제작 **넥스트프린팅** 물류 탐북
펴낸곳 **책덕** 출판등록 2013년 6월 27일 (제2013-000196호)
주소 **서울시 마포구 서교동 457-31 102호**
홈페이지 http://bookduck.moddo.at
페이스북 http://facebook.com/bookduck/
이메일 dearlovelychum@gmail.com
ISBN 9791195432004
이 도서의 국립중앙도서관 출판예정도서목록(CIP)은
서지정보유통지원시스템 홈페이지(http://seoji.nl.go.kr)와
국가자료공동목록시스템(http://www.nl.go.kr/kolisnet)에서 이용하실 수 있습니다.
(CIP제어번호 : CIP2015009673)

이 책에 쓰인 종이
표지 **아르떼 내추럴** 210g
내지 **그린라이트** 80g (고지율 20%)

재생 종이로 만든 책